Bauwelt Fundamente 125

Herausgegeben von
Ulrich Conrads und Peter Neitzke

Beirat:
Gerd Albers
Hildegard Barz-Malfatti
Elisabeth Blum
Werner Durth
Eduard Führ
Werner Sewing
Thomas Sieverts
Jörn Walter

BAUKUNST UND WERKFORM

Eine Vierteljahrs-Zeitschrift · Herausgegeben von Alfons Leitl

I

Zweiter Jahrgang

Verlegt bei Lambert Schneider in Heidelberg · 1949

Die Städte himmeloffen

Reden und Reflexionen über den Wiederaufbau des Untergegangenen und die Wiederkehr des Neuen Bauens 1948/49

Ausgewählt aus den
ersten beiden Ausgaben der
Vierteljahreshefte «Baukunst und Werkform»
von Ulrich Conrads

Bertelsmann Fachzeitschriften
Gütersloh · Berlin

Birkhäuser – Verlag für Architektur
Basel · Boston · Berlin

Herausgeber und Verlag danken der Merckschen Gesellschaft für Wissenschaft und Kunst, Darmstadt, für die Förderung dieser Publikation.

Umschlag: Altstadt Köln, Areal um die ehemalige Eisenbahndirektion wenige hundert Meter nördlich von Dom und Hauptbahnhof, Goldgasse/Am Alten Ufer (heute Konrad-Adenauer-Ufer), Zustand 1946, aus: Hermann Claasen, Das Ende. Kriegszerstörungen im Rheinland, Rheinland Verlag, Köln 1983

Bibliographische Information der Deutschen Bibliothek
Die Deutsche Bibliothek verzeichnet diese Publikation in der Deutschen Nationalbibliographie; detaillierte bibliographische Daten sind im Internet über http://dnb.ddb.de abrufbar.

Dieses Werk ist urheberrechtlich geschützt. Die dadurch begründeten Rechte, insbesondere die der Übersetzung, des Nachdrucks, des Vortrags, der Entnahme von Abbildungen und Tabellen, der Funksendung, der Mikroverfilmung oder der Vervielfältigung auf anderen Wegen und der Speicherung in Datenverarbeitungsanlagen, bleiben, auch bei nur auszugsweiser Verwertung, vorbehalten. Eine Vervielfältigung dieses Werkes oder von Teilen dieses Werkes ist auch im Einzelfall nur in den Grenzen der gesetzlichen Bestimmungen des Urheberrechtsgesetzes in der jeweils geltenden Fassung zulässig. Sie ist grundsätzlich vergütungspflichtig. Zuwiderhandlungen unterliegen den Strafbestimmungen des Urheberrechts.

Der Vertrieb über den Buchhandel erfolgt ausschließlich über den Birkhäuser Verlag.

© 2003 Birkhäuser – Verlag für Architektur, Postfach 133, CH-4010 Basel, Schweiz
und
Bertelsmann Fachzeitschriften GmbH, Gütersloh, Berlin

Bertelsmann
Fachzeitschriften

Eine Kooperation im Rahmen der Fachverlagsgruppe BertelsmannSpringer

Gedruckt auf säurefreiem Papier, hergestellt aus chlorfrei gebleichtem Zellstoff. TCF ∞

Printed in Germany
ISBN 3-7643-6903-5

9 8 7 6 5 4 3 2 1   http://www.birkhauser.ch

Inhalt

Editorial 7

Alfons Leitl
   Anmerkung zur Zeit 11

Hans Schwippert
   Theorie und Praxis 15

Otto Bartning
   Mensch ohne Raum 22

Ludwig Neundörfer
   Inventur des Zusammenbruchs 25

Stimmen zum Neuaufbau deutscher Städte
Hans Scharoun:
   Berlin 33
Eugen Blanck
   Frankfurt am Main 38
Robert Vorhoelzer
   München 42

   Ein Aufruf: Grundsätzliche Forderungen 46

Hugo Häring
   Neues Bauen 48

Rudolf Lodders
   Zuflucht im Industriebau 65

Egon Eiermann
   Einige Bemerkungen über Technik und Bauform 76

Fritz Schumacher
   Zahlengesetz, Norm und Typus 82

Rudolf Schwarz
  Das Unplanbare 91
G.G./Alfons Leitl
  Die politische Gesinnung des Architekten 117
Alfons Leitl
  Die Massenhaftigkeit und die Tradition 131
Franz Meunier
  Illusion als Schicksal? 141

Worte der Mahnung und Warnung
Walter Dirks
  Mut zum Abschied 156
Otto Bartning
  Entscheidung zwischen Wahrheit und Lüge 159
Karl Wilhelm Ochs
  Der zeitgebundene Zauber der Erscheinung
  kann nicht wiederholt werden 162
Walter Muschg
  Eine Sehenswürdigkeit für reisende Kuriositätensammler? ... 164
Hermann Hampe
  Wiederaufbau-Erfahrungen aus dem Unzerstörten 165

Rudolf Steinbach
  Die Alte Brücke in Heidelberg
  und die Problematik des Wiederaufbaus 171
Emil Steffann
  Bewahrung aus Ehrfurcht 180
Rudolf Schwarz
  Was eigentlich ist der Gegenstand des Städtebaus? 186
Louis Schoberth
  Deutsche Architektur seit 1945 191

Autoren 208
Literatur-Empfehlungen 212

Editorial

Ein Neuer Mensch werde es sein, für den man bauen müsse. Ihm, dem von den Materialschlachten und Schrecken des Krieges tief Verstörten, werde man neue, lichtdurchflutete Städte errichten; mit prächtigen Stadtkronen, die bis an den Himmel reichen. Aus der «modrigen Matratze Europa», so Gregor v. Rezzori später, würden die wunderbarsten kristallinen Gebilde eines Neuen Bauens hervorwachsen und Rachitis wie Schwindsucht vergessen machen. Bruno Taut träumte so, Hans Scharoun in seinen Briefen aus Ostpreußen, Walter Gropius mit der Idee eines «Bauhauses», der Werkstatt des neuen Baus der Zukunft, «der alles *in einer Gestalt* sein wird: Architektur und Plastik und Malerei, der aus Millionen Händen der Handwerker einst in den Himmel steigen wird als kristallenes Sinnbild eines neuen kommenden Glaubens». Die da so schrieben und zeichneten, lagen selbst noch im blutigen Boden der Schlachtfelder. Im Frühjahr 1918 also, vielleicht 1917 schon, jedenfalls schon im längst blind gewordenen Krieg, schlägt die Endzeitstimmung um in Aufbruchstimmung: «Hoch, dreimal hoch unser Reich der Gewaltlosigkeit! ... hoch das Fließende, Grazile, Kantige, Funkelnde, Blitzende, Leichte – hoch das ewige Bauen!»

Im Oktober 1944, wiederum noch vor Ende eines zweiten, die Welt nachhaltig verändernden Kriegs, notiert Hans Schwippert, schon sei «die Befreiung dieses Bildes des Menschen und der Wirklichkeit insgesamt von Verzerrung und Verfälschung und Trübung» am Werk. Wir glauben, schreibt er, dass dieses Werk «am besten die allen lesbare Unterschrift *Menschenwürde* trage». Wieder ist es, nach Diktatur, Völkermord und Weltkrieg, der *Neue Mensch*, auf dessen Erscheinen gesetzt wird, nun allerdings ohne alle Sicherheit, dass er aus dem Desaster wirklich hervortreten könne. Schwippert schreibt seine Reflexionen über das Kommende nämlich in einer Stadt, die fürs erste, ungeachtet ihrer großartigen Geschichte, keine Stadt mehr ist: Aachen – kilometerweit ausgebrannte Hausgerippe, offenen Gräbern gleich, weite Flächen pulverisierten Gesteins, Betondecken, Gewölbe und Glocken tief in den Boden geschlagen. Geborstene Mauern, die ihre Stadt beklagen.

1945: Lähmung, keine Spur von Aufbruch und Frische, nur «Hoffen wider alle Hoffnung». Die Bilder der ausradierten Städte verschwinden, verblassen hinter der Scham über die unerhörten Verbrechen der Nazizeit. Allenfalls der Film gibt – sozusagen dokumentarisch wider Willen – authentisch Einblick: So Staudtes *Die Mörder sind unter uns*, Wilders *A Foreign Affair*, nicht zu vergessen Rosselinis *Deutschland im Jahr Null*.

Dabei hat es dieses Jahr Null nie gegeben. Da war ein Ende, und da war kein Anfang. Wer sich jetzt, in den ersten Nachkriegsjahren, bestürzt und trauernd, zur Besinnung mahnend, die Verluste an Unwiederbringlichem als Chance für ein Planen und Bauen *neuer menschenwürdiger* Städte begreifend – wer sich jetzt, ungeachtet der Aussichtslosigkeit, zu Wort meldet, sind allesamt so etwas wie Statthalter der Zwanziger Jahre, allen voran Häring und Schwarz, Schumacher und Scharoun. Sie, zusammen mit den Jüngeren, denen eine Flucht in die Innere Emigration geglückt war, behandeln in den beiden ersten Ausgaben von «Baukunst und Werkform» Inhalte, die man, in der Breite jedenfalls, drei Jahre nach dem Krieg schon nicht mehr zur Kenntnis nehmen mochte. Die Autoren, hoffend wider alle Hoffnung auf Besinnung, unterschätzen durchweg bei ihren honorigen Zielsetzungen vor allem eines: *die unbezähmbare Vitalität*, die dem Stadtwesen eignet. Der Wiederaufbau geht sozusagen zur Tagesordnung über. Zwölf Jahre später wird Rudolf Steinbach, der 1949 die Rekonstruktion der Alten Brücke in Heidelberg bis hin zur Oberflächenbearbeitung der Werksteine verantwortet, die Folgen dieser Tagesgeschäftigkeit beklagen: Wir sind, so seine Einrede, zu dem bedauernswerten Zustand unseres Planens und Bauens gekommen, «weil wir uns nicht besonnen haben, sondern etwas geleistet». Man mag eine solche Äußerung für überzogen halten, wie auch manche Aspekte der hier in Erinnerung gebrachten Baugedanken; man kann sie «blauäugig» schelten, man wird vieles vielleicht allzu pathetisch finden – eines sind die Verfasser der hier versammelten Reden und kritischen Verlautbarungen sicher nicht: geschwätzig.

So ist denn auch keine Zeile gestrichen worden, die zeitliche Folge der Beiträge wurde streng respektiert, und bei der Auswahl wurden die persönlichen, authentischen Aussagen und Anmerkungen zur Zeit, eben jener ersten Nachkriegszeit, den bloßen Beschreibungen von Bauten und Bauabsichten vorgezogen.

Der Leser gestatte auch mir hier ein persönliches Wort: Im Sommer 1952 habe ich die Redaktion der Zeitschrift «Baukunst und Werkform» von Franz Meunier übernommen und bis 1957 weitergeführt. Mein Dank und, ich denke: unser aller Dank gilt Alfons Leitl, dem Initiator der Zeitschrift und leidenschaftlichen Schreiber und Publizisten. Und als damals noch nicht Beteiligter darf ich bekennen: Selten ist mir eine um mehr als ein halbes Jahrhundert gealterte Folge von Reden und Aufsätzen so unmittelbar aktuell vorgekommen wie die hier ans Licht gebrachte.

Ulrich Conrads

Photo von Hermann Claasen. Aus: Jürgen Neven und Michael Mansfeld, Denk ich an Deutschland, Verlag Kurt Desch, München/Wien/Basel 1956

HEFTE FÜR BAUKUNST UND WERKFORM

Herausgegeben von Alfons Leitl

unter Mitarbeit von

Otto Bartning · *Neckarsteinach*

Egon Eiermann · *Karlsruhe*

Werner Hebebrand · *Frankfurt / Marburg*

Hugo Häring · *Bieberach*

Georg Leowald · *Berlin*

Rudolf Lodders · *Hamburg*

Rudolf Schwarz · *Köln / Frankfurt*

Otto E. Schweizer · *Karlsruhe / Baden-Baden*

Hans Schwippert · *Düsseldorf / Aachen*

Schriftleitung: Franz Meunier

Verlegt bei Lambert Schneider *in* Heidelberg

Alfons Leitl

Anmerkung zur Zeit

Der tiefe Pessimismus, der uns nach zwei Jahren eines ganz und gar missratenen Aufbaues erfasst hat, macht jede Anstrengung fragwürdig. Eine Arbeit, die in dieser Lage neu beginnt, mit freudigen Aufbaureden zu begleiten, wäre barer Unsinn. Die Voraussetzungen, Grundsätzliches über Planung und Aufbau zu sagen und zu denken, Erwägungen über Werk und Form anzustellen oder das Bild einer künftigen Ordnung zu entwerfen, sind offenkundig denkbar schlecht. Das Einzige, was uns ausreichend zur Verfügung steht, ist Zeit. Die haben wir, bis es mit dem Bauen ernst wird, anscheinend reichlich. Alles andere fehlt: Hoffnung, Glaube, Zuversicht, moralische und wirtschaftliche Kraft, das Geplante und Erschaute wirklich werden zu lassen. Wir agieren in einem leeren Raum, zermürben uns in einem entsetzlichen Leerlauf und zahlen in diesem elenden, endlosen Kleinkampf um lächerliche Dinge – zehn Sack Zement, ein paar Quadratmeter Glas, einen Stempel auf ein Papier, Bleistifte oder Zeichenpapier – eine Reparation, die nirgends angerechnet wird, die aber die schlimmste ist: die Reparation unserer Lebenskraft. Die Idealisten, die sich nach dem Zusammenbruch in die Arbeit stürzten, in den Kampf gegen Not und Trümmer, hängen müde und schlecht ernährt auf ihren Amtsstühlen. Haben die Zauderer recht behalten, zunächst einmal abzuwarten, noch ein wenig in den Bergen zu bleiben oder auf dem Lande bei gesunder Luft und besserer Ernährung die Zeit abrieseln zu lassen? Doch die Zeit, diese reichsprudelnde Aufbauquelle, wir haben sie leider gar nicht. Deutschland ist zwar gründlich geschlagen worden und wird es täglich gründlicher. Jedoch es sind inmitten der Zerstörung Menschen übrig geblieben, und diese haben inzwischen etwas getan. Aber was! Erst waren sie erstarrt und warteten in festgewachsener Gewöhnung auf die einschlägigen Aufbauanordnungen und -aktionen und dass nun alles besser würde. Doch dann fiel ihnen auf, dass sich erstens gar nichts besserte, zweitens dass ein Dach über dem Kopf eine ziemlich primitive Urforderung sei, drittens dass verbliebenes Geld um jeden Preis vor der Währungsreform verbaut werden müsse, viertens dass die Demokratie jene Staatsform sei, in der nach landläufiger deutscher Auffassung sich jeder selbst der Nächste sei und dass im Vierten Reich erst der gefunden werden muß, der dieser Nächstenliebe etwa in den Weg treten könnte. Aus diesen Erkenntnissen zogen sie Folgerungen. Wir haben sie vor uns: Die Taten der nackten Selbsterhaltung, des krassen Egoismus, der unsozialsten Einstellung, die Reaktion auf allen Gebieten, die Bewahrung und Verteidigung alter Besitzpositionen, «Wiederherstellung» und «Wiederaufbau» um jeden Preis. Das sind die Gegebenheiten unseres Aufbaus, das ist die wirtschaftliche, das ist die moralische Lage, die bis in die letzte Verästelung des Bauens und des Städtebaus wirkt. Neben der siechen offiziellen Wirtschaft, die abgeschnürt ist, reglementiert und kontrolliert, die nicht fähig ist, dem sozial Bedrängten das Notwendigste zu geben, besteht eine andere unkontrollierte, vom Faustrecht bestimmte Wirtschaft. Was diese tut und an «Aufbau» schon geleistet hat, ist vielerorts durch keinen noch so schönen Plan wieder gut zu machen. Anfangs tröstete man sich über alle Lähmung hinweg: bei unserer so ungeklärten Lage und den so mangelhaft durchdachten Voraussetzungen sei es nur ein Segen, dass wir nicht sofort zum Bauen kämen. Inzwischen sehen wir mit Schrecken, was ringsum aufwuchert und den gesunden Neuwuchs hindern wird. Einzig – so paradox es klingen mag – die völlig wüsten Schuttplätze der ganz großen Städte bieten noch einige Aussichten. An sie wagte sich noch niemand. Hier kann vielleicht noch einmal etwas werden nach vorbedachtem Wachstumsplan. Doch in den kleinen und mittleren Städten wird Städtebau bald eine hoffnungslose Sache. Von den Dörfern ganz zu schweigen. Die Chance des Dorfumbaus, der Ortsbereinigung und -gesundung ist so einigermaßen verkompensiert. Planung ist für viele Stadtväter unfassbare Zeitverschwendung, blasse Theorie und Hemmnis «gesunder Entfaltung», Vollmachten für den Planer Diktaturgefahr. Verkehr ja, die Autos müssen ihr Recht haben. Die Stadt als Organismus, als lebendiges Gebilde als (dieses unausgesprochen) Gesamtkunstwerk, Städtebau als menschliche Verpflichtung? Meint man nicht, der Städtebauer müsste dem Unverstand, dem mangelnden Gemeinsinn mit diktatorischer Gewalt entgegentreten, der Planer, dem nicht ein wirklich helfendes Gesetz zur Verfügung ist, nicht einmal ein Polizist. Aber was wollen wir mit Polizisten gegen die Not, die nur Folge ist, und gegen die mangelnde Bewährung des Menschen. Die Frage, die die meisten Deutschen so gerne mit dem Finger gegen die anderen gewendet beantworten möchten, wer schuld sei, ist im Einzelnen allmählich uninteressant. Die Krise des Menschen als eigentliche Ursache aller Nöte stellen nicht nur wir in Deutschland fest (voll Schmerz und Erbitterung, dass der schrecklichste moralische Fall und der Vortritt im Bösen in unserem Volk geschah) – aus Frankreich, England und Amerika dringt die gleiche Überzeugung zu uns. Man verweist uns auf die notwendige innere Umkehr und mahnt uns, unsere letzten Kräfte anzuspannen.

Wir wissen, dass diese Mahnungen richtig sind, aber wir wissen, dass sie sich nicht an einen Teil der Menschheit allein richten können. Der Aufbau, der innere und äußere, bedarf des helfenden, entgegenkommenden, aber auch des aufnehmenden Partners, denn er kann kein Werk der Isolierung sein. Wir sind gewöhnlich allzu sehr geneigt zu meinen, alles, was bei uns geschieht, sei genau das, worauf die Welt schon lange wartet. Zu dieser überschwänglichen Annahme sehen wir wenig Grund. Aber wir wissen es, dass unser Aufbau, unsere Anstrengung, unsere Hingabe an die sozialen und baulichen Ordnungsaufgaben ein Stück Mitarbeit sein muss an den Problemen, die überall zu lösen sind. Man kann gelegentlich hören, seit dem Zusammenbruch habe es beileibe nicht an dem Bemühen gefehlt, unseren moralischen und politischen Zustand zu durchdringen, auch nicht am ehrlichen Bekenntnis von Fehlern und Missständen; es wäre genug geschehen auf diesem Gebiet. Und doch ist in dieser von Gnadengaben so wenig erleuchteten Zeit die Gabe der Unterscheidung ersichtlich recht schwach vertreten, mit am schwächsten in einem Berufsstand, der ihrer am meisten bedarf, bei den Bauleuten. Gerade ihnen aber steht Unklarheit und Selbsttäuschung besonders übel an. Diese Zeit ist zu bitter und zu ungeordnet, als dass der Gestaltende alles laufen lassen könnte, wie er mag, und sich mit seiner Gedankenträgheit hinter einen Schutzwall zurückziehen könnte von «Kunst», von Technik oder irgend welchen Schlagwörtern.

An unserem Platze werden wir der klärenden und unterscheidenden Aussprache dienen. Unsere Arbeit beginnt, heute 1947, genau so, wie sie vor zwei Jahren hätte beginnen müssen: mit Überblick und Sichtung, mit dem Versuch, aus Zustand und Ziel auf den Weg zu schließen. Damals unmittelbar nach dem Zusammenbruch der falschen Macht hätten wir diesen Versuch unternommen voller Erregung und Zuversicht. Nach zwei Jahren der Enttäuschungen und des weiteren Niedergangs sind wir erheblich nüchterner und frei von Illusionen. Wir hegen weniger Erwartungen. Der Mensch, der gespaltene, der ungezügelte und besessene, der der Dinge nicht Herr wird, weil er seiner selbst nicht mehr Herr ist, hat sich uns gründlich kundgetan. Wir wissen, dass wir nach einem anderen besseren Bild vom Menschen suchen müssen als dem, das uns begegnet ist seit vielen Jahren, und dass wir nach diesem besseren Bilde unsern Bau entwerfen müssen. So wagen wir es, in aller Wirrnis des Geschehens der Kraft des rechten Denkens zu vertrauen, aus dem die rechten Werke wachsen müssen, und in allem Pessimismus, in aller Lähmung noch an die guten Kräfte zu glauben und ihr Wirken vorzubereiten «hoffend gegen alle Hoffnung».

Hans Schwippert

Theorie und Praxis

Geschrieben Ende 1944
Nach dem Fall Aachens, vor der Übernahme der Baudirektion
für die verwüstete und entvölkerte Stadt

Das Unglück, das über uns kam, hat eine lange Geschichte und tiefe Wurzeln. Was an Zerstörung und Verwüstung, Unordnung und Verwirrung, Jammer, Elend und Sorge jetzt unser Schicksal ist, das alles ist nur eine greifbare, anschauliche und folgerichtige Verwirklichung jener Ruinen, jenes Zerfalls, jener Irrtümer, welche längst vorher schon den Raum der Seele beherrscht und das Reich des Geistes verwüstet haben.

Die fast unmenschlichen Aufgaben des Obdachs, des Brots, der Kleidung, der Wärme, der einfachsten, allereinfachsten Befriedigung dringlichster Not, – Aufgaben der schlichtesten Ordnung des «nackten» Lebens – Aufgaben, deren Lösung schwer ist, lange dauern wird und alle Kräfte auf der Ebene der unerbittlichen Tatsachen und des handgreiflichsten Tuns beanspruchen wird – diese Aufgaben der «Praxis» stehen in einer großen Gefahr. Sie meldet sich an mit der Meinung, man müsse nun zunächst – bedauerlicher, aber unabänderlicher Weise –, diese niederen Aufgaben lösen und habe dann erst die Möglichkeit, an höhere Dinge heranzugehen, man könne jetzt nur «praktisch» handeln und erst später sei vielleicht Zeit «ideologisch» zu denken. Das gefährlichste geistige Übel des jüngeren Abendlandes, die Welt falsch zu trennen in das Vitale hier und das Geistige dort, steht vor uns in der Form des deutschen Erbfehlers einer falschen Trennung zwischen Theorie und Praxis. Wenn die Wurzel unseres Unglücks aber überhaupt einen Namen haben kann, dann trägt sie diesen!

Es ist hier nicht der Ort, noch ist es meine Aufgabe, die scheinbare Harmlosigkeit dieses Irrtums philosophisch zu entlarven als das bislang schwerste und leider weitgehend geglückte Attentat auf die innere Einheit der Schöpfung und des Menschen.

Aber vor uns stehen Werkaufgaben. Mindestens ein beträchtlicher Teil von ihnen, Aufräumen und Bauen, sind für jedermanns Einsicht das, was wir Werk nennen. Werk zwar von äußerst behelfsmäßiger Form, sehr, sehr einfaches Werk, aber eben Werk. Der Mensch bricht die erste gegebene Natur um in eine zweite Natur, die Werkwelt. Werkwelt ist eine Wiederholung der Schöpfungswirklichkeit durch den Menschen in seinen Grenzen; Grenzen, die zugleich eng und unendlich weit gestreckt sind dadurch, dass er gemacht ist «ad similitudinem et imaginem Die»! Nicht mehr! Aber auch nicht weniger!!

Uns aber gilt der fundamentale Satz: dass die Wirklichkeit in allen ihren Bereichen gut sei – (omne ens, in quantum est, bonum est) – und dem eigenmächtigen Werturteil des Menschen entzogen, ja, dass sie das Fundament und der Ausgangspunkt aller Wertung und aller Wertverwirklichung sei. Realist sein bedeutet: diese Schöpfungswirklichkeit sehen wie sie ist – und ihre innere Einheit sehen, und dass sie in allen Bereichen gut ist! Im vitalen Bereich ebenso gut wie im Bereich ihres inneren geistigen Sinns. Das ändert und verhindert nicht eine innere abgestufte Ordnung. Aber, und hier sind wir am entscheidenden Punkte, es macht es vom Grunde her unerlaubt, diese Stufenordnung von innerer Einheit umzufälschen in eine polare Gegensätzlichkeit, – aus ihr eine abgrundtiefe Trennung zwischen der nichtgeistigen sinnlichen Wirklichkeit hier und der geistigen Wirklichkeit dort herauszulesen. Eine Trennung, die dann geradewegs darauf hinausläuft (und gelaufen ist!), jene mit dem Bösen und diese mit dem Guten zu identifizieren!!

Seit den Tagen des Einbruchs morgenländischer Religionen des reinen Geistes und der Leugnung der Wirklichkeit des Leibes und der stofflichen Welt ist das Gift dieser «Vereinfachung» und Entstellung des Schöpfungsbestandes in die Denkgewebe des Abendlandes heimlich weiter eingedrungen. Wenn das Christentum es durch ausreichend aktivierte Gegenkräfte gerade noch, und dürftig genug, zu absorbieren verstand, hat es in jenem Abendlande, das sich den schützenden Kräften entzog, zunächst den Überwuchs und Misswuchs einzelner Teile gefördert, und dann, am Ende, zu jenen Entzündungen und Eiterungen geführt, die wie Geschwüre an seinem ganzen Leibe nun aufgebrochen sind!

Aus der Entstellung des Schöpfungstatbestandes wurde die Entartung des Werktatbestandes. Werkwelt ist Wiederholung, Spiegelung der Schöpfungswelt durch den Menschen. Durch jene falsche oder schiefe Sicht ging Menschenwerk den Weg in die Verbannung, eine Verbannung aus der Gemeinschaft mit dem Geist. Der gehörte ja allein der hohen, der edlen, der guten Sphäre an, Werk aber dem Raum des Leiblichen, des Sinnlichen, des Handgreiflichen, der Notdurft oder auch des Genusses, alle miteinander samt und sonders «niedrig» und, zum mindesten des «Bösen» stark verdächtig. Muss man die ferneren Stationen des Weges lang und breit aufzählen? Einmal losgerissen aus der Bindung, fortgeschickt aus der Heimat, auf «sich selbst» gestellt und geächtet zugleich, – was blieb dem Werk andres übrig, als recht und schlecht – und wahrlich mehr schlecht, auf eigenen Füßen zu stehen, sich zu verselbstständigen – so gründlich, dass es zum schlechten Ende sich auflehnt gegen seinen Schöpfer, den Menschen. Augenfällig genug in Technik und Kriegsgerät, – weniger sichtbar, aber nicht weniger dem Menschen heimlich entwachsen in allem anderen Werk seiner Hände.

Die Zerreißung des inneren Zusammenhangs der allgemeinen Schöpfung und ihrer Spitze, des Menschen (auch er in die zwei Stücke Leib und Geist fälschlich gespalten anstatt in der verschlungenen Dreieinheit von Leib, Seele, Geist gesehen) und die Zerreißung des inneren Zusammenhangs der Werke (auch sie falsch in unedle und edle gegensätzlich getrennt statt wahrgenommen in einer gestuften Unteilbarkeit und Entsprechung), diese Zerreißungen haben Namen ohne Zahl. Einen der letzten und schäbigsten Namen hat das für Maßlosigkeit, gute und schlechte, so unglaublich begabte Volk der Deutschen ihnen gegeben, ihnen als falschen Aufputz umgehängt: er heißt «Theorie und Praxis»! Es hat auf seine gründliche Weise getrennt, was zusammengehört, und diese Trennung gelebt, verwirklicht wie kein anderes Volk der Erde. Darüber ist die «Praxis», die Werkwelt verkommen, und die Ideenwelt, die Sinnwelt, entwirklicht und entartet. Statt hiermit nun wieder anzufangen, wäre es besser, nicht wieder anzufangen.

Vor uns liegt die Aufgabe einer neuen Ordnung, Ordnung in einem letzten und äußersten Sinn: Wiederherstellung des ORDO!

Einer Ordnung, an der wir in besonderer Weise unser Zerstörungswerk verrichtet haben. Nicht, als ob sie anderswo in Reinheit und Schönheit bestünde! In Reststrukturen hält sie dort noch zusammen, was uns schon zerfiel. Noch! Und wie lange noch? Unterdes stehen wir an neuem Anfang, bereits an neuem Anfang! Und was wir beginnen – wer weiß, ob es nicht auch noch Heilkräfte bereitstellen muß für jene, die noch nicht merken, dass sie auf den Tod krank sind!!

Heilung aber zunächst für uns. Nichts wird erreicht sein, wenn wir mit jeder Ruine, die wir aufräumen, mit jeder Straße, die wir ebnen, mit jeder Notbehausung, die wir zustandebringen, nicht gleichzeitig den inneren Schutt beseitigen, die seelischen und geistigen Wege bahnen und die Wohnungen der Tugenden und des Verstandes wiedererrichten. Und noch einmal: Nichts wird erreicht werden, wenn wir in der Not der «Praxis» uns bereit finden, abzusehen von der «Theorie», bereitfinden, zu verzichten auf die unveränderlichen maßgeblichen Forderungen des Herzens und des Geistes. Wir sind vor der Aufgabe einer neuen, einer ungekannten Durchdringung und Vereinigung von Plan und Ausführung. Wir brauchen große Konzeptionen, man wird sie nicht vertragen. Wir brauchen große Zielpunkte, man wird den nächstgelegenen zulaufen. Wir brauchen Zusammenarbeit, man wird auseinandergehen. Wir brauchen Geduld, man wird ungeduldig fordern und erzwingen wollen.

Nicht, dass wir flicken, sondern dass die gebotenen Grenzen des Flickens nicht erkannt werden – nicht, dass Behelfsbauten entstehen, sondern dass sie an falscher Stelle stehen und dem Aufbau im Wege sein werden, dies sind die Gefahren.

Rücksichtslosigkeit und Not in schlimmer Verbrüderung, Besitzgier und Armut in üblem Verein werden eine heillose Praxis machen, und die Diktatur der halben und somit falschen Wirklichkeit wird durch «Wiederaufbau» den Aufbau zu verhindern suchen. Es geht uns um die rechtzeitige große Widerstandsbewegung gegen diese Diktatur und um die sofortige und gemeinschaftliche Wirksamkeit der stofflichen wie der seelischen und der sinngebenden Kräfte.

Nur damit kommt Werk heim aus der Verbannung.

Nur so bekommt Menschenwerk wieder Heimat und WÜRDE.

Das ist es, was wir brauchen, Würde des Werks. Und wenn es die traurigen, aber unerlässlichen Werke des ersten, allerersten, dreckigen und fast trostlosen Aufräumens, Ordnens, Verwaltens und Arbeitens sind! Würde des Werks aber lebt nur aus der Würde des Menschen, und die Würde des Menschen ist in der Würde seines Werks. Alles Werk, es ist hier in breitestem Verstande gemeint – Aufräumen und Säubern und Bauen ist nur ein winziger Ausschnitt daraus.

Wir brauchen vom ersten Tag des Beginnens an dies Richtbild und brauchen den Abglanz dieses Bildes schon auf den ersten Werken, nein, das Innewohnen dieses Bildes schon in den ersten Werken. Und brauchen «Aufräumetrupps und Baukolonnen» in allen drei Ruinenfeldern: in den Trümmern der Stadt, den Trümmern der Seele und den Trümmern des Geistes.

Und brauchen sie gleichzeitig und verbunden miteinander. Und können nie und nimmer warten mit diesen, bis etwa jene «schon ein Stück weiter» sind!

Das alles mag und muß sich in den Formen vollziehen, die der Stunde und den Möglichkeiten entsprechen. Aber dass es geschehe, ist das Anliegen! Wir brauchen ein, nein das Menschenbild. Und dieses Menschenbild ist die erste Forderung dieser Stunde. Eine Stunde, von der wir nicht einst hören möchten, wir seien ihrer nicht würdig gewesen. Es wird ein abendländisch-christliches Menschenbild sein, und das ist in manchen Zügen nicht das Bild, das zurzeit in dem Rufe steht, das christliche Menschenbild zu sein. Doch die Befreiung dieses Bildes des Menschen und der Wirklichkeit insgesamt von Verzerrung und Verfälschung und Trübung ist am Werk.

Wir glauben, dass es am besten die allen lesbare Unterschrift Menschenwürde trage.

Nach seinen Zügen haben sich zu richten alle die Bereiche, die mit- und nach- und gegeneinander am eigenen Überwuchs erkrankten: Organisation, Wirtschaft, Verwaltung, Industrie, Technik, Staat und was immer sonst sich für das Wichtigste gehalten hat oder hält. – Zu richten von Anbeginn an!

Und es dürfen sich, trotz allem, Menschen genug finden, denen die Umrisse wenigstens dieses Bildes so vertraut sind, dass sie jetzt und sofort sie einbetten können in die verschiedenen Werke, die ihnen zur Durchführung anvertraut werden. Niemand von ihnen wird dabei die billige Sicherheit des Gestrigen haben oder zeigen. Sie werden wissen, dass dies alles ein Wagnis ist. Wagnis schon das Bild, Wagnis der Weg, Wagnis das Werk der Hände, der Herzen und der Köpfe. Wagnis im Geiste, der irren kann, und Wagnis in der Wirklichkeit, die voller Gefahr ist.

Dafür gilt es nun einzustehen.

Nachwort Ende 1946
Aus dem Begleitschreiben, das der Schriftleitung
mit dem Beitrag Professor Schwipperts zuging

... Zum Thema, das Sie mir zur Behandlung nahe legten, möchte ich Ihnen einen Aufsatz «Theorie und Praxis» geben. Er entstand Ende Oktober 1944, vor zwei Jahren also, als ich in Aachen in die bittere Praxis dieser zerbombten, belagerten, zerschossenen, ausgebrannten und entvölkerten Stadt in der Front ging, eine «Praxis», die sich schwere sechs Monate später ausdehnte auf die Verantwortung für die Nord-Rheinprovinz. Durch die Bildung des Landes Nordrhein-Westfalen geht in diesen Wochen diese Verantwortung an den Minister für Wiederaufbau des Landes über. Daß ich Ihnen in diesem Augenblicke, wo nach zwei Jahren die lang erbetene Ablösung für mich kommt, den Aufsatz gebe, der am Anfang stand, besagt genug: Die damaligen Forderungen sind nicht vergessen, sie waren uns immer in der Arbeit gegenwärtig und haben uns die «harte Wirklichkeit» nicht leicht gemacht, sie stießen und stoßen auf schwere Hindernisse und Widerstände und haben doch die schwierigen organisatorischen und praktischen Anfänge beeinflusst. Sie sind unerfüllt und sie werden von neuem gestellt.

Nicht viele von der Zunft gestalterisch planender Architekten waren in diesen Jahren in der Lage oder willens, die vor uns liegenden Aufgaben so radikal von der «anderen» Seite her auch nur zu betrachten, geschweige denn anzupacken. Es hat daher nicht an Stimmen gefehlt, die mich als an eine ungeistige und unschöpferische Praxis verloren bedauerten. Es standen ihnen andere gegenüber, die mit gleicher Überzeugungsstärke meine verwalterisch-ordnende Arbeit für eine rettungslos theoretische und der praktischen Wirklichkeit ferne Bemühung hielten. Womit mein Gleichgewicht gerettet war.

Irrtümer solcher und ähnlicher Art wären nicht so sehr ernst zu nehmen, wenn sie nicht ihre Wurzel in der gefährlichen Unterschätzung der Aufgabe hätten, vor der wir stehen. Allzu leicht nehmen es die Träumer neuer Städte- und Bauplanungen mit der Möglichkeit eines gültigen planerischen Ordnungsbildes. Und allzu leicht nehmen es die Praktiker mit der Möglichkeit, vom unbesonnen tatkräftigen örtlichen Ansatze her alles zu heilen. Das vor uns liegende dritte Jahr muß und wird allerdings den Beginn einer allgemeinen und einheitlichen entwerferischen Planung bringen. Sie wird in die Notdurft und den Wirrwarr des Flickens von Fenstern,

Dächern und Mauern, in das bedrohliche wilde und kümmerliche Bauen die ersten Züge einer nennenswerten geformten Ordnung tragen müssen. Aber diese Planung der Architekten wird bald merken, wie sehr sie, heute mehr denn je, abhängt vom Plane des Bauherrn, jenes Bauherrn, der unser Volk ist und der seine Absichten und seine Mittel zuvor klären muss.

Es war kein dankbares Geschäft, und wird es auch auf lange Zeit nicht sein, diesem Bauherrn zu helfen, zu einem Programm zu kommen. Er kennt seinen Bauplatz nicht und nicht die Größe seiner Familie, er kennt sein Vermögen nicht und nicht sein Einkommen, und er kennt vor allen Dingen nicht – sich selbst. Was an Vorarbeit zu solchen Kenntnissen und solchen Einsichten getan worden ist, entsprang einer Planung, welche eine andere und vor und über derjenigen ist, der wir vom Bau im allgemeinen diesen Namen geben.

Ich möchte wünschen, dass, wenn es nun unter uns ans Entwerfen und Erfinden geht in gemeinsamer Anstrengung, dies immer gegenwärtig bleibe. Ich möchte weiter wünschen, dass bei diesen Anstrengungen die richtige Mischung von Tatkraft und Demut, von Emsigkeit und Stille, von Zupacken und Hinhorchen gefunden werde.

Zwischen Untermaß und Übermaß, zwischen Zwang zu stümperndem Flickwerk und dem Wissen um die unwiderbringlichen Möglichkeiten einer geformten Ordnung des Landes und seiner Besiedlung, zwischen der Hässlichkeit des Behelfs und der Schönheit ersehnter und notwendiger Gestaltungen, zwischen dem Faustrecht des Stärkeren oder des Verzweifelten und dem Anspruch der Allgemeinheit. Zwischen den vorgestrigen und den idealistischen Fanatikern war es schwer, die rechte Mitte zu suchen und im Ansatze zu sichern. Um so schwerer als sie immer wieder, von Freund und Feind, mit ihrem traditionellen Zerrbild der Mittelmäßigkeit, einem traurigen Ergebnis aus Verrat, Schwäche und Müdigkeit verwechselt wurde und wird. In Wahrheit formt sie sich aus Wirklichkeitstreue und Kräftigkeit. Sie bedarf, was vornehmlich unsere kommende planerische Arbeit angeht, einer besonderen inneren Anstrengung, welche die Lockungen des Stoffes und der Technik, die Verführungen sentimentaler oder artistischer Formung und den häretischen Glanz theatralischer Zweckgebundenheit oder geistiger Sinnüberlastung gleicherweise zu meiden weiß. Dies aber bedeutet nichts anderes, als dass auch diese unsere kommende Arbeit ausgerichtet sein muss nach dem rechten Bilde des Menschen.

Otto Bartning

Mensch ohne Raum

Vom gültig Einfachen und von der stillen Meisterschaft

«Volk ohne Raum» hieß die gefährliche Parole, deren demagogischer Missbrauch blindes Heldentum und blinden Gehorsam zum Einbruch in fremde Räume führte. Das Mittel der Verblendung war Großorganisation der namenlos und wesenlos gemachten Massen: Diktatur. Das Ergebnis ist der zerstörte, verstümmelte, mit fast der doppelten Menschenzahl überfüllte Raum. «Volk ohne Raum» in einem viel schlimmeren Sinn: Mensch ohne Raum, ohne erkennbare Gestalt des Lebens, der Arbeit, des Denkens und Hoffens. Mensch im Chaos.

Was bleibt uns? Was bietet sich den enttäuschten Heimkehrern und der ratlosen Jugend? Vage Hoffnung auf neue Abenteuer unter blinder Führung, die man soeben als Verbrechen aufgezeigt hat? Neue Schlagworte, neue Großorganisation, Scheinordnung des Gestaltlosen? Tatenloses Warten auf Gesetze, die – nach Lage der Dinge – fast jede Handlung zur Zuwiderhandlung stempeln müssen? Hinnehmen von Verordnungen, deren Flut den letzten Rest menschlicher Ordnung wegschwemmt und das Handeln ins Abenteuer des Schwarzhandelns treibt?

Was also bleibt? – Eines, das in Vergessenheit und im Dritten Reich in Verruf geraten ist: der stille, beharrliche Fleiß zur einfachen Ordnung und gültigen Gestaltung des eigenen begrenzten Raumes; nicht des selbstisch abgeschlossenen Raumes, sondern des Bereichs von Menschen und Dingen, den man mit seiner persönlichen Arbeit und Liebe durchdringen, beleben, erwärmen und formen kann. Solche gültige Einfalt ist nicht das primitive, sondern ist die reife Frucht. Sie ist das Kennzeichen jener stillen Meisterschaft, die an der Maschine wie an der Werkbank, im Atelier wie am Schreibtisch, am Pflug wie auf dem Lehrstuhle, am Herd wie am Krankenbett sich beweisen kann; die im Kleinen wie im Großen sich auf das ihr gegebene Maß begrenzt und eben darum sich vollenden kann. Nur aus solchen menschlich durchwirkten und gemeisterten Lebensräumen, die sich ergänzen und zum Größeren verbinden, kann Gesellschaft, Genossenschaft, Gemeinde und Staat wachsen.

«Mensch im gemeisterten Raum» ist die einzige Hoffnung des Volkes ohne Raum, oder gar des Volkes im Unraum, im Chaos. Solcher Mensch ist der Schöpfer und Träger wirklicher Demokratie. An Stelle blinden Heldentums oder diktatorischer Großorganisation oder bürokratischer Entmündigung tritt dieses Vorbild stiller Meisterschaft. Und haben wir Deutsche neben Heldenmut, Organisationstalent und Verordnungslust nicht gerade zu dieser stillen Meisterschaft eine seit Jahrhunderten entwickelte und von den Völkern uns willig zuerkannte Begabung?

Diese Seite unseres Wesens ist unsere einzige Stärke zwischen den rohstoffreichen und verbrauchshungrigen großen Völkern. Sie befähigt uns zum Veredlungsgewerbe. Aber sie ist nicht nur unsre wirtschaftliche, sie ist unsre sittliche Rettung. Üben wir sie; zeigen wir sie den enttäuschten Heimkehrern, den verzagten Kriegsversehrten, der ratlosen Jugend.

Die hochentwickelte, höchstverwickelte Maschinerie unseres technisierten Lebens ist eingestürzt. Zwischen ihren missgestalten Trümmern plagen wir uns mit Notbehelfen herum. Blind, ja mit einer Art von Schutzblindheit gehen wir unsre kleinen Wege durch die Schutthaufen und verschütteten Gräber. Plötzlich überfällt uns der Anblick mit der wilden Frage: ist dies Traum oder Wirklichkeit? Und wenn es Wirklichkeit ist, was bedeutet sie? – Eine Ahnung beschleicht uns, dass dieser Anblick das durch den Krieg jählings bloßgelegte Bild einer schleichenden Krankheit ist; und dass diese unserem unglücklichen Volke auferlegte Krankheit eine Gefahr, eine Krisis, der zivilisierten Menschheit bedeutet. Schweigend umstarren uns die Trümmer, nicht als seien sie im Getöse der Explosionen eingestürzt, sondern als seien sie aus innerer Ursache in sich zusammengesunken. Können wir, wollen wir die ganze, grausam entlarvte Maschinerie unseres technisierten Daseins wieder zusammenbauen samt aller Last und Hast, Gedankenlosigkeit und Dämonie? Nein, sagt die innere Stimme.

Was also? Armut, Rückkehr zur Natur? Die ist billig zu haben samt Kälte, Hunger, zerrissenen Schuhen, samt Müdigkeit, Krankheit, Verwirrung und seelischer Stumpfheit. Wir brauchen die Dinge nur laufen zu lassen, so bricht das alles übernacht auf uns herein. Was also ist es, das uns zwar jeden Abend zu Tode traurig aufs Lager wirft, aber jeden Morgen mit einem unbegreiflichen, ganz unbegründeten Mut aufspringen lässt? – Die Sehnsucht nach einer fast vergessenen, dennoch unverlierbaren, beglückenden Einfalt: nach eindeutiger Gerechtigkeit; phrasenloser Nächstenliebe; helfender Tat ohne Belehrung; bescheidener Ehrbarkeit ohne Dünkel; nach Fleiß ohne Hast; kurzum nach der einfachen Gültigkeit und – sagen wir es einmal: nach der stillen Schönheit des Lebens und seiner Formen; der Behausung, der Geräte, der Gedanken und der Gebärden. Poetische Utopie, Romantik? Was ist denn Romantik? Schuldgefühl gegenüber der vergewaltigten Natur. Was steht ihr gegenüber? Das freie Recht und der männliche Wille zur Erforschung und Ausnutzung der Natur. Ihm ist Technik das gegebene Mittel zur Beglückung aller Menschen, aller Individuen – wie es Amerika mit lächelnder Miene anbietet.

Oder: ist nicht die technische Entbindung und Beherrschung der Naturkräfte letzte Aufgabe, ja religiöse Pflicht – der die russische Menschheit im Ganzen, unter Opferung des Individuums, sich hingibt? Zwischen diesen beiden Möglichkeiten standen wir und waren mit unsrem Denken und Fühlen zu beiden Auffassungen hingeneigt, zur utilitarischen wie zur fanatischen. Zwischen beiden sind wir zu Boden geschlagen und zermalmt.

Zwischen beiden, ja für beide müssen wir uns aus den Trümmern aufraffen und den mühseligen, ruhmlosen Fußpfad suchen zum einfachen Wert des menschlichen Daseins und seiner Ausdrucksformen. Wohnmaschinen, hochspezialisierte Arbeitsstätten und Verkehrseinrichtungen können wir uns nicht wieder leisten. Nicht nur, weil ihre Reparaturen unsrer spotten, sondern weil wir ihrem Wesen misstrauen; weil wir dem Zauberspiegel des technisierten Lebens grausam hinter die Kulissen gesehen haben. Unser noch so bescheidener Wohn- und Arbeitsraum muß vielerlei Menschen und vielerlei Zwecken dienen, aber die gültige Gestalt des Raumes wie der Geräte soll dem Menschen und dem Werk sich mitteilen. Wir wollen klare, schlichte Arbeit tun, gerade Gedanken und Wege gehen, mit Liebe gerecht sein und mit Ehrfurcht an die letzten, einfältigen Zusammenhänge der Welt rühren, um aus dem «Mensch im Chaos» zum «Volk im gemeisterten Raum» zu werden.

Ludwig Neundörfer

Inventur des Zusammenbruchs

Deutschland steht nicht in einer Wirtschaftskrise, die den einen mehr, den anderen weniger getroffen hat, sondern in einem Zusammenbruch, der jeden Deutschen mit an den Rand des Abgrunds bringt.

Wie ein guter Kaufmann nach einem schweren Verlust in seinem Geschäft zunächst daran geht, Inventur zu machen, zu sehen, was er verloren hat, was ihm geblieben ist, so muß auch am Beginn der Planung des Neubaus die Inventur des Zusammenbruchs stehen. Wir greifen vier Posten heraus und zeichnen das Folgende in groben Umrissen. Dieses Bild beruht auf einer Durchdringung der Tatsachen, so weit sie uns heute überhaupt greifbar sind.

1. Die Bauschäden

Es gab in Deutschland 19 000 000 Wohnungen; davon sind nach einer amerikanischen Ermittlung 15 v. H. total zerstört, weitere 23 v. H. beschädigt, 4,37 Millionen zur Zeit unbrauchbar. Was diese Zahlen bedeuten, wird klar, wenn man sich vergegenwärtigt, dass in den besten Jahren, zwischen den beiden Kriegen, bei Zusammenfassung fast der gesamten Baukapazität für den Wohnungsbau und Investierung von jährlich 2 Milliarden guter Währung 300 000 Wohnungen fertiggestellt wurden. Die gesamte Ära Hitlers von 1933–1940 – seitdem ist der Wohnungsbau praktisch zum Erliegen gekommen – hat 1,7 Millionen Wohnungen durch Neu- und Umbau gewonnen, also etwa ein Viertel dessen, was der Krieg unter seiner Führung zerstört hat. Diese Bauschäden konzentrieren sich im wesentlichen auf die größeren Städte. Fast alle Städte über 50 000 Einwohner sind mehr oder minder stark getroffen. Nach einer eigenen Umfrage sind dort 1,5 Millionen Wohnungen in 322 000 Häusern völlig zerstört, bei einem

Gesamtbestand von 5,4 Millionen Wohnungen in diesen Städten vor der Zerstörung. Es gibt Orte, wo die Zerstörung 80 v. H. ausmacht.

Rechnet man den Wert einer Wohnung (ohne Hausrat) auf 7000 Mark, so beträgt der Verlust an Volksvermögen durch Totalverlust und Beschädigung rund 35 Milliarden Mark; das ist eine Summe, die dem gesamten Arbeitseinkommen des deutschen Volkes, d.h. der Summe aller Löhne und Gehälter eines 66 Millionenvolkes im Durchschnitt der Vorkriegsjahre entspricht. Und das allein an Wohnungen, ohne öffentliche Gebäude, ohne Industriebauten, ohne Verkehrsanlagen.

Das wesentliche Aktivum ist, dass die Landwirtschaft, zumindest in der Westzone, erhalten geblieben ist. Dörfer und Landstädte haben keine nennenswerten Bauschäden erlitten mit Ausnahme einiger Grenzgebiete. Die Bombenangriffe haben die sozial ungesündesten Wohnverhältnisse der Großstädte, die Mietskasernenquartiere und verbauten und verwohnten Altstädte getroffen. Daraus ergibt sich eine einmalige Chance für die Wohnreform, für eine Liquidierung des unseligen Erbes des 19. Jahrhunderts, das einen der Grundansprüche des menschlichen Daseins, das Wohnen, zum Gegenstand der Spekulation und der Kapitalanlage gemacht hat.

2. Die Schrumpfung der Wirtschaft

Mehr als statistische Zahlen über den Rückgang wichtigster Produktionen – etwa dass die Kohlenförderung des Ruhrgebietes noch nicht die Hälfte der Vorkriegsproduktion erreicht hat, – mehr als solche Zahlenfeststellungen mag ein Vergleich der normalen Lebenssituation 1929 mit heute deutlich machen, wo wir stehen: Wie war es, wenn eine Hausfrau im Jahre 1929 unerwartet Besuch bekam, Freunde, die mit dem Auto vorbeikamen? Ein paar Telefonanrufe, und alles war zur Hand, um einen guten Imbiß, ein Abendessen, Unterkunft für die Gäste und Pflege für den Wagen zu haben. Kaffee, Kuchen und Torten, Schinken, Konserven, Wein und Gebäck bekam man auf Anruf in guter Qualität vom Händler ins Haus geliefert und bezahlte dafür einen festen Preis, man setzte einen Teil seines Gehaltes in diese Dinge um, das sichtbare Ergebnis einer außerordentlich komplizierten, arbeitsteiligen Volkswirtschaft, die ihrerseits wieder in die Weltwirtschaft eingebaut war. Kaffee aus Brasilien, Schinken aus Holstein, Gebäck aus kanadischem Weizen usw. Was war alles in den 30 Pfg. für ein

Stück Torte enthalten an Kostenanteilen von Bruchteilen von Pfennigen für Maschinen, Energieverbrauch, Substanzen, die herzustellen wieder Menschen ernährte. Dagegen der heutige Zustand unserer Lebensfristung: Man zieht selber in den Wald, sammelt Holz, versucht ein wenig Weizen zu organisieren, auf der Kaffeemühle zu mahlen, selbst ein Brot zu backen. Man ist glücklich, wenn man eigenhändig ein paar Tabakpflanzen anbauen kann. Der Bauer hält sich Schafe, die Spinnräder werden wieder modern, Strümpfe und Jacken im Hause gestrickt. Reparaturen muß man selbst machen, oder man muß einen Gegenwert haben, um zu tauschen. Das Kennzeichen unserer Lage ist die Primitivierung der Wirtschaft. Die Aufhebung der Arbeitsteiligkeit, nicht die Zerstörung der industriellen Anlagen, nicht der Mangel an Rohstoffen, nicht die Abschließung vom Weltmarkt, sondern die Rückkehr zu einem möglichst starken Selbstversorgertum und zum primitiven Tauschhandel kennzeichnet heute weithin unser Wirtschaften.

3. Die Menschenverluste

Nach der Schätzung einer Schweizer Zeitschrift betragen die Gesamtverluste dieses Krieges auf allen Seiten 33,8 Millionen Menschen, eine allerdings in keiner Weise verbürgte Zahl; sie würde der Gesamtbevölkerung Polens von 1933 entsprechen. Aber eins ist sicher: die Verluste auf deutscher Seite übertreffen alles bisher erlebte gewaltig. Der Krieg 1870/71 kostete noch nicht 50 000 Deutschen das Leben. Der Krieg 1914/18 forderte 1,83 Millionen Opfer. Allein die Zahl der toten Zivilisten aus den Bombenangriffen des letzten Krieges wird auf eine Million geschätzt, auf mindestens 3 Millionen die im Kampf Gefallenen. Entscheidend aber ist dabei, dass diese Verluste einen an sich schon kranken Volkskörper getroffen haben. Bis 1910 war der Aufbau des deutschen Volkes gesund, die jüngsten Jahrgänge waren die stärksten. Das Geburtensoll von 22 auf 1000 der Bevölkerung, das nötig ist, um ein Volk in seinem Bestand zu erhalten, wird seit 1900 unterschritten. Dazu die Verluste des ersten Weltkrieges, der Geburtenausfall dieser Jahre, die Dezimierung dieser an sich schon schwachen Jahrgänge durch den zweiten Weltkrieg. Die stärksten Jahrgänge scheinen heute die zwischen 45 und 50 Jahren zu sein. Aus dem Bild der Pyramide bei der graphischen Darstellung des Altersaufbaus wird eine rhombusähnliche Figur. Es ist ein Trugschluß zu meinen, bei der räumlichen und wirtschaftlichen Einschnürung sei es eher ein Aktivum, dass die Bevölkerungszahl sinke. Das Entscheidende ist nicht die absolute Bevölkerungszahl, sondern die Zusammensetzung, vor allem das Verhältnis von Erwerbsfähigen zu den mit zu Unterhaltenden. Und da steht das deutsche Volk vor einer erschreckenden Vergreisung, d.h. die Zahl der Alten und Kranken – übrigens auch die Zahl der Frauen ist im Verhältnis zur Gesamtzahl übermäßig angewachsen. Diese Vergreisung, seit 1900 schon gegeben, wurde verstärkt durch die Verluste der beiden Kriege und wird noch einmal intensiviert durch die Zusammensetzung der Ostflüchtlinge. Hier wird oft ein Erwerbsfähiger auf zehn bis zwölf nicht erwerbsfähige Personen gezählt.

4. Die Entwurzelung

Die Potsdamer Konferenz hat beschlossen, alle Deutschen aus Polen, der Tschechoslowakei, Ungarn und Österreich und den Gebieten östlich der Oder-Neiße-Linie umzusiedeln. Davon werden etwa 6,5 Millionen Menschen erfasst. Sie verlieren damit eine zum Teil seit Jahrhunderten ersessene Heimat, und es darf dabei nicht vergessen werden, dass die deutsche Ostsiedlung niemals die Nachfolge kriegerischer Expansionen war; nur Ostpreußen ist erst vom Deutschen Orden erobert und dann besiedelt worden. Alle anderen Deutschen kamen in diese Gebiete gerufen, die Landeskultur, Handwerker und Handel in dem Gastland zu heben. Slawische Fürsten haben im 13. und 14. Jahrhundert ihre Werber nach Westdeutschland gesandt, um deutsche Handwerker und Bauern nach Schlesien zu holen, in ihrem Auftrag haben deutsche Kaufleute und Handwerker die polnischen Städte nach deutschem Recht gegründet. Aber es muß auch gesagt werden, dass Hitler mit der Liquidierung dieser deutschen Ostsiedlung begonnen hat, als er seit 1940 die «Heimkehr ins Reich» der östlichen Gruppe aus politischen Gründen erzwang und sie noch bis 1944 fortsetzte. 830 000 Deutsche sind von diesen Maßnahmen ergriffen worden. Zu diesem Strom der Vertriebenen – man muss eigentlich sagen: Flutwelle – kommen die Millionen, welche beim Herannahen der Russen freiwillig ihre Heimat verlassen haben, kommt die gewaltige Zahl der Evakuierten aus den Städten, dazu die Binnenwanderungen vor dem Kriege im Zeichen der Rüstungsindustrie, die jetzt zum Teil wieder rückgängig gemacht werden sollen. Ein Volk auf Wanderschaft nach neuen

Unterkünften, neuen Existenzgrundlagen. In Bayern sind bei 9 Millionen Gesamtbevölkerung 2,5 Millionen Entwurzelte, in Hessen 1,5 Millionen bei 4 Millionen Gesamtbevölkerung.

Das ist die Inventur des Zusammenbruchs, die am Beginn der Planung des Wiederaufbaus stehen muss.

Die Folge dieser Entwicklungen – nicht allerdings aus der letzten Phase des Krieges, sondern zum Teil bis zum Anfang des ersten Weltkrieges zurückreichend – ist eine vollkommene Umschichtung der sozialen Gruppen des deutschen Volkes. Unsere Vorstellungen von den sozialen Gruppen stammen noch aus der Zeit des vorigen Jahrhunderts: Großbürgertum, Bürgertum, Proletariat, mit den Berufsgruppen der Arbeiter, Angestellten und Beamten, Selbstständigen. Wir müssen uns darüber klar sein, dass sie heute nicht mehr der Wirklichkeit entsprechen. Die Affekte die aus ihnen stammen – Proletarier gegen Kapitalisten, das Absonderungsbedürfnis der Angestellten, der Standesdünkel der Akademiker – sind Schemen, Nebengebilde ohne reale Grundlagen, Rückstände aus einer vergangenen Zeit.

a) Die Besitzenden:

Entscheidend für eine wirtschaftliche Machtposition ist heute nicht der Besitz von Kapital, das, in Produktionsmittel angelegt, dem Arbeitenden Arbeitsbedingungen und Lebensstandard vorschreibt, sondern der Besitz von Konsumgütern, die man tauschen kann. Früher waren die Mächtigen: die Grundstoff- und Produktionsgüterproduzenten. Heute sind die Mächtigen: Bauern, Kleinfabrikanten, in gewissem Umfang Handwerker und vor allem Händler, vermehrt um die immer zunehmende Schar von Schwarzhändlern. Sie vollziehen untereinander den Markt. Sie haben alles, was man zum Leben braucht, sie können sich alles leisten.

Ihre Gegner: Die Verwaltungsbürokratie, die Ablieferungspflichten, Preisbindungen, Produktionsvorschriften. Ihre Angst: Sachgüterbesteuerung, Vermögensabgabe, Wohnungsbelegung.

Ihr Wunschbild: Kaufen und Verkaufen ohne bürokratische Hemmungen. Das Sonderbare, aber sehr Beachtenswerte an den Besitzenden von 1946/47 ist, dass sie ihre Position nicht zu irgendwelcher Kapitalbildung benutzen, sondern nur zur Selbstbefriedigung. Dahinter steht nicht die imponierende Weitsicht und der Wagemut des Kapitalisten alten Schlages, sondern ein enger Krämergeist. Sie bleiben am liebsten unter sich, wollen nicht gestört werden, suchen keine Macht über die breiten Massen, um an ihnen zu verdienen.

b) Die Besitzberaubten:

Das sind die Ausgebombten, Evakuierten, die Hausbesitz, die alles verloren haben, die Flüchtlinge aus dem Osten, die politisch Verfemten alter und neuer Prägung; zu ihnen stoßen eines Tages noch die Kapitalrentner, die ihre Renten verloren haben. Sie alle ohne Hab und Gut, ohne eigene Wohnung, ohne richtige Beschäftigung, zum Teil ruhelos hin- und hergetrieben, aber mit der Erinnerung an bessere Zeiten – eine andere Lage als die des Proletariats im 19. Jahrhundert. Diese erstreben im Klassenkampf den Platz an der Sonne, jene sind durchaus rückwärts gewandt. Ihre Helfer: Die Verwaltungsbürokratie mit Bezugscheinen und Anrechten; die Zuteilungen sind das einzige, was sie noch gleichberechtigt neben den anderen Volksgliedern stehen lässt. So füllen sie die Amtsstuben.

Ihre Gegner: Die Besitzenden.

Ihre Macht: Obgleich sie als politische Masse noch nicht organisiert sind, ist ihre Formierung nur eine Frage der Zeit, sind sie ein ergiebiges Feld für den politischen Agitator, für den Demagogen mit zügigen Parolen.

Ihr Wunsch: Beseitigung der als ungerecht empfundenen Güterverteilung. Teilung, ähnlich wie der Proletarier im 19. Jahrhundert den Sozialismus verstanden hat, heute in primitivster Form: Wohnung, Herd, Kochtopf, Möbel, Rente. Dieses Begehren richtet sich an die Gesamtheit der Besitzenden und Arbeitenden, die für ihr Los verantwortlich gemacht werden, fordert von ihnen Ersatz.

Politisch sind diese Beraubten vielfach beherrscht von dem Wunsch nach Wiederaufbau des alten Staatsgefüges, kriegsbereit, weil daraus Rückkehr in die alte Heimat, Rente oder Machtposition erhofft wird; sie haben nichts zu verlieren, alles zu gewinnen.

c) Die Diensttuenden:

Eine breite Schicht der Arbeiter, Angestellten und Beamten, der Lohn- und Gehaltsempfänger, besitzt noch Hab und Gut, auch Wohnung, ist aber angewiesen auf Geld zum Lebensunterhalt. Sie sind diejenigen, die an einem «Wiederaufbau» am unmittelbarsten interessiert sind, sie brauchen, um leben zu können, Ruhe, Sicherheit, eine funktionierende, arbeitsteilige Wirtschaft, in der das Geld seine normale Bedeutung hat.

Die Unterschiede in der Lebenshaltung, die früher zu dem Affekt des Arbeiters gegen den Gebildeten, zu der sorgfältig gemachten Unterscheidung zwischen Angestellten und Arbeitern führte (Stehkragenproletarier) sind bereits weitgehend abgeschliffen. Der qualifizierte Arbeiter, der untere und mittlere Beamte, das Gros der Angestellten, stehen fast auf derselben Einkommensstufe, sie leben alle von denselben knappen Rationen, die einfachen Leute heute sogar durchgängig besser als die sogenannten höheren Schichten. Die Unterschiede in der Wohnkultur werden durch die unterschiedlose Zusammendrängung auf knappstem Raum eingeebnet. Keiner ist mehr besser gekleidet als der Andere, weil keiner seit Jahr und Tag sich Garderobe kaufen konnte. Und wenn man etwas schärfer zusieht, sind bei der großen Masse auch die geistigen Bedürfnisse ziemlich die gleichen geworden, werden mit Radio, Kino und Zeitung und bei den Religiösen mit Kirchenbesuch befriedigt. Alle bebauen mit Begeisterung ein Stück Garten, wenn sie nur irgend die Möglichkeit dazu haben. Sie sind sich ihrer Lage und ihrer Solidarität vielleicht am wenigsten bewusst.

Diese Gruppe hat keinen direkten Gegner, sie stellt die Verwaltungsapparate der Bürokratie in allen Sparten, aber sie ist nicht Bürokratie, wie sie im alten Preußen eine klar abgegrenzte «Bildungsschicht» war. Sie weiß: nur ein günstiges Schicksal hat sie vor dem Los der Besitzberaubten, der Ausgebombten bewahrt, sie kann die Not der Flüchtlinge mitfühlen, sie besitzt noch genug, um den eigentlich Besitzenden zwar mit einem Gefühl des Neides, aber nicht der erklärten Feindschaft gegenüberzutreten. Sie hat kein ausgesprochenes Ziel, aber sie spürt doch unterbewusst die Verantwortung, die sie für das Ganze trägt, sie stellt die Masse der politischen Funktionäre, sie hat den Ausschlag gegeben, dass die Mittelparteien der SPD und CDU die erdrückende Mehrheit bei den Wahlen erhielten. Auf dem Lande, im Dorf stoßen Besitzende – ihre größte Gruppe die Landwirte, die die geringsten Kriegsverluste erlitten haben und an der Nahrungsquelle sitzen – und Besitzberaubte – die Evakuierten und die Masse der Ostflüchtlinge – aufeinander. Das ist eine echt revolutionäre Situation, die ausgetragen werden muss. Das deutsche Dorf wird aus diesem Kampf mit einer neuen Struktur hervorgehen. Die Städte sind bestimmt durch die Gruppe der Diensttuenden. Die anderen Gruppen sind da, die Händler, vor allem die kleinen Fabrikanten, die Flüchtlinge, die Ausgebombten; aber diese sehen ihr Schicksal in den Städten anders als auf dem Dorf, ihre Not scheint ihnen mehr vorübergehender Art, sie betrifft Wohnung, Hausrat, aber mit Ernährung und Kleidung stehen sie in einer Reihe mit der Mehrheit.

Auf dem Diensttuenden liegt die Verantwortung für den Wiederaufbau. Sie bestimmen politisch, was geschehen soll, für sie muß gebaut werden, ihr Gesicht wird die neue Stadt haben. Das sind Grundlagen, die jede Planung des Wiederaufbaus zu eigen haben muß, will sie nicht an den Tatsachen vorbeigehen. Inventur des Zusammenbruchs und soziale Umschichtung. Darauf bauen sich dann die Wege im einzelnen auf.

Stimmen zum Neuaufbau Deutscher Städte

Hans Scharoun: Berlin

Es gilt im wesentlichen auch heute noch – dass der Mensch der Materie hörig ist und in einer verbesserten Technik den für uns einzig noch möglichen Fortschritt im Dasein erblickt. Ein Wesen ohne Ehrfurcht. Er lässt zwar Intellekt und Eigennutz wirken, aber jede geistige Planung vermissen, die z.b. dem Mittelalter eigen war. Diese geistige Planung – als Ausfluß einer geistigen Ordnung – muß von uns und besonders von Ihnen, der Jugend, neu erarbeitet werden. Im Mittelalter lebte sie noch, war da wie Schlaf und Traum, mit den Generationen stetig wachsend und sich ruhevoll wiederholend – eine kosmische Ordnung. Das dem Mittelalter folgende Zeitalter der Vernunft schafft das Ich, den männlichen Gedanken, der unruheweckend das Irrationale und durch Blutsbewusstsein Gebundene vertreibt, es durch eine Kette von Beweisschlüssen ablöst. Einzelheiten werden nicht mehr als Teil des Kosmos gesehen und erkannt, sondern losgelöst und isoliert betrachtet und seziert. Das dem Zeitalter der Vernunft folgende Zeitalter des Materialismus vollendet das Abkehren von dem Gedanken des geistigen Ordnungsprinzips...

Für den Primat des geistigen Prinzips zur Ordnung der Welt ist im Materialismus kein Raum. Denn es unterliegt wie aller Geist nicht dem Gesetz der äußeren Notwendigkeiten. Es muss von uns gemeinsam erarbeitet und gefunden werden, um wieder Ausgangspunkt für eine umfassende Form der Betrachtung und Lösung der Probleme auch des Städtebaus zu werden. Dazu rufen wir Ihre Mitarbeiter auf, die sich keinesfalls mit dieser oder jener technischen Verbesserung begnügen darf.

Welche Berufswahl Sie auch trafen, denken Sie daran, dass Sie der Universitas verpflichtet sind, deren Namen sich die Technische Hochschule als Technische Universität jetzt auch bedient, helfen Sie – wissenschaftlich oder musisch interessiert – uns in einem universellen Sinn und immer dessen eingedenk, dass nicht der Materialismus aus den Fesseln der Materie befreit, sondern der Geist es ist, der uns die Erde wandelt. Beim Bauen der neuen Stadt sind die wichtigsten konstruktiven Pfeiler wohl diese beiden: Der Wirtschaftsbau und der Lebensbau. Sie in erster Linie tragen den Stadtbau. Ihre rechte Formgabe führt zu einer optimalen Funktion des Stadtgefüges: Wirtschaftsbau und Lebensbau, von einem Geist getragen, durch ihn über Begriff und Idee ins Reale gehoben und zum Bilde gefestigt.

Arbeit und Wohnen

Die Krisenjahre 1928/29 zeigten deutlich die ungeheuer starke Vorbelastung der Wirtschaft durch das Verkehrswesen, die gleichmäßig stark aus der Personen- und Güterbeförderung resultierte. Durch überlegte organische und funktionelle Zusammenordnung ist diese Vorbelastung planmäßig herabzumindern.

Die Zueinanderordnung der Wohn- und Arbeitsräume muß so erfolgen, dass für den Berufsverkehr die verkehrslose Stadt geschaffen wird. Das bedingt, dass den zugeordneten Wohngebieten ein sehr hoher Wohnreiz gegeben wird, um der Flucht gerade der qualifizierten Arbeiter aus dem Stadtraum an die Peripherie entgegenzuwirken. Die durch das Straßensystem ausgewiesenen Einzelräume umfassen im Durchschnitt etwa 500 ha Gesamtfläche (bei rund 3 bzw. 1,8 km Entfernung zwischen den Schnellverkehrsstraßen), von denen rund 325 ha mit je 250 Menschen zu besiedeln sind. Insgesamt also umfassen die Räume eine Bevölkerung von je 80 000 Menschen. Sie lösen sich in Grundeinheiten für rund 5000 Menschen auf. Eine solche Grundeinheit ist so zu bemessen, dass sie vom Kinde erlebt und erfüllt werden kann.

Die Grundeinheiten sind so zu gestalten und in sich abzurunden, dass sie die Einheit des Lebens widerspiegeln, den «Lebensbau». Sie haben neben den Geschosswohnungen Einfamilienhäuser, auch für Gesundheitsgefährdete, Ledigenhäuser in Verbindung mit einem Gästehaus usw. zu enthalten. In sie hinein gehören der kulturelle und der soziale Mittelpunkt (bezogen jeweils auf eine oder mehrere Grundeinheiten). Sanitätshaus, Kindergarten, Kinderheim und Kino, Theater, Büchereien, Forschungsstätten usw. – Gerade die Forschungsstätte, die dem Spiel und Basteltrieb Richtung und Auswirkung gibt, erscheint mit Rücksicht auf den notwendigen Einsatz aller geistigen Bemühungen um den Wiederaufbau Deutschlands von erheblicher Bedeutung.

Acht Grundeinheiten wären mit einem Sofort-Krankenhaus und einer Poliklinik, sechzehn Grundeinheiten mit einem Stadtbad zu versehen. (Die der Gesamtheit dienenden Krankenhäuser, die teils Spezialkrankenhäuser darstellen, werden nach mikroklimatisch günstigen Bedingungen platziert.) Freizügig bleiben die Privatkrankenhäuser und – als Sonderfall – die Universitätskliniken.

Das Schulwesen bindet sich gleichfalls in die Grundeinheit mit der Grundschule, in die Mehrzahl der Einheiten mit den höheren Schulen ein. Alle diese Anlagen nutzen die innerhalb der Wohnräume gelegenen Grünflächen. Die Fachschulen sind u. E. den Standorten der jeweils zugehörigen Wirtschaftszweige anzugliedern. So baut sich die neue Stadt als Leistungsform organisch aus den Notwendigkeiten auf.

Architektur, Typisierung, Normierung

Wir wissen, dass auch die Gestaltung der Bauten, die Architektur, von sozialpsychologischer Auswirkung ist. Der Nationalsozialismus bediente sich dieser Tatsache und verlangte z.B. bei der Lösung der Wohnbauten die repräsentative Formgebung, um die Bedeutungslosigkeit des Individuums, der einzelnen Familie, gegenüber dem Primat der staatlichen Einheit zum Ausdruck zu bringen. Wir meinen, dass der Wohnung, der Hülle der Familie, auch in der Summierung der Eigenwert zu belassen sei, und dass die Häufung der Wohnungen von der Einzelwohnung her rhythmisch zu beeindrucken ist. Ähnliche Erwägungen setzen sowohl der Typisierung Grenzen, die bei der Vereinheitlichung der Enderzeugnisse durchaus verschiedenartige sachliche Erfordernisse und auch Geschmacksrichtungen zu beachten hat, als auch der Normierung. Die Vereinheitlichung der Einzelteile ist meines Erachtens abzustimmen mit der Produktionskapazität, d.h. die natürliche Grenze wirtschaftlicher Gestaltung ist auch die Grenze der Produktionsauflage. Sonst würde das Leben mit den dem Leben eigenen Möglichkeiten zugunsten einer Bürokratisierung vergewaltigt. Auch die Normierung ist eben nicht als Ding an sich zu betrachten, als Zwang vom grünen Tisch her. Wir wollen nirgends das starre Dogma, sondern eine Rationalisierung, die die natürlichen Gegebenheiten des Lebens widerspiegelt. Noch geistert Nazitum, – das zeigen fast alle vorgelegten Entwürfe, – durch die Schöpfungen der Architekten. Neben dem Repräsentativen ist es die Herausarbeitung rein optischer Eindrücke – so wie einst dynastische oder auch kirchliche Dokumentationen oder Ansprüche zur Schau gestellt wurden –, die die Bauwerke als Silhouette oder als plastische Gebilde nur mit dem Auge erleben lassen. Das ist der Weg, die historischen Bauten und Stätten wieder in eine erfreuliche Relation zu uns zu bringen. Anders da, wo wir von Grund auf Neues schaffen können. Da verlangen wir die volle Gegenwart. Da wollen wir nicht nur mit dem Auge bestaunen, abtasten, sondern mit dem Körper Besitz ergreifen. Die Plastik zeigt ähnliche Tendenzen. Auch sie gibt sich heute wieder – in einer neuen Unmittelbarkeit – den Blicken und der Hand zurück.

Grundsätzliches

Das grundsätzliche Problem, das die Gemüter der Städtebauer seit langem bewegt, ist niedergelegt in Forderungen wie: Beschränkung der Großstadt, Atomisierung der Großstadt, ihre Auflösung in leistungsfähige Mittel- und Kleinstädte im Maß zwischen 25 000 und 100 000 Einwohnern. Forderungen, die ihren Grund darin haben, dass das Großstadtproblem nicht lösbar sei, oder dass die Großstadt ein überholtes Gebilde sei, keine Kräfte hervorbringe, sondern nur Kräfte verschleiße. Aber die Großstadt ist nicht überholt, sie ist einer wahren Lösung noch gar nicht zugeführt. Lösungen von einzelnen Motiven her klingen an, wenn wir z.B. Prag als eine Stadtlandschaft erleben, Paris als einen Salon der Welt, New York als Ausdruck der Macht der Technik und des Geldes, und in Rom die Beständigkeit im ewigen Wandel wahrnehmen, oder auch London als eine Summe geistiger Traditionen betrachten, die Vorbild für das britische Weltreich sind. Eines ist klar: kulturpolitisch haben – aus welchen Voraussetzungen auch immer – diese Städte ungeheuer stark in den Raum, den wir Welt nennen, ausgestrahlt. Und mit Hilfe dieser kulturpolitischen Ausstrahlungen macht- oder wirtschaftspolitische Aufgaben erfüllt. Diese polhafte Wechselwirkung Großraum – Großstadt wird man aus der Welt nicht fortdenken können, und auch die Wirkung dieser Konzentrationspunkte aufeinander nicht ungestraft stören dürfen. Eine wirkliche Großmacht von Rang ist ohne große Stadt überhaupt nicht denkbar.

Sprechen wir von einem Wohnreiz, der den einzelnen Wohngebieten gegeben werden muß, so dürfen wir auch von einem Stadtreiz sprechen, der den Großstädten anhaftet und der in dem großen Spiel des Nehmens und Gebens Spannung erzeugt. Neben das in den übrigen Ausführungen vorwiegend zum Ausdruck gekommene Rationelle tritt so das Irrationale. Erst aus beiden erwächst ein Ganzes, das das Abgleiten ins Mechanistische verhütet.

Die Großstadt, als von Menschen erzeugtes Gebilde, bekommt wie alle solche Gebilde Eigenleben und Herrschaft über den Menschen. Es ist nicht nur die Abschnürung der Muttererde durch Asphalt und Beton, die eine andere Beziehung des Menschen zur Natur erzeugt, nicht nur die Atmosphäre, das Klima, das den Menschen bedrückt oder anstachelt, es ist z.b. auch das Verwischen der Gezeiten, das die Großstadt mit sich brachte, das Verwischen des Gegensatzes zwischen Fruchtbarkeit und reger Tätigkeit im Sommer und dem Ausruhen und Kräfteholen im Winter, wie sie der Landbewohner erlebt und miterlebt. Ja, es ist das Verwischen von Tag und Nacht, zu dem sich die Großstadt, wie es noch in unser aller Gedanken steht, anschickt. Die Großstadt treibt die Menschen unermüdlich an, in weitaus überwiegendem Maße zwar nur zur «Betriebsamkeit», aber sie zwingt ihr naturfeindliches Zeiten- und Tempomaß den Menschen auf, sie zieht die aktivsten Menschen von weither an sich und fordert von ihnen Unermüdlichkeit. In Berlin geschah die Wandlung von der kleinen Residenz zur Großstadt in einem Jahrhundert. Sie begann etwa 1830 nach Aufrichtung der Gewerbefreiheit und mit Beginn der Industrie, seitdem wandelte sich Berlin sprunghaft mehrmals, erreichte im Jahre 1880 mit Eröffnung des Ringes den 5 km-Radius, 1895 den 30 km-Radius auf Grund der Eröffnung der Vorortbahnen, der Radiallinien, denen die Industrie nachfolgte. Dann begann der Aufstieg der Elektroindustrie, die vornehmlich das letzte Gesicht Berlins prägte. Aber das Phänomen ist die Ballung ungeheurer wirtschaftlicher und politischer Kräfte, die gewaltige Industrien trotz fehlender Rohstoffbasis schufen. (Krisen ließen an diesem Gebilde, das mit 38% in Handel, Transport und Verwaltung beschäftigt war, oft verzweifeln.)

Die mechanische Auflockerung durch Bombenkrieg und Endkampf gibt uns jetzt die Möglichkeit einer großzügigen organischen und funktionellen Erneuerung. Aber seien wir uns immer bewusst, dass bei der Schaffung der Struktur der neuen Großstadt die geistige Voraussetzung wichtiger ist als die Anwendung technischer Mittel.

Eugen Blanck: Frankfurt am Main

Überall treten jetzt die Städtebauer auf den Plan. In Stuttgart, in Berlin, in Köln und Frankfurt wurden neue Planungsgemeinschaften gebildet mit der Aufgabe, die Planung des Aufbaus in seinem ganzen weiten Umfang vorzubereiten. Noch niemals war im westlichen Europa eine solche Aufgabe gestellt. Hier stoßen ehrwürdigste Überlieferungen, krasseste städtebauliche Sünden der Vergangenheit und alle aus unserer Zeit geborenen Nöte auf gleichem Raum zusammen. Einmal wird uns die Chance gegeben, neu anzufangen von Grund auf. Einmal können wir Generalinventur machen mit allem Überkommenen. Werden wir uns der Aufgabe gewachsen zeigen? Oder wird man später sagen müssen: eine einmalige Gelegenheit ist verpasst worden. Die Frage ist gestellt an alle, an Politiker, an Architekten, an alle Bauherren, an alle Berufe.

Wie sollen die Städte der Zukunft aussehen? Nicht eine Stadt irgendwo draußen in der Welt, sondern unsere eigenen, die hervorgegangen sind aus einer vielschichtigen Vergangenheit, festgelegt auf einen Boden, der von unserem europäischen Schicksal bestimmt ist. Jede von ihnen hatte ihre eigene Individualität. Köln oder Hamburg, Frankfurt oder München, so viele Namen, so viele Charaktere. Selbst in ihren Trümmern behalten sie ihr eigenes Gesicht. Doch alle zusammen bilden eine Schicksalsgemeinschaft.

Das Jahr 1946 war ein Jahr des Nachdenkens. Überall schlossen sich Gruppen Gleichgesinnter zusammen, die das Wesen der Stadt in seinen Grundzügen überprüften. Soziologisch, wirtschaftlich, technisch und vor allem in seiner geistigen Bestimmtheit. Daraus ergaben sich ganz konkrete Forderungen in Bezug auf die Gestaltung des Aufbauplans. Das Beispiel Frankfurt mag das erläutern.

Wie bei Köln ist auch in Frankfurt a.M. die Lage am Fluß entscheidend. Aber hier sind die Maße reduziert, auf das Menschliche bezogen. Erinnert Köln an London, so Frankfurt an Paris. Bei aller Entfaltung im vergangenen Jahrhundert hat Frankfurt nie die Stetigkeit seiner Entwicklung verloren. Die relativ kleine Altstadt war bis zu ihrer Zerstörung im Wesen noch kaum verändert, daran schlossen sich die weiten Wohngebiete mit den spätklassizistischen Häusern, von einem wunderbaren Baumbestand durchsetzt. Und dahinter reihten sich die großen Siedlungen der Zeit vor 1933. Alles stand hell und klar in einer gesegneten Gartenlandschaft. Zwar gab es auch in Frankfurt sanierungsbedürftige Straßenzüge und Viertel, doch war die Grundstruktur der Stadt gesund geblieben. Die Zerstörung hat vor allem die mittelalterliche Altstadt getroffen. Hier, wo das alte Reich seinen eigentlichen Mittelpunkt jahrhundertelang besaß, zwischen Dom und Römer, ist heute ein einziges Trümmerfeld. Nicht weit davon steht die Ruine der ausgebrannten Paulskirche, die einmal den Anfang einer deutschen Demokratie in sich barg.

Frankfurt, im Straßennetz wie im Bahnverkehr Durchgangsort fast aller Verbindungen zwischen Nord und Süd im deutschen Raum, geht daran, von der Paulskirche aus seine eigene Mitte, die gleichzeitig eine deutsche Mitte ist, wieder aufzubauen.

Die Schwierigkeiten vor uns sind ungeheuer. Nur wenn wir alle Kräfte für das gemeinsame Ziel einsetzen und die vorhandenen Mittel auf das wirtschaftlichste ausnutzen, kann ein Erfolg erzielt werden. Wir werden auch in diesem Jahr im wesentlichen nur Reparaturen an unseren halbzerstörten Häusern vornehmen können. Aber wir wissen, was wir wollen. Wir wollen eine neue Stadt bauen. Eine Stadt, in der die Menschen eine Heimat haben. Das Heim, das wir ihnen bieten können, wird noch lange sehr bescheiden sein. Und auch die Arbeitsstätten, die kulturellen und sozialen Einrichtungen werden nur in einem engen Rahmen ausgebaut werden können. Aber diese Stadt wird nicht mehr von egoistischen Interessen Einzelner bestimmt werden. Sie wird wieder ein gemeinsames Werk aller ihrer Bewohner sein, so wie es war, ehe die Unordnung der vergangenen Jahrzehnte über uns kam. Der Weg zu diesem Ziel ist weit, und es wird noch großer Anstrengungen bedürfen, um es zu verwirklichen.

Deshalb brauchen wir einen Plan. Ein Plan, der davon ausgeht, daß jeder Stein, der heute gesetzt wird, ein Baustein für die Zukunft sein muß. Wir müssen die ganze Stadt als eine einzige Baustelle auffassen. Wir können es uns nicht leisten, irgendwelche Provisorien zu bauen, die später wieder verschwinden müssen. Alle diese Provisorien werden lange Zeit stehen bleiben müssen. Deshalb müssen auch die geringsten Maßnahmen so durchgeführt werden, daß sie Teile eines größeren Ganzen, das allmählich entstehen wird, sein können.

Wir werden künftigen Bedürfnissen Rechnung tragen müssen, aber wir glauben, dass die Zeit der großen Straßendurchbrüche vorbei ist. Wir werden dem Verkehr neue Wege erschließen, außerhalb der dichtbebauten Quartiere. So wird der Verkehr freie Bahn haben, und der Kern der Stadt wird wieder seine vornehmste Aufgabe erfüllen können, Stätte der sozialen und kulturellen Zentren zu sein. Aber diese Bezirke werden deshalb kei-

Planungsgemeinschaft Otto Blanck, Johannes Krahn, Gottlob Schaupp und Rudolf Schwarz: Wiederaufbau der Paulskirche in Frankfurt am Main

Schmalseite
des Innenraums

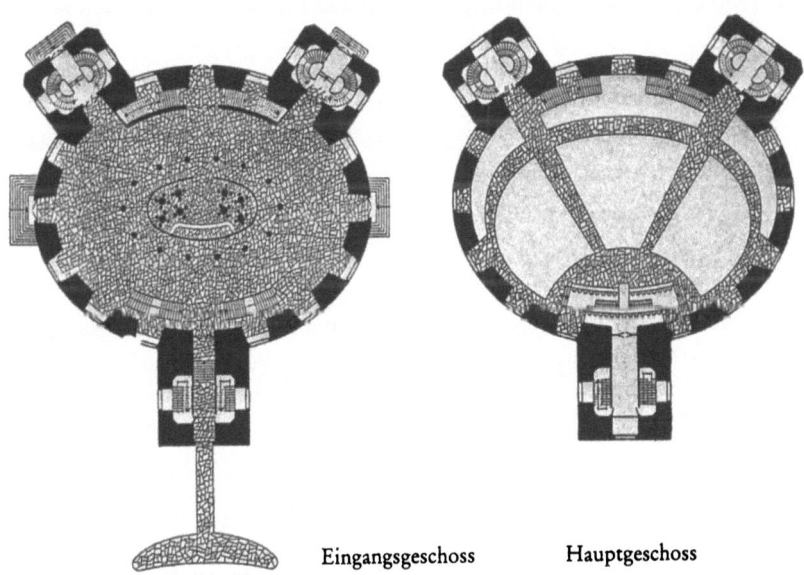

Eingangsgeschoss   Hauptgeschoss

nen musealen Charakter erhalten. Auf den Trümmern der Vergangenheit werden Bauten unserer Zeit entstehen, die genau so ehrlich das Gesicht unserer Zeit zeigen werden wie die Bauten der vergangenen Epochen das ihre, das teils aus der romanischen und aus der gotischen Zeit, aus dem Barock und der Zeit des Klassizismus stammt. Was die neuen mit den alten Bauten gemeinsam haben werden, wird der menschliche Maßstab sein und die Qualität ihrer Durchbildung im Grundriss, in der Konstruktion und in allen Details. Auch im Grundriss der Stadt ist der Maßstab entscheidend. Dabei zeigt sich, daß die Grundtendenz des modernen Bauens schon lange nach dem Organischen hinstrebt, damit das alte Gestaltungsprinzip unserer mittelalterlichen Städte wieder aufgreifend. Die Stadt als Organismus, als ein lebendiges Wesen zu betrachten, entspricht einer Anschauung, die schon mit dem alten Begriff der polis verbunden war. Ebenso wie der Kern der Stadt, die Altstadt, müssen auch die anderen Teile der Stadt als organische Siedlungszellen betrachtet werden. So entsteht ein System gleichwertiger Teilräume, die gemeinsam eine höhere Ordnung ergeben. Von der englischen Gartenstadtbewegung über die Siedlungspolitik der 20er Jahre, wie sie vor allem in Frankfurt unter May ihren Ausdruck fand, geht die Entwicklung weiter. May war wohl der erste, der dem gesamten Siedlungswesen einer modernen Großstadt eine einheitliche Richtung gab. Damit war das entscheidende Gewicht der Gestaltung vom Einzelbau auf die Stadt als Ganzes übergegangen. Inzwischen sind in vielen Ländern neue Erfahrungen gesammelt worden. Die Aufgabe eines Neubaues der Städte trifft uns daher nicht unvorbereitet. Wenn wir die Aufgabe richtig erkennen, so kann aus der Tragik des Untergangs neues Leben hervorgehen.

Robert Vorhoelzer: München

Beim Wiederaufbau Münchens werden sich zwei Gruppen auseinanderzusetzen haben, nämlich jene, die der Tradition allein verbunden ist, und auf der anderen Seite eine Gruppe, die aufgeschlossen das lebendige Leben in neuen Formen sieht, der die Bauten der Vergangenheit aber ehrfurchtgebietender Mentor sind.

Ich selbst gehöre zu der in der zweiten Reihe genannten Zunft.

Über Wiederaufbauen und das Bauen der Zukunft spreche ich als einer, der es vorerst mit Schutt und Trümmern zu tun hat, und ich muss die Probleme, die uns bewegen, manchmal schmerzhaft auch am eigenen Leib erleben. Dabei gehört die Formwelt, in der ich das Werden sehe, den Aufgaben der Gemeinschaft an, und damit einer heute entsetzlichen, rauen Wirklichkeit. Diese ist aber keineswegs hoffnungslos, sie ist vielleicht gerade darum fruchtbar, weil wir von vorne beginnen müssen. Und Trost ist uns zu wissen: «Alles Große beginnt mit Entbehrungen». Vor Jahren war auch ich ein Suchender. Doch die Arbeiten jener Zeit waren den Greisen von 20 bis 70 Jahren, vereint im Kampfbund für deutsche Kultur, ferner den Altertumskrämern, wie ich die Nur-Historiker nennen möchte, ganz im Gegensatz zu den alten Jugendlichen, wie etwa Theodor Fischer, nicht genehm. Das «Royal Institute of British Architects» in London erbat sich im Jahre 1936 Arbeiten für eine Sammlung europäischer moderner Baukunst, und so sind Abbildungen meiner Bauten vermutlich heute noch im Britischen Museum.

Das lebendige Leben und seine Formen werden an uns unerbittlich vorübergehen, wenn wir sie nicht sehen und der Menschheit dienstbar machen wollen.

Die Verlagerung nach der historischen Seite ist in München besonders stark. Neue Ideen werden gerne als revolutionär angesehen, und doch waren Leo von Klenze, Johann Fischer und andere auch Revolutionäre ihrer Zeit. Die allzusehr an die Tradition angelehnte Denkweise erschwert das Werden eines lebendigen Ausdrucks. Älteste und beste Tradition war es, im Stil seiner Zeit zu bauen. Auf der anderen Seite aber scheint Zurückhaltung geboten, die Formen der jetzt in den illustrierten Zeitschriften wiedergegebenen schönen Werke, wie etwa von Gropius, Corbusier, Frank Lloyd Wright und anderer äußerlich zu übernehmen. Alles Nachahmen wäre nur unbeseeltes Formschaffen. Aber der wahre Kern des Werdens ist von diesen Meistern aufgezeigt. Uns obliegt es – befruchtet hiervon –, die der heutigen Zeit gestellten Aufgaben aus den Elementen der uns umgebenden Atmosphäre heraus zu meistern. Diese ist durch Klima, Berge, Sonne, Seen, Flüsse usw. maßgeblich bestimmt. So werden auch wir, wenn wir ehrlich aus den Gegebenheiten unserer Umwelt schaffen, Formen erstehen lassen können, die eine Atmosphäre München darstellen. Gerade weil die Architektur sich heillos in historische Sentimentalitäten verstrickt hat, ist sie so ins Hintertreffen gekommen, dass sie sich jetzt auf die primitivsten Grundlagen besinnen muss. Es gilt, sich zunächst über die ganz einfachen Forderungen des Verstandes klar zu werden, über das Problem der Massenwohnung, des billigen Reihen- und Kleinhauses, über die Möglichkeit maschineller Herstellung und Montage der Bauteile, Wiederaufnahme einfacher Handwerkstechniken und anderes mehr. Diese Probleme sind aber bei allen Völkern die gleichen.

Es zeugt nicht von Ernst, gebaute Erscheinungen oberflächlich zu beurteilen und abzulehnen, weil sie etwa ein flaches Dach oder eine einfache weiße Wand haben, mehrere und größere Fenster, ungewohnte Längen- und Höhenmaße, oder gar weil die Bauwerke aus Baustoffen unserer Zeit, Glas und Beton, in Plattenbauweise oder aus anderen Bauelementen geformt sind. Das Bauen mit Backsteinen ist sehr gut und bewährt. Seit Jahrhunderten wird in Backsteinen gebaut. Das Baugewerbe ist aber wie alle Gewerbe mit seinen Methoden in Rückstand geraten. Wir kommen mit den überlieferten Baumitteln nicht mehr aus, um unseren Wiederaufbau fruchtbar zu entwickeln.

Es besteht eine Dissonanz zwischen dem herkömmlichen Bauen in Backstein und dem Bauen, das uns vom Schicksal befohlen ist. Wir glauben, von Gewohnheiten nicht wegkommen zu können, und doch ist im Wichtigsten, in der Kleidung der Verzicht auf krasse Unterscheidungen längst vollzogen, wenn auch die Kleidung im einzelnen differenziert ist. Gleiches gilt für Schmuck, Haartracht, Schrift usw. , um nur einiges noch zu nennen. Warum sollen nicht auch Baumethoden geändert und weiterentwickelt werden? Es braucht hierin durchaus nicht Schematismus zu entstehen, im Gegenteil, mit neuen Mitteln können, wenn wir sie beherrschen, neue beseelte Formen aufleben. Die handwerklichen und struktiven Kräfte werden sich auf diese neuen Formen einstellen, mit und ohne Umschulung. Wichtig ist, um Klages Worte heranzuziehen, daß nicht der Geist als Widersacher der Seele uns in Bann nimmt.

Eine hohe Verpflichtung obliegt den Hütern der Kirchen und baulichen Denkmäler. Vor der Geschichte haben wir die Verpflichtung, mit allen Maßnahmen dem Schutz, der Erhaltung, sowie der Mehrung dieser baulichen Einrichtungen zu dienen.

Wir wollen uns in diesem Zusammenhang aber an Karlingers Mahnung erinnern: «Form um der Form willen – nein! Das ist nicht christlich gedacht. Nichts ist dem Wesen nach unchristlicher als die Einbildung, vor dem Kirchenvolk sei noch lange möglich und erlaubt, was der gebildete Laie nicht hinnimmt... Wer als Künstler nicht zu wagen unternimmt, der sollte im Raum der Kirche nicht einen leichteren Weg finden für seine Kunst als in der Welt draußen.»

Der Wiederaufbau Münchens umfasst in erster Linie die Altstadt. Alles Zerstörte nach dem alten Muster wieder aufbauen zu wollen oder gar nachzumachen, ist irrig. Was gefallen ist, soll vergangen sein. Auch Troja verging, und sieben Schichten haben sich aufeinandergetürmt. Was unter Rom noch verborgen ist, wissen wir nicht genau, und vor Wien war eine große Stadt, die der Verwüstung anheim fiel, und an ihrer Stelle entstand das heutige Wien.

Die vergangenen Bauten und Bilder wollen wir aber in unserem Herzen bewahren, Aufnahmen für Archive und Bibliotheken sammeln, und wir wollen ehrfürchtig versuchen, Gleichwertiges dafür zu setzen. Als Elias Holl in Augsburg ein Rathaus zu bauen hatte, brach er das schöne mittelalterliche Rathaus ab und schuf ein neues aus seiner Zeit heraus. Freilich wäre es Sünde, wollte man nicht – um nur ein Beispiel zu nennen – die nahezu erhaltene Fassade der alten Akademie zu neuer Schönheit erwecken. Alle Künsteleien dagegen sind abwegig, und wenn eine Platzwand zurückgesetzt werden muss, so darf sie wohl nicht in alten Formen wieder neu entstehen. In einem solchen Fall ist auch zu erwägen, ob der bisherige Platz überhaupt in den alten Formen seinen Sinn erfüllt oder ob eine andere Anordnung den kommenden Zeiten mehr entspricht.

Wollten wir aber die alte Stadt, so wie wir sie von früher her kennen und lieben, wieder aufbauen, so müssten wir auch den Verkehr auf ein Maß zurückschrauben, das dieser zur Zeit der Errichtung der Straßenwände hatte. Es wäre ebenso konsequent, in Kutschen zu fahren, Vatermörder zu tragen und lange Fracks anzulegen. Das wäre kultureller Atavismus. Also obliegt uns, für die Altstadt andere Lösungen zu finden, die einen Mittelweg bedeuten. Einesteils ist der Verkehr soweit wie möglich aus den Straßen der Innenstadt zu nehmen, andererseits ist der Aufbau nach zeitgemäßen Richtlinien zu formen, die auf den Stadtkern Rücksicht nehmen. Altes und Neues muß sich ergänzen. Wir wollen nicht Museen gestalten, sondern wollen Mut haben, Lebendiges – wenn möglich Gleichwertiges – schöpferisch zu entwickeln.

(Aus einer Ansprache, die Professor Vorhoelzer zur Eröffnung einer Plan-Ausstellung des Bundes Deutscher Architekten in München hielt)

Ein Aufruf:

Grundsätzliche Forderungen

Der Zusammenbruch hat die sichtbare Welt unseres Lebens und unserer Arbeit zerstört. Mit einem Gefühl der Befreiung glaubten wir damals, wieder ans Werk gehen zu können. Heute nach zwei Jahren erkennen wir, wie sehr der sichtbare Einsturz nur Ausdruck der geistigen Zerrüttung ist, und könnten in Verzweiflung verharren. Wir sind auf den Grund der Dinge verwiesen, von da aus muss die Aufgabe neu begriffen werden.

Alle Völker der Erde sind vor diese Aufgabe gestellt, für unser Volk entscheidet sich daran Sein oder Nicht-Sein. Uns aber, den Schaffenden, ist es auf das Gewissen gelegt, die neue sichtbare Welt unseres Lebens und unserer Arbeit zu bauen. In dieser Verantwortung fordern wir:

1. Die großen Städte müssen beim Aufbau zu einem gegliederten Verband in sich lebensfähiger, überschaubarer Ortsteile werden; die alte Stadtmitte muss neues Leben gewinnen als kulturelles und politisches Herzstück.
2. Das zerstörte Erbe darf nicht historisch rekonstruiert werden, es kann nur für neue Aufgaben in neuer Form erstehen.
3. In unseren Landstädten mit ihren alten Bauten und Straßen – letzten sichtbaren Kündern deutscher Geschichte – muss eine lebendige Einheit aus dem alten Gefuge und modernen Wohnquartieren und Industriebauten gefunden werden.
4. Die völlige Umschichtung verlangt auch für das deutsche Dorf den planmäßigen Aufbau.
5. Für Wohnbauten und für unsere öffentlichen Gebäude, für Möbel und Gerät suchen wir statt Überspezialisierung oder kümmerlicher Notform das Einfache und Gültige.

Denn nur das Gültig-Einfache ist vielfältig brauchbar.

Nur der gesammelten Mühe, nur der Arbeit in Werk- und Werkstättengemeinschaft kann der Bau gelingen.

Aus dem Geist der Opfer rufen wir alle, die guten Willens sind.

Otto Barting / Willi Baumeister / Eugen Blanck / Walter Dirks / Richard Döcker
Egon Eiermann / Karl Foerster / Richard Hamann / Gustav Hassenpflug / Otto
Haupt / Werner Hebebrand / Carl Georg Heise / Carl Oskar Fatho / Hans
Leistikow / Alfons Leitl / Georg Leowald / Rudolf Lodders / Alfred Mahlau
Gerhard Marcks / Ewald Mataré / Ludwig Neundörfer / Walter Passarge
Max Pechstein / Lilly Reich / Paul Renner / Wilhelm Riphahn / Hans Schmitt
Lambert Schneider / Fritz Schumacher / Rudolf Schwarz
Otto Ernst Schweizer / Hans Schwippert / Max Taut / Heinrich Tessenow
Otto Völckers / Robert Vorhoelzer / Wilhelm Wagenfeld / Hans Warnecke

Hugo Häring

Neues Bauen

Das meistgebrauchte Wort unserer Zeit ist Aufbau. Alle Menschen werden auf allen Gebieten zum Aufbau aufgerufen, jeder wird auf seine Weise zur Mitarbeit herangezogen. Der Aufruf gilt in Sonderheit den Architekten. Es wird nicht daran fehlen, dass sie alle dem Ruf gerne folgen, aber es ist auch gewiss, dass sie alle unter Aufbau etwas sehr verschiedenes verstehen. Denn was ist ein Architekt? «Architekt» ist heute nur eine Sammelbezeichnung für eine Reihe von Berufen, die etwas mit Bauen zu tun haben. Was uns aber hier zusammenführt, ist, dass wir mit dem Beruf des Architekten eine Reihe geistiger Verpflichtungen verbinden, die uns anhalten, überall, wo wir Hand anlegen, den Forderungen einer Aufgabe nicht nur in einem materiellen und technischen Sinne zu genügen, sondern den Dingen, die wir machen, auch Gestalt und Gesicht zu geben, d.h. auch Ansprüche eines geistigen Lebens zu erfüllen. Ich sage nichts Neues, wenn ich sage, dass die Katastrophe, in der wir uns befinden, eben eine Katastrophe des geistigen Lebens ist, eine Katastrophe, herbeigeführt dadurch, daß wir uns nicht mehr um die Autorität der geistigen Kräfte, um die höhere Macht einer geistigen Welt kümmerten. Wir sind uns heute wahrscheinlich darüber ganz einig, dass wir wieder zu einer Anerkennung der geistigen Welt zurückkehren müssen, aber fragen wir die Europäer und die ganze abendländische Welt, was das heisst, so werden wir keine einheitliche Antwort erhalten, so dass auch die Frage nach dem Weg, auf dem wir zurückkehren könnten, unbeantwortet bleibt. Dies ist wohl die tiefste Sorge, die wir angesichts der Notwendigkeit empfinden, unserem Leben, dem Leben des abendländischen Menschen schlechthin eine neue Gestalt zu geben. Prüfen wir, in welcher Richtung die Schritte unternommen werden, die im Interesse des Neubaus Europas geschehen, so müssen wir feststellen, dass diese Schritte in sehr verschiedene Richtungen führen. Selbstverständlich glauben alle Handelnden, dass sie auch in Bezug auf das, was das geistige Leben von uns verlangt, das Richtige tun. Wie vermögen wir, uns in dieser Situation zu orientieren? Versuchen wir, uns mit diesem schwierigen Thema etwas näher zu befassen.

Wir Architekten genießen den Vorzug, dass sich der Prozess, in dem wir uns befinden, auf dem Gebiet der Baukunst besonders deutlich abzeichnet. Um die Wende unseres Jahrhunderts löste sich aus den allgemeinen Bemühungen um einen neuen Baustil eine Bewegung heraus, die sich grundsätzlich von historischen Vorbildern frei machte und neue Wege der Gestaltungschaffung beschritt. Damit zeigte sich eine Wendung an, die auf tiefe Veränderungen in der abendländischen Entwicklung schließen liess. Die Loslösung des Schaffens vom historischen Vorbild ging von der Erkenntnis aus, dass keine Identität mehr bestand zwischen dem Gestaltwillen, aus dem heraus die historischen Vorbilder geschaffen worden waren, und unserer heutigen Geistigkeit, dass aber alle schöpferische Arbeit verpflichtet sei, eine solche Identität herzustellen. Die Bewegung hatte ihren Anfang in England genommen, sie breitete sich von dort aus über alle germanischen Länder aus. Aber auch aus der Traditionswelt des Mittelalters kam ihr eine Antwort in einer Aktion, an deren Spitze Le Corbusier steht. Man hat beide Bewegungen dann unter der Bezeichnung «Neues Bauen» oder «architecture nouvelle» zusammengefasst. In dem, was beide Bewegungen als eine Verpflichtung zur Erneuerung der ganzen Wohn- und Arbeitswelt des Menschen, seines gesamten Lebensraums empfanden, sind sich beide Bewegungen überaus einig – in dem, was die Werkgesetze der Gestaltung anging, blieben sie durch ihre Traditionswelten voneinander getrennt. Im Gesamtbild des neuen Bauens ist das Unterscheidende wenig zur Geltung gekommen; manches Mißverständnis ist daraus entstanden. Wir werden noch davon zu sprechen haben, in welchem Sinne das Unterscheidende heute für uns von Bedeutung geworden ist.

Es ist die Tatsache von besonderer Wichtigkeit, dass diese Bewegung, die nicht in Deutschland ihren Anfang nahm, doch erst in Holland und dann bei uns bis zum Bauwerk selbst vorstiess und dass sie erst in diesen beiden Ländern in ihrer ganzen Problematik aufgerollt worden ist. Fügen wir auch gleich hinzu, dass die Arbeit an den tieferen und eigentlichen Problemen, die erkennbar wurden, die Arbeit an der organhaften Gestaltung der Bauwerke, noch kaum in Angriff genommen worden ist und dass diese Arbeit die große Aufgabe der Zukunft ist.

Die Bewegung des neuen Bauens ist in Deutschland durch den Nationalsozialismus unterdrückt worden. Doch haben unter der künstlichen Höhensonne des Dritten Reichs die Architekten des alten Bauens – wie wir diejenigen sinngemäß nennen wollen, die im Gegensatz zu uns, zu den Architekten des neuen Bauens stehen, – reichlich Gelegenheit gehabt, zu zeigen, was sie ihrerseits unter Baukunst verstehen. Was sie zeigten, ist für uns gewiss keine Überraschung gewesen, aber was an diesem Vorgang nun allen Menschen klar geworden sein müsste, ist eben das, dass die Idee von Kultur und vom Bauen, die den Architekten des alten Bauens vorschwebte, auch jener Geistigkeit entspricht, die in dem Machtraum Hitlers gedieh. Der tiefe Zusammenhang, der zwischen politischem Gestaltwillen und der Baukunst besteht, konnte nicht augenfälliger bewiesen werden. Alle Welt ist heute entsetzt über die Taten dieses politischen Gestaltwillens, über das Ausmaß seiner Missetaten und die verheerenden Wirkungen, die er überall angerichtet hat. Aber niemand wird sich dabei bewusst, dass dieses Urteil über den politischen Gestaltwillen Hitlers auch auf den Gestaltwillen ein Licht wirft, der sich in jener Baukunst offenbarte, die von ihm begünstigt und gepflegt wurde. Mit Eifer wenden sich heute die Architekten des alten Bauens gegen die Bauten des Hitlerismus, aber was sie gegen sie vorzubringen haben, ist durchaus nichts Grundsätzliches, verurteilt nicht das struktive Prinzip, nach dem sie gestaltet sind, wendet sich nicht ab von den geistigen Bindungen ihres Gestaltwillens, verurteilt nur die Qualitätslosigkeit des im Dritten Reich Geschaffenen, das Nichtgekonnte, das Unmäßige, das Nichtmaßhaltende. Sie beweisen die geistige Gemeinschaft, die sie mit Hitler verband, auch heute noch durch ihr Verhalten gegen das neue Bauen, das sie immer noch mit derselben Heftigkeit bekämpfen, mit der Hitler gegen dasselbe auftrat, ja mit noch größerer Gereiztheit. Das neue Bauen unterscheidet sich darin von ihnen, dass andere Prinzipien der Gestaltung in ihm Gültigkeit haben, Prinzipien, die auch in einem anderen politischen Gestaltwillen die treibenden Kräfte sind. Der Instinkt der Hitlerianer und ihrer Anhänger des alten Bauens sah schon richtig, als er in den Architekten des neuen Bauens die politische Gegnerschaft erkannte. Die Gegenwart beweist weniger Instinktsicherheit, wenn sie nunmehr in den Architekten des alten Bauens nicht auch die politische Gegnerschaft erkennt, woraus wir auch einen Schluss auf das politische Ziel dieser Gegenwart ziehen können.

Diese allgemeine Unwissenheit um die Zusammenhänge des geistigen Lebens in allen Gestaltfragen ist eine der Quellen, aus denen die Richtungslosigkeit stammt, die in den Plänen für den Neubau des zertrümmerten Mitteleuropa herrscht.

Die Träger des neuen Bauens waren dazu verurteilt, im Reiche Hitlers zu schweigen. Man sollte also meinen, dass sie heute wieder die Möglichkeit hätten, sich zum Wort zu melden und ihre Arbeit wieder aufzunehmen. Dem ist jedoch nicht ganz so. Man sieht ihrem Wiederauftreten manchen Orts mit höchstem Misstrauen entgegen.

Unsere Situation ist nicht einfach. Unsere Front ist überaus geschwächt. Nur wenige von uns Älteren sind noch im Land, und manche sind nicht mehr am Leben. Die Jahre der erzwungenen Untätigkeit haben die Arbeit an unseren Problemen nicht gerade gefördert. Indessen ist in dieser Zeit der Ruhe doch auch manches herangereift, ist unser Wissen um die Prinzipien des neuen Bauens und um seine tiefe Begründung in den Vorgängen des schöpferischen geistigen Geschehens bereichert worden. Auch können wir mit Genugtuung feststellen, dass die Taten der Bekenner des alten Bauens, die ihre Ideen von Architektur und Kultur im Maßstab 10 zu 1 der Welt vorführten, nur den Tod dieser Ideen verkündeten. Ihre Bauten sind die Grabdenkmäler einer Auffassung von Bauen, die keine Gültigkeit mehr hat, weil wir in einer anderen Zeit leben und anderen Aufgaben verpflichtet sind. Die Hitlerianer sprachen davon, sie wollten eine neue deutsche Baukunst schaffen, sie behaupteten sogar, sie bereits geschaffen zu haben, aber in der Tat haben sie nur die alte zu Grabe getragen. Wie auf allen Gebieten haben sie nur das Gegenteil von dem erreicht, was sie erreichen wollten. Trotzdem haben sie auch dem neuen Bauen einige Dienste erwiesen. Die Vorstellungen, die die Hitlerianer von der Kultur hatten, standen ihrer Gier nach einer materiellen Macht, von der sie besessen waren, ja nicht im Wege – auch ihr Kulturideal stand im Dienste ihres Machtwillens – und so ergab es sich, dass sie um der Eroberung der Macht willen die Entwicklung des neuen Bauens, das sie im geistigen Raum nicht duldeten, wenigstens im technischen Raum außerordentlich vorangetrieben haben.

Als die Hitlerianer die Macht ergriffen, konnten sie sich nicht genug darin tun, uns vorzuwerfen, wir hätten einer industriellen Massenerzeugung von Wohnungen das Wort geredet, wir seien Volksverderber und Kulturbolschewiken. Nun, es geschah, was vorauszusehen war: die Hitlerianer haben selbst in beschleunigtem Tempo und mit den großen Mitteln, die ihnen zur Verfügung standen, für ihr Friedenswerk Pläne zur Massenerzeugung von Wohnungen vorbereitet. Was dabei herauskam, kann uns freilich in seiner geistigen Qualität nicht gefallen – wir stehen mit Erschrecken vor den Wohnmaschinen Neuferts, sie sind das Ergebnis eines ganz und gar von Gott verlassenen Bauwillens – aber was technisch in Zusammenhang damit und vor allen Dingen in der Entwicklung des industriellen Bauens getan und erreicht worden ist, ist von großem Wert für die Zukunft. Die heftigen Widerstände, die vordem etwa den fabrikmäßig hergestellten Wohnbauten oder den Großsiedlungen oder Wohnhochhäusern entgegengebracht wurden, sind heute verschwunden. Wer kein Dach mehr über dem Kopf hat, wird nicht zögern, ein Haus zu beziehen, das ihm bezugsfertig aus einer Fabrik geliefert würde. Dies ist zwar ganz gewiss kein Verdienst Hitlers, aber es ist eine Folge seines Auftretens. Es beseitigte einige Vorurteile, die die Architekten des alten Bauens dem neuen Bauen entgegenbrachten. Aber wir haben auch noch wesentlichere Verbesserungen unserer Situation zu Gunsten einer geistigen Erneuerung des Bauens zu verbuchen: die Zerstörung unserer Wohnungen und unseres Hausrats hat auch die Menschen von veralteten Vorstellungen des Wohnens befreit, hat sie gelehrt, wieder einfach zu wohnen, und sie auch darüber belehrt, dass Wohnungen keine Sachsärge sind, wie Finsterlin sie einmal benannte, sondern Organe des Lebens. Ihre Form kann nicht mehr abgeleitet werden von den Vorbildern, die vergangene Wohnkulturen geschaffen haben, deren geistige und politische Struktur mit uns nichts mehr zu tun hat. Die Arbeit an einer neuen Wohnform ist die ernsteste Aufgabe des neuen Bauens schon von allem Anfang an gewesen. Sie wird es auch weiterhin sein. Die neuen Gegebenheiten unserer Lage machen sie nicht nur zu einer dringlichen Angelegenheit, wir empfinden auch, dass sich in ihr eine Art Reinigung vollzieht, die unserer Arbeit und unseren Zielen nur zum Vorteil gereichen wird. Unsere Wohnform: darunter verstehen wir auch die Art zu siedeln, die Art, Großstädte anzulegen oder sich auf dem Lande anzubauen und eine allgemeine Ordnung des Wohnens und Lebens durchzuführen. In Wohnformen äußert sich am deutlichsten der soziale Ehrgeiz der Menschen. Über das, was ein Mensch politisch will, gibt seine Wohnung untrüglichen Aufschluss. Den Kampf um eine Erneuerung der Wohnform hat das Bürgertum als einen Angriff auf sein Kulturbild und nicht zuletzt auch als eine Bedrohung seiner sozialpolitischen Ideen empfunden. Aber dieselben Kreise, die sich in ihrer Wohnwelt von den Prinzipien des neuen Bauens bedroht fühlten, zögerten nicht, im ganzen Raum der technischen Apparate des Verkehrs, der Arbeit und des Genießens dem Gestaltwillen des neuen Bauens zu gehorchen. Das ist überaus aufschlussreich. Wenn immer es sich um eine Machtentwicklung im Materiellen handelt, um eine Steigerung der Leistungskraft unserer Hochtechnik, der Prothesenwelt des autonomen Menschen, begriff das Bürgertum die Bedeutung des Prinzips einer organhaften Gestaltung, es begriff den Gestaltprozess als einen Vorgang, der dem technischen Denken entsprach. Sobald dasselbe Prinzip aber sich dem Raum des bürgerlichen Bildungsideals näherte, geriet und gerät noch das Bürgertum in Unruhe. Die Vorstellungen, von denen es hier beherrscht wird, hinken der Welt der Technik, in der dieses selbe Bürgertum tätig ist, die es selbst erfunden und entwickelt hat, um mehr als ein Jahrhundert nach. In seinem Bildungsraum will es nur das Ererbte geniessen, während es im technischen Raum von dem Bild einer materiell hochentwickelten Zukunft angetrieben wird. Sein Kulturbild orientiert sich an der Vergangenheit, es ist nicht vom Leben gebildet, sondern von Büchern und Museen. Diese Diskrepanz ist ein Symptom des Zustandes, in dem sich die ganze abendländische Menschheit befindet.

Der neue Gestaltwille, der um die Jahrhundertwende auftrat, machte es sich zur Aufgabe, diese Diskrepanz zu beseitigen. Wir haben heute Ursache, uns die größeren Zusammenhänge, in denen diese Bewegung steht, vor Augen zu halten.

Alles Gestaltschaffen ist durch die zwei Prinzipien, das organhafte und das geometrische, in zwei Kategorien geschieden. Dem Menschen ist bewusstes Bauen, planhaftes Bauen und Konstruieren nicht angeboren, es muss erst erlernt werden. Solange er intuitiv baute, baute er organhaft wie die Tiere. Das Bauen nach geometrischen Prinzipien musste erlernt werden. Es wurde erlernt in den alten Kulturen Mesopotamiens, Ägyptens, Kretas, Griechenlands und Roms. In der Gotik gelingt es dem Menschen, aus der Strukturwelt der Organik zurückzukehren. Auf dem Boden organhaften Schaffens mit Bewusstsein zu arbeiten, nicht mehr intuitiv, setzt eine Beherrschung der Mittel der Geometrie, eine Schulung in der Geometrie voraus. Das erklärt, dass die Gotik, d.h. bewusstes Schaffen in Ebenbildlichkeit organhaften Geschehens, erst möglich war, als in den Mittelmeerkulturen das Pensum der Geometrie erfüllt war. Der Prozess, der im Abendland erfolgt, geht davon aus, dass der Mensch organhaft bauen, konstruieren, planen lerne. Das vollzieht sich nicht in einem Zug, sondern mit mehreren Repetitionen des geometrischen Pensums. Dieser etwas pauschale Aufriss der abendländischen Entwicklungsgeschichte zeigt uns auf eine einfache Weise, um was es geht und wo wir heute stehen.

Mit diesen beiden Prinzipien sind dem Schaffen nicht nur Werkgesetze technischer Art gegeben, sondern auch solche geistiger Art. Dieser Umstand macht die Frage nach dem geheimen Wert der beiden Prinzipien zum zentralen Problem des Schaffenden. Welche Stellung wir den Gestaltqualitäten, die ihnen verbunden sind, einräumen in unserer geistigen Welt, das bestimmt unsere Position in dem Entwicklungsgeschehen der Menschheit. Die geistigen Aspekte, die die Welt der geometrischen Figuren anbieten und die in den geometrischen Kulturen den Akt des schöpferischen Geschehens vollzogen, sind von einer anderen geistigen Qualität als diejenigen, vor die uns das Reich der Organik führt. Der Gegenstand der Arbeit in den geometrischen Kulturen des Mittelmeers ist die Erforschung der Beschaffenheit des materiellen, technischen Baus der Natur, der irdischen, körperlichen Wirklichkeit. Der Gegenstand der Organik ist der geistige Bau des Schöpfungswerks. Das ebenbildliche Werk in den geometrischen Kulturen gilt den geistigen Aspekten der geometrischen Figuren, das ebenbildliche Werk in der Organik gilt den geistigen Mächten des Geschehens. Auf dieses größere Thema hier noch näher einzugehen, ist nicht möglich; so wichtig es auch ist, das Fundament unseres abendländischen Wirkens zu betrachten, es ist an diesem Platz nicht zu erschöpfen. Aber ich muss die heutige Situation unseres Schaffens von diesem Thema aus beleuchten, weil es meines Erachtens gerade und besonders auch den Architekten eine Aufgabe stellt und die Verantwortung ihres Schaffens in der Arbeit an der geistigen Welt in hohem Maße in Anspruch nimmt.

Wir befinden uns in einer entscheidenden Krise der Entwicklung der Menschheit. Sie ist lange vorausgesehen worden. Sie betrifft das Verhältnis der technischen Welt zur geistigen Welt. Die technische Welt diente der Entwicklung des autonomen Menschen bis zu seiner vollen Selbstherrschaft und unter Ausschaltung der geistigen, höheren Welt. Diese Autonomie hat soeben zum Zusammenbruch geführt, zum Zusammenbruch des abendländischen Menschen samt seinem technischen Kulturapparat. Es geht also darum, die Herrschaft der geistigen Welt wieder aufzurichten und die technische Welt dieser Autorität zu unterstellen. Es ist kein Zufall, dass die Krise in Deutschland ausgelöst wurde, im Herzen des nördlichen Europa: der abendländische Mensch hat eine überaus einseitige Entwicklung durchgemacht, die zu Lasten des geistigen Menschen ging. Das Ergebnis ist die Hochtechnik. Im Osten unseres eurasischen Landkomplexes ging es allein um die Erziehung des geistigen Menschen, um das Leben in einer geistigen Welt. Das heißt, der technische und der geistige Mensch wurden in verschiedenen Räumen erzogen. Nun ist es so weit gekommen, dass der technische Mensch die Wände, die die Räume trennten, beseitigte, dass er die Welt zu einem einzigen Raum machte und dass die beiden Welten zusammenkommen. Die äußere Situation entspricht vollkommen der inneren geistigen. Wer wird in dem neuen Raume herrschen? Der geistige Mensch oder der technische? Es ist die Frage, die im ganzen Prozess des Abendlands wohl immer gestellt war, die aber nicht entschieden wurde. Es ist zugleich eine Frage, die allein im Abendland auftauchte, denn für den Osten besteht diese Frage nicht. Der Osten weiß, dass nur der geistige Mensch Wert hat. Diese Frage hat das tiefere Geschehen in Deutschland immer bestimmt und in Unruhe gehalten. Sie hat das Gesicht Deutschlands gestaltet. So ist es nur natürlich, dass die Krise, zu der diese Frage führen musste, auch in Deutschland ausgelöst wurde. Heute ist bereits deutlich sichtbar, dass diese Frage die Entwicklung der ganzen Menschheit, der abendländischen insbesondere, angeht, und dass sie in Deutschland, dank seiner Lage zwischen West und Ost, nur ausgelöst worden ist. Heute stehen sich bereits Amerika und Russland gegenüber als die größeren Exponenten von West und Ost. Wenn es auch schwer fällt, Russland in seinem gegenwärtigen politischen Zustand als einen Raum des geistigen Menschen zu erkennen, so ist doch kein Zweifel, dass die tiefere geistige Substanz der russischen Völkerschaften mit ihren religiösen Kräften der höheren geistigen Welt Asiens verwandt ist. Es ist auch kein Zweifel, dass der gegenwärtige politische Zustand nur die erste Phase ist eines Prozesses, der einen Weg bereitet zu dem fernen Ziel einer Gesellschaft nach dem Geiste Christi, indem er einer solchen die materiellen Voraussetzungen schafft, die der abendländische Raum nicht zu schaffen vermochte. Im Innern selbst der beiden großen Träger der polaren Prinzipien, die mit Amerika und Russland auf den engeren und eigentlichen Schauplatz des Geschehens getreten sind, vollziehen sich wichtige Auseinandersetzungen der geistigen Welt mit der technischen. Russland, das seine Lage und seine Entwicklung auf die geistige Linie verwies, nimmt seit einigen Jahrzehnten mit ungeheurer Gier die technische Welt in sich auf, mit ihr auch die von ihr geforderte politische Struktur, während Amerika, das seine Entwicklung auf die technische Linie verwies, unzweifelhaft bestrebt ist, sein Gesicht nunmehr auch stärker dem geistigen Menschen zuzuwenden.

Noch ist das Gleichgewicht nicht gefunden, das eine Wirkgemeinschaft der beiden Mächte des Westens und des Ostens bringen könnte, noch treten Herrschaftsansprüche von beiden Seiten her auf, doch schon ist auch die mögliche Lösung einer Wirkgemeinschaft angeschnitten und ausgesprochen worden. Wenn es auch noch lange Zeit brauchen wird, bis eine solche Wirkgemeinschaft Wirklichkeit wird, das heißt in das Handeln der Menschen als eine Selbstverständlichkeit eingegangen ist, so ist doch wenigstens schon die Richtung ausgewiesen, in der das Ziel liegt. Für uns in Deutschland aber ist die Entscheidung bereits gefallen. Wir haben das Reich der absoluten Herrschaft der Technik erlebt, wir haben das Wesen ihrer Macht erfahren, wir sind darüber belehrt worden, dass die Autorität der geistigen Mächte begründeter ist als die des autonomen Menschen. Wir behaupten also: das Abendland ist noch nicht untergegangen, wie man schon nach dem letzten Kriege prophezeite, es hat lediglich einen Teil seines Pensums erfüllt und ist nun darauf hingewiesen, die Ergebnisse seiner Arbeit einem neuen Prozess, einer Arbeit an der geistigen Gestalt des Menschen zuzuführen und in den weiteren Prozess des geistigen schöpferischen Werkens einzugreifen. Zerstört ist lediglich der europäische Kulturapparat, aber dies ist in gewisser Weise ein positives Vorzeichen für die Arbeit an der Gestalt des neuen Menschen. Und wenn die Krise, die eine Krise ist, die die ganze Menschheit angeht, in Deutschland ausgebrochen ist, so ist auch Deutschland vielleicht der Ort, von dem sich der Prozess der Umkehr vollzieht, und das Geschehene wendet sich an uns, uns der neuen Aufgabe zu unterziehen.

So also wäre auch der Ort zu erkennen und eindeutig bestimmt, den die Architekten des neuen Bauens zu beziehen haben, wäre eindeutig bestimmt die Partei, auf deren Seite sie stehen: es ist die Partei des geistigen Menschen. Der Architekt hat in die Auseinandersetzung zwischen dem geistigen und dem technischen Menschen von der Seite des geistigen Menschen aus einzugreifen. Dies heißt durchaus nicht, dass die Arbeit an der technischen Welt gering zu schätzen sei – sie ist ein Pensum, das bewältigt werden muss –, aber es muss die Qualität dieser Arbeit von der geistigen Seite aus überprüft werden und ihre Wirkung im Raume des geistigen Menschen bemessen werden. Es ist das Ziel, eine Wirkgemeinschaft auch hier herbeizuführen zwischen der technischen und der geistigen Welt, eine Wirkgemeinschaft, in der den geistigen Kräften die Verantwortung für das Gesamte zufällt. Wir finden hier eine Erklärung dafür, dass wir mit Interesse der großartigen technischen Entwicklung Amerikas zusehen und ihre Ergebnisse bewundern, dass wir aber andererseits mit größtem Interesse und einer inneren Anteilnahme nach den geistigen Hintergründen des Geschehens im Osten fragen. Wir blicken auf die tiefe religiöse Welt des russischen Volkes, die uns durch seine geschichtliche Vergangenheit und durch seine Dichter, Philosophen und Künstler näher gekommen ist. Wenn auch die Ekstasen einer politischen Neugeburt und der Rausch, den die Aufnahme der Technik in der noch kindhaften Seele des russischen Volkes verursachten, die geistige Substanz des russischen Volkes zuzudecken scheinen, so besteht doch kein Zweifel, dass dieser Zustand kein dauernder ist und dass er von einem anderen gefolgt sein wird, in dem das Gesicht eines geistigen Menschen wieder zum Vorschein kommt.

Wir stehen heute nicht nur in der politischen Wirklichkeit, sondern auch im geistigen Raum zwischen zwei Fronten. Sehen wir dem tieferen Sinn dieses Schicksals ins Auge – es war von jeher das deutsche Schicksal, zwischen zwei Fronten zu stehen, aber es war auch das Thema, an dem sich seine besten Kräfte übten. Sich übten – denn nunmehr haben sie eine neue Aufgabe vor sich, die die geübten Kräfte im Interesse eines genauen Ziels in Anspruch nimmt. Das ist die große Aufgabe, die vor uns liegt und die uns eine geistige Verpflichtung von besonderer Bedeutung auferlegt.

Aus der Menge der Probleme, die uns umgeben, will ich eines herausgreifen, das mir von besonderer Aktualität und Wichtigkeit zu sein scheint: Die Geistgeschichte des nordwestlichen Europa und die Deutschlands insbesondere ist eine Auseinandersetzung zwischen Klassik und Gotik, d.h. zwischen zwei Strukturprinzipien, welche uns die Werkgesetze unseres Arbeitens und Denkens diktieren. Die Klassik ist die Idee der Mittelmeerkulturen, die Gotik fußt auf dem Prinzip der Organik, sie ist das schöpferische Prinzip des nordwesteuropäischen Gestaltschaffens. Die Entwicklung der Mittelmeerkulturen verlief sozusagen auf einer Linie und entlang der geometrischen Figuren, sie verlief in großer Einheitlichkeit. Die Entwicklung in den nordwesteuropäischen Kultur- und Werkräumen verlief hingegen auf eine kontrapunktische Weise. Denn die Gotik setzte ein neues Strukturprinzip. Das Thema der nördlichen Entwicklung ist die Organik als Werkgesetz, so wie die Geometrie das Werkgesetz der Mittelmeerkulturen ist. Das Prinzip der Organik enthält eine kontrapunktische Technik.

Das spielt sich so ab: Der Gotik geht voraus die Erziehung der Menschen in der Geometrie nach ihrem Stand in den Werkräumen des Mittelmeers. Als ihre Zeit gekommen war, löste sich die Geometrie nicht nur geistig, sondern auch technisch von den statischen Begriffen des Mittelmeers ab. Über einen großen Zeitraum in der Entwicklung Nordwesteuropas herrschte sie allein. Ihr folgte dann eine Zeit, in der das Mittelmeer wieder die Führung übernahm. Das Ergebnis war im Norden eine deutsche Renaissance, die den deutschen Barock vorbereitete, in dem sich die Verbindung vollzog zwischen Mittelmeer und Gotik, eine Verbindung der leiblich körperlichen, irdisch daseienden Welt des Mittelmeers mit der spirituellen Kraft der Gotik, solchermaßen die kontrapunktische Technik der Entwicklung im Ebenbild aufzeigend. Erst die Gotik gab dem Abendland die entscheidende Komponente. Ihr Ursprung liegt in der Lehre des Christentums. Die weitere Entwicklung wechselt ihren Standpunkt zwischen Mittelmeer und Gotik in immer kürzeren Zeiträumen, bis sie ein Nebeneinander der beiden Standpunkte herbeiführt. Gotik und Klassik liegen in der Romantik im Kampf miteinander; sie tun das heute noch. Was aber bewegte Schinkel, Kirchen gotisch, Paläste mittelmeerisch zu bauen? Hier kommt ein Thema zum Durchbruch, das von Anfang an im Hintergrund der ganzen Entwicklung gestanden hatte. Es ist die Notwendigkeit zu individuieren, d.h. das einzelne Objekt seiner Qualität gemäß zu gestalten und es dem ihm zugehörigen geistigen Raum zuzuweisen. Die geistigen Aspekte der Organik fordern ihr Recht. So vollzieht sich nun im ganzen Reich der gestaltenden Arbeit eine Arbeit der Individuierung, die sich nach beiden Polen Organik und Klassik hin orientiert. Diese Individuierung deckt zugleich Zusammenhänge auf, die den politischen Gehalt der Objekte, den politischen Willen ihrer Bauherren zu erkennen geben. Man prüfe an diesen Merkmalen z.B. den politischen Gehalt eines Nationaltheaters, das über einen Sowjetstern als Grundriss in den Formen der Klassik erbaut ist.

Der Prozess der Individuierung ist um die Jahrhundertwende in eine neue Phase eingetreten. In ihr übernahmen Werkbund und neues Bauen die Führung. Die Forderung der Leistungsform, die erhoben wurde, ist eine Forderung der Organik. Organik verlangt Individuierung, verlangt, dass jedem Ding die ihm eigene Gestalt gegeben werde, daß es keiner Zwangsform mehr unterworfen werde. Darin setzte sich auch eine ethische Forderung durch. Es ist eine Absage an die Ansprüche der Stille auf Souveränität ihrer Formgewalt über die Dinge; es gibt jetzt keine Stile mehr, sondern nur wohlgestaltete Dinge, wohlgestaltet, weil sie ihre Gestalt aus ihrer individuellen Wesenheit beziehen. Dem entspricht auch eine politische Strukturidee. Doch wollen wir unsere Betrachtungen nicht nach dieser Seite hin weiter ausdehnen.

Die Entscheidung, die hier zu Gunsten der Organstruktur gefallen ist, bedeutet jedoch keineswegs eine Verneinung des Prinzips der Geometrie, sie betrifft lediglich den Vorrang der Organik vor der Geometrie in dem Ordnungsgesetz, nach dem wir arbeiten, planen, konstruieren und bauen. Der große kontrapunktische Prozeß, dessen beide Komponenten Klassik und Organik sind, ist jedoch auch im neuen Bauen nicht zum Stillstand gekommen, denn die Organik beansprucht ihrem geistigen Wesen nach keine Alleinherrschaft wie die Werkgesetze der Geometrie, sie zieht auf Werkgemeinschaft hin. So konnte es nicht ausbleiben, dass auch das neue Bauen den Gestaltwillen, der sich aus der Welt der geometrischen Kulturen erhob, als die andere Komponente in sich aufnahm, die in dem Prozess der Entwicklung ihre Funktion erfüllt.

In der Traditionswelt der Geometrie erstand in Le Corbusier ein neuer Führer der struktiven Prinzipien der Mittelmeerkulturen. Auch Le Corbusier wendet sich gegen den Standpunkt der Historiker, gegen das Vorbild – er beseitigt den Anachronismus zwischen dem historisierenden Bauschaffen und der Geistigkeit unserer Zeit, ihrem technischen Habitus und ihren Möglichkeiten – aber er baut weiter auf dem Strukturgesetz der Geometrie, die das Gesetz seines Werkraums ist. Er bewegt sich auf seinem Boden ebenfalls in Richtung auf die Organik, aber er überschreitet nicht das Recht der Geometrie. Sein Pensum verbietet ihm das. Im Schaffen Le Corbusiers hat die Geometrie absolute Gültigkeit, sie ist ihm Voraussetzung der Architektur schlechthin. Darin hat er recht. Was die Organiker wollen, ist ja keine Architektur mehr: sie wollen bauen. Der Unterschied zwischen Le Corbusier und ihnen ist ausgesprochen in dem Unterschied, der zwischen den Begriffen Architektur und Bauen besteht. Es ist bezeichnend für diese Situation, dass die französische Sprache kein Wort hat, das unserem «Bauen» entspricht. Le Corbusier steht zur Antike, wie wir zur Gotik. In Deutschland, in dem die Bewegung sich auf der gotischen Komponente entwickelte, führte das geometrische Prinzip in Gropius und seinem Bauhaus seine Aktion durch.

Klassik und Gotik gehören zwei verschiedenen geistigen Räumen an. Sobald sie in eine Wirkgemeinschaft treten, wird das Verhältnis zwischen beiden ein Problem. In der Traditionswelt der Geometrie geben die Gestaltqualitäten der geometrischen Figuren den Ausschlag, in der Traditionswelt des Nordens liegt die Führung bei den Gestaltqualitäten der Organik. Es geht um die Harmonie zwischen beiden, um die Ordnung des Verhältnisses zwischen ihnen. Versuchen wir, dieses wichtige Thema noch dadurch zu vertiefen, dass wir einige Züge betrachten, in denen die geistigen Aspekte der verschiedenen Strukturfiguren ihre Wirkung ausüben. Die Gesetze der Geometrie haben dem technischen Denken die körperliche Welt erschlossen, die Organik verweist den Menschen auf den Weg in die geistige Welt. Die geometrischen Figuren reglementieren die Masse als Masse, sie individuieren nicht nach den individuellen Qualitäten, die in der Masse bestehen. Sie haben den Charakter von Zwangsformen, denen gegenüber die Organik die Leistungsform, d.h. eben das Organ fordert. Im Organ aber wirkt eine höhere Ordnungswelt als in der Masse. Es verbürgt Vielgestaltigkeit, nicht Uniform, es fordert Individuierung des zu Gestaltenden. Die Individuation ist das Merkmal des Geistigen, die Zwangsform das Merkmal der Masse. Indem wir an dem Verhältnis Masse-Individuum arbeiten zugunsten der Individuierung der Masse, arbeiten wir an der Vergeistigung der Masse, arbeiten wir ihrer Vermassung entgegen, erfüllen wir einen Auftrag sozialen Charakters.

Auf die tiefen Zusammenhänge, die zwischen Strukturprinzipien und den Gestaltqualitäten, die sie enthalten, bestehen, wirft ein anderes Licht die Art, wie Le Corbusier zur Ingenieurkonstruktion steht. Er findet den Zugang zu ihr von der Statik her, er sieht in ihr neue Möglichkeiten, geistige Aspekte der Geometrie zu realisieren. Er bedient sich ihrer Gestaltqualitäten nur in einem statischen Sinn. Ganz anders geht Freyssinet vor. Ihm ist die dynamische Wirkwelt der Kräfte Wegweiser der Gestaltung. Er ist Gotiker. In Paris haben sich ja Lateiner und Gotiker von jeher getroffen. – Was wir von Le Corbusier sagten, gilt auch für Gropius.

Die Hochtechnik ist kein Ergebnis der Geometrie, sondern der Organik. Erst als das technische Denken die Dynamik der Kräftewelt der Natur anzufassen verstand, entwickelt sich die Hochtechnik.

Bau und Landschaft stehen im Schaffen Le Corbusiers in einem inneren Gegensatz zueinander. Die Landschaft ist ihm die Szene, auf der der Bau erscheint. Anders wird die Organik den Bau der Landschaft verbinden. Sie wird die Elemente des Technischen in die Landschaft einordnen und dem Gesetz der letzteren gemäß eine Symbiose herstellen zwischen Bauwerk und Natur.

Um kein Missverständnis aufkommen zu lassen: es geht hier natürlich nicht darum, die Leistungen Le Corbusiers oder die von Gropius in einem allgemeinen Sinne zu würdigen, sondern allein darum, deren Situation und Pensum im Arbeitsprozeß des neuen Bauens zu erkennen und festzustellen, damit wir der tieferen Zusammenhänge bewusst werden, in denen unsere Arbeit steht. In der neuen Ordnung, die wir zu schaffen haben, wird es unsere ganze Aufmerksamkeit in Anspruch nehmen, dass wir unterscheiden lernen, was wir in den Raum der Masse verweisen und also den Gesetzen der Geometrie unterwerfen können und was wir für den Raum des Geistigen in Anspruch nehmen müssen, was wir also zu individuieren haben. Es wird eine Ordnungswelt entstehen zwischen Organik und Geometrie, die der zu vergleichen ist, die in der Natur selbst besteht.

Wir haben ein Thema, das der Gestalt der Masse gilt, und ein Thema, das der Gestalt des Individuums gilt. Über die Arbeit, die wir an beiden zu verrichten haben, steht die Forderung, dass das Individuelle nicht der Vermassung ausgeliefert, sondern dass die Masse individuiert werde, d.h. dass die geistigen Qualitäten in ihr gepflegt werden. Le Corbusier arbeitet an dieser Aufgabe im Raume der lateinischen Traditionswelt, wir sind ihr verpflichtet im Raume unserer germanischen Traditionswelt. Im Ziel beider ist das Gemeinsame begründet, das uns verbindet.

Unser Beruf ist vollkommen heruntergewirtschaftet worden. Es muss ihm ein neues Ansehen gegeben werden, und es ist unsere Aufgabe, sich darum zu kümmern. Wir müssen vom Architekten verlangen, dass er ein Mann von hohem Wissen und lauterem Charakter sei. Von hohem Wissen, d.h. nicht von einem Bildungswissen, sondern von einem Wissen um die Werte des geistigen Lebens. Von lauterem Charakter, d.h. dass er sich nicht bestechen lasse in seiner Gesinnung durch äußere Erfolge. Die Masse der heutigen Architekten hat sich dem Erfolg verschrieben, und die Masse der heutigen Architekten hat nicht einmal ein Bildungswissen, geschweige denn ein hohes Wissen, und ein großer Teil der Architekten hat nicht einmal ein genügendes Berufswissen. Dieser Zustand ist nicht allein damit zu begründen, dass sich jeder die Berufsbezeichnung «Architekt» zulegen kann, – sie ist die Folge der Berufserziehung auf unseren Technischen Hochschulen. Sie sind in der Tat technische Hochschulen und keine geistigen. Das hat uns in den heutigen Zustand hineingeführt. Geschieht aber vielleicht heute etwas, um das zu ändern? Es geschieht nicht nur nichts, vielmehr ist den Studierenden weder Zeit noch Raum gelassen, sich überhaupt noch mit den geistigen Problemen ihres Berufs zu befassen. Die Kräfte der Jugend werden nicht entflammt, sie werden zu Gunsten der technischen Welt ausgebildet. Die Studierenden sind keine Studierenden mehr, sie werden in einen fertigen Denkraum hineingestellt, um dessen Praktiken zu erlernen. Dass dieser Denkraum eben zusammengebrochen ist, ist in diesen Lehranstalten noch nicht zur Kenntnis genommen worden.

Ich spreche von den Zuständen an der Technischen Hochschule Stuttgart, vielleicht steht es anderswo etwas besser, vielleicht – denn es scheint aussichtslos zu sein, den traditionellen Lehrapparat der Technischen Hochschule so umzubauen, dass er eine wirkliche hohe Schule zur Ausbildung von Architekten würde, selbst wenn einige Kollegen von Rang sich dieses Ziel vornehmen.

Diese Technischen Hochschulen sind Geschöpfe einer Zeit, in der das Denken ganz von der Technik und vom Materialismus in Anspruch genommen war, sie hatten außerdem die Aufgabe, ein Beamtentum zu erziehen. Diese Traditionswelt ist kein Boden für die Erziehung von Architekten, wie wir sie im Sinn haben. Die Architekten waren sowieso an den Technischen Hochschulen immer in einer schiefen Lage. Wir müssen die Erziehung zu diesem Beruf ansetzen an den Problemen der Gestalt, wir müssen die jungen Menschen einführen in die Aufgaben, die uns bedrängen, in die Aufgabe, einen neuen Lebensraum aufzubauen und einzurichten. Das führt unter anderem wohl auch dazu, dass wir ihnen die Strukturen der alten Lebensräume zeigen, doch eben nicht, um deren Bauten als Vorbilder hinzustellen, wie das immer noch geschieht, sondern um an ihnen den Gestaltwandel aufzuzeigen als einen genetischen Prozess, in dem wir selbst eine Funktion haben. Wir müssen in den jungen Menschen einen Gestaltwillen fördern und stärken, nicht aber ihn unterbinden. Wir müssen aufräumen mit der Idee, dass eine Kultur zu schaffen darin bestehe, das Ererbte pfleglich zu behandeln, abgesehen davon, dass es gar nicht unsere Aufgabe ist, eine Kultur zu schaffen, sondern dass wir nur die Verpflichtung haben, an dem geistigen Pensum unserer Zeit zu arbeiten. Und dieses Pensum fordert eine Arbeit an der geistigen Gestalt des Menschen, die bislang nicht für wert gehalten wurde. Man mag das Ergebnis solcher Arbeit als Kultur ansprechen – Kulturen sind in der Tat nichts anderes als die Ergebnisse der Arbeit an genauen Themen, die der Entwicklung der Menschheit dienten; sie sind also kein Ziel, denn sie sind kein Thema, keine Aufgabe, sondern ein Ergebnis – das Ziel ist die Geistgestalt des Menschen.

Die Technischen Hochschulen zeigen den Studierenden in Büchern, wie große Architektur aussieht, aber sie sagen ihnen nichts über die geistigen Prinzipien, aus denen heraus die großen Bauwerke entstanden sind, und nichts über die jeweiligen Ziele, zu denen die Prinzipien zu führen hatten. Sie sprechen von dem Wandel der Stile, aber sagen nichts von den Ursachen dieses Wandels. Würden sie davon sprechen, so würden sie auch dazu gelangen, die neuen Aufgaben zu sehen, die dem heutigen Bauschaffen gestellt sind. Aber da sie nicht von den Ursachen des Gestaltwandels sprechen, können sie an irgendeinem Punkte in diesem Prozess des Wandels Halt machen und sich das Vorbild auswählen, das ihnen besonders zusagt und das sie dann in ihrer nachschaffenden Weise wieder erreichen wollen. An diesen Vorbildern wird dann mit großer Zähigkeit festgehalten. Es ist kein Zweifel, dass die Vorbilder gut ausgesucht werden, sie belehren uns genau darüber, in welchem Seelenzustand der sich an den Vorbildern übende Architekt befindet. Ich glaube, dass, wenn man die historisierenden Architekten in die Trachten stecken würde, die die Menschen trugen, als die erwählten Vorbilder gebaut wurden, alle Welt herzlich lachen würde. Sie würde sich dann vielleicht auch klar darüber werden, dass diese Architekten mit ihren Bauten nur eine riesige Maskerade aufführen und uns einzureden versuchen, diese Maskerade für Kultur zu halten. Eine Maskerade ist natürlich eine herrliche Sache, aber schließlich nur für einige Augenblicke im Jahr. Die Maskerer, wie man im Schwäbischen sagt, verlangen jedoch in diesem Fall, dass niemand ohne Maske gehe das ganze Jahr und dass alles Trachten trage, und sie führen ihre Forderung auch durch auf dem Gebiet, auf dem sie herrschen und auf dem das Volk, das gebildete insbesondere, auf ihre Worte hört: auf dem Gebiet des Bauens. Wehe dem, der die Bautrachten nicht beachtet, die in den verschiedenen Landschaften Mittel-Europas getragen werden. Hier weisen ihn die Unteroffiziere der Baukultur, die Herren Baupolizeibeamten, sofort zurecht. Sie sind sich noch immer nicht klar darüber, dass diese Stimmungskunst, die sie mit ihren Trachten aufführen, in die Kategorie jener Fälscherkünste gehört, mit denen Hitler sein Volk einnebelte. Das Volk wird weiter eingenebelt, und nach wie vor geschieht es im Namen der Kultur. Wie lange wird die Arbeit an einer neuen Gestaltung unseres Lebensraums durch solche Zustände noch aufgehalten werden? Noch recht lange, noch recht lange. Kann uns das hindern, unseren Glauben, unser Wissen aufzugeben?

Wir haben neue Schulen nötig. Es wird in ihnen nicht an lernbegierigen Menschen fehlen, aber es wird in ihnen an Erziehern fehlen. Wir müssen auf Auswege sinnen, wie wir trotzdem ein Erziehungswerk einleiten können. Die stärkste erzieherische Wirkung übt aber immer das Vorbild aus. Was wir schaffen, ist immer zugleich ein Vorbild, und nichts wirkt stärker auf die Menschen als die Qualität eines Vorbilds. So ergeht an uns der Ruf zur Vorbildlichkeit in unserer Arbeit. Dies fordert vor allem Kompromisslosigkeit in dem, was wir als vorbildlich hinstellen. Kompromisse sind Lösungen, die im politischen Geschäft ausgehandelt werden, im geistigen Leben sind sie verächtlich. Lassen wir uns nicht auf Kompromisse ein, sie schaden immer der Qualität der Arbeit. Kämpfen wir uns durch nach dem Ziel, das wir vor uns sehen, und wenn uns die Verwirklichung unserer Pläne nicht so schnell gelingt, wie wir wünschen, so sollte sie doch nicht um den Preis eines Kompromisses erreicht werden. Der Zwang äußerer Gegebenheiten kann wohl unser Wirken einschränken, aber er darf uns nichts von unseren Zielen abhandeln.

Unser Erziehungswerk wird aber nicht nur die jungen Menschen im Auge haben müssen, die unseren Beruf ergreifen wollen. Es ist nicht weniger wichtig, die Erziehung jener in Angriff zu nehmen, die längst einen Beruf haben und die einen Einfluss ausüben auf das, was gebaut wird. Die Entscheidung über den Aufbau unserer Städte und Dörfer liegt zumeist in den Händen von Menschen, die mit geistigen Problemen gar nichts zu tun haben. Unsere Sorge sind die Bauherren, die zu den Aufgaben des Aufbaus vom Standpunkt ihres Kirchturms oder ihrer Partei aus Stellung nehmen. Gegen dieses Bollwerk werden wir wenig ausrichten. Aber man soll uns nicht den Vorwurf machen können, wir hätten mit unserem Wissen und mit unseren besseren Gründen zurückgehalten und nicht einmal den Versuch gemacht, aufzuklären, wo Bereitschaft und Bedürfnis bestand, tieferen Einblick in die Dinge zu erhalten. Es werden sich gewiss auch Kräfte regen, die uns ihr Ohr schenken, die auf derselben Seite stehen wie wir. Auf diese werden wir unsere Hoffnung setzen.

Es liegen ungeheure Arbeitsgebiete vor uns, und wir sind zur Zeit nur wenige. Aber da es um einen geistigen Kampf geht, ist nicht die Menge entscheidend, sondern die Qualität des Geistes, und wenn wir uns nur Mühe geben, diesen Kampf als einen geistigen zu führen, so werden uns auch Erfolge nicht versagt sein. Abgesehen davon werden wir diesen Kampf ja nicht um der möglichen äußeren Erfolge wegen führen, sondern um des Ruhmes willen, ein geistiger Kämpfer zu sein. Zum anderen sind es die anonymen Kräfte der Entwicklung, die Logik, die in dem Prozess der Entwicklung selbst wirksam ist, die auf unserer Seite steht. Niemand hat im Effekt das Technische mehr gefördert, direkt und indirekt, als Hitler. Er hat dem Bauen ausserordentliche Möglichkeiten geschaffen, an die es vor ihm nicht zu denken wagte. So wird sein Frevel noch zum Guten ausschlagen.

Rudolf Lodders

Zuflucht im Industriebau

Hat der Architekt nach dem, was in seiner Berufswelt und mit ihm selbst geschehen ist, noch Veranlassung und das Recht, mit besonderen Ansprüchen und Maßstäben aufzutreten? Geht es in seiner Welt nicht leider noch ebenso simpel und banal zu wie in allen anderen Bezirken des Lebens auch?

Beseelt von unerhörtem Aufbauwillen bedeuten Eiferer und Nutznießer von gestern uns heute oft ermunternd, wir gehörten doch zusammen und müssten fest zusammen stehen, damit nicht Unberufene (ängstlich warten wir darauf zu hören: wieder) alles verdürben. In der Tat: sie müssen stets in Betrieb, immer dabei und immer wieder die ersten sein. Können sie nicht warten, sich nicht still verhalten und eine Spanne Zeit ins Land gehen lassen? Nein. Sie müssen sich nach vorne drängen und sind sehr verwundert, damit nicht ungeteilten Beifall zu erregen. Immerhin, sie sind dafür, dass Buße getan werde – von den anderen, kaum von ihnen.

Ach, dass sie einmal zur Besinnung kämen und in sich gingen, wie es nur die Ruhe bewirken kann, die wir ihnen vermitteln möchten! Doch sie sind unbelehrbar. Es ist fast, als müsse man sie zu ihrem Glück zwingen; sie nötigen, nachzuholen, was sie bereits um 1930 hätten tun sollen: innere Inventur zu machen, geistige Bilanz zu ziehen, wie es damals in der ruhigen Zeit oder gar während der großen Arbeitslosigkeit so gut hätte geschehen können; und wie es heute wieder vom geistigen Menschen verlangt werden muss. Müssten sie nicht begreifen, erinnernd nachempfinden, wie groß unser kulturelles Unbehagen bereits damals war, als das Dritte Reich anbrach, an dem dann mitzuarbeiten sie so bedingungslos bereit und entschlossen waren.

Die ablehnende Haltung gewissenhaft Nachdenkender bedurfte nicht erst der Unterbauung durch die bekannte Nürnberger Kulturrede. Aber selbst diese hat sie nicht gestört, nein, sie wurde für sie sogar eine Quelle von bekräftigenden Zitaten. Sie begreifen nicht, sie wollen nicht begreifen, was in uns vorging; uns wurde immer wieder gesagt damals, es handele sich um Weltanschauliches, und das haben wir auch genau so verstanden, fröstelnd und zitternd vor dem, was kommen musste und nur Untergang sein konnte.

Denn wir hatten vor nichts die Augen verschlossen und selbst das Buch «Mein Kampf» gelesen; und das war nicht wenig. Wir hatten vorher schon in Schulze-Naumburg und Schmitthenner im kulturellen Bereich dieselben Kräfte erkannt, wie sie in verhängnisvoller Parallelität in der Harzburger Front Hugenbergs und Seldtes politisch genau so verantwortungslos und verblendet zusammenwirkten wie Schacht und v. Papen.

Doch glaubten wir erst den Gerüchten nicht und wollten nicht einmal den Augen trauen, als wir später schwarz auf weiß lesen mussten :«Unter Leitung des Generalbauinspektors für die Reichshauptstadt Albert Speer, entworfen von: Fahrenkamp» – das musste also geschluckt werden; Kreis – wir konstatierten es als eine wohl folgerichtige Entwicklung; Peter Behrens – das war ein Schlag, der ins Zentrum traf. Von der Respektlosigkeit dieser Gleichschaltung wollen wir nicht mehr reden. Aber, dass es geschehen konnte, das schien uns unfassbar.

So schieden sich auch in der älteren Generation die Geister. Wir sahen auch hier die einen bereit, die anderen außer Landes gehen. Wir Jungen aber waren unserer besten Stützen und aller Berufungsmöglichkeiten beraubt. Ich werde die Stunde bei einem Besuch in Berlin nicht vergessen, wo der heraufdämmernde Schatten Speers mit dem Verrat an seinem Meister Tessenow nicht nur das Leben mancher seiner früheren Kommilitonen, sondern unser aller Dasein zu verdunkeln drohte.

Eiermann fasste damals den Entschluss zu einem Rundbrief an die einstigen Pioniere des modernen Bauens als beschwörenden Appell an ihre hohe Verpflichtung. Aber würden diese nicht noch leichter uns als ihr Werk verraten, das die Beziehung zu ihrem Leben so offensichtlich verloren hatte?

Und in der Tat, wie überall, so mehrte sich dieser Verrat auch ringsum, Moskau-Fahrer von einst trabten am Pariser Platz treppauf, treppab, und die ehemaligen Musensöhne freuten sich des Klapperns eisenbeschlagener Hacken auf den steinernen Fliesen, warfen sich geschäftig in die weichen Polster der von SS- und NSKK-Leuten gesteuerten oder begleiteten Wagen, ihrer Mission entgegen, die wir ihnen heute zugute halten, ja vergessen sollen.

In all dieser Geschäftigkeit, angeekelt und verzweifelt zugleich, sannen wir auf einen Ausweg. So begann ein wahres Nomadenleben, und schließlich tauchten wir dort unter, wo Hitler ein Ventil gelassen hatte: im Industriebau. Um in der Versenkung zu verschwinden und nicht «eingeordnet» und «ausgerichtet» zu werden, oder, wie ich in Hamburg ermahnt wurde, in «Reih' und Glied zu marschieren» und «Tuchfühlung zu halten», musste dieser Weg gegangen werden. Wohl dem, dem das Vertrauen eines Bauherrn aus der Industrie schon entgegenkam! Die andern mussten sich ihren Auftraggeber erst suchen oder, unter Aufgabe ihrer Selbstständigkeit, in untergeordneten Stellungen wie auch unter der Tarnkappe eines von einem großen Werknamen getragenen anonymen Baubüros arbeiten, um hier dann in der Stille doch so erfolgreich zu wirken, wie die jetzt dastehende Leistung vor aller Augen dartut.

Es ist schon erstaunlich, was außerhalb allen Klimbims von «Blut und Boden» und machtbetonender Repräsentation, abseits, ohne jeden falschen Geltungstrieb, zunächst unbeachtet, für das eigentliche Bauen geschah und erreicht wurde. Man wollte verhindern und hatte wider Willen gefördert. Nicht unähnlich dem eigentlichen politischen Leben, wo die Leute mit den großen vaterländischen Ansprüchen das, was sie anrichteten, abermals den vaterlandslosen Gesellen nachher zur Liquidation überantworten mussten.

Die Absicht ging dahin, mit großen Aspirationen aus cäsarischem Geiste zu erneuern, was nicht Rom und was nicht Hellas war.

Mussolini hatte sich, klüger und weiser, schon wieder davon entfernt und mit Marmor veredelt, was von ihm als «stilo tedesco», in Moskau dagegen von Lunatscharski der «Stil der armen Leute», in Berlin hinwiederum trotz des auch aus Russland bekannt gewordenen Schreies nach der Säule mit geübter Fälschungsmethode bolschewistisch genannt wurde. Währenddessen schlummerte das im Bau befindliche «Haus der deutschen Kunst» bereits im Unterbau des in Moskau geplanten Sowjetpalastes, wie weiland die Neue Wache Schinkels in seinem Vorentwurf zum Denkmal auf dem Kreuzberg.

Im Industriebau dagegen wurde trotz allem, abseits vom Lärm der «Kunst im Dritten Reich», der eigentliche Ausdruck unserer Zeit gefunden als erste sinnvolle Gestaltwerdung dessen, was sich wirtschaftlich und politisch noch immer nicht formen will. Hitler, nicht nur der Mann der Oper, sondern überhaupt des großen Aufzuges, hatte die Architektur lediglich zum Rahmen und Hintergrund seines Auftretens und Wirkens gemacht und sich nicht zufällig dabei eines Bühnenbildners bedient.

Vom Dauerschmuck der Berliner Achse führt über die Bauten in München, Nürnberg und Berlin ein gerader Weg bis zu den schon konzipierten Hitlertürmen auf beiden Höhenzügen des Elbufers, deren Maßstablosigkeit kennzeichnend für die Maßlosigkeit und Abwegigkeit dieses Planens ist.

Aber im normalen Licht des Tages und nur im vorüberhuschenden Schatten dieser gleißenden Illuminationen und Lichtdome blieben die Stätten der Arbeit als eine Angelegenheit des Alltags mit kaum angetasteten eigenen Gesetzen abseits dieses Scheinlebens. Sie wären kaum beachtet und überhaupt nicht beeinflusst worden, wenn nicht zuweilen durch die DAF, ihre Wanderredner und Wanderwerber für den Gedanken «Schönheit der Arbeit». Und so hat hier mancher unserer Kollegen vieles wieder gutmachen können, was andere durch allzu große Bereitschaft der allgemeinen Bauentwicklung an Schaden zugefügt hatten.

Allmählich aber kamen die Bauarbeiten, nicht nur im «zivilen Sektor», sondern selbst in der Industrie, die nicht ausgesprochene Rüstungsindustrie war, durch die Lenkung des Generalinspektors für das deutsche Straßenwesen so gut wie zum Erliegen. Alle Kräfte waren dorthin und auf den Westwall konzentriert. Das brachte nicht nur Abzug der Arbeitskräfte, sondern hatte auch unvorhergesehene positive Folgen. Denn die Reglementierungen des Vierjahresplans in Hinsicht auf Materialersparnisse und Verarbeitungsverbote weckten manche Findigkeit, etwa im Gebiet der Ausweichstoffe, auch im weiten Gebiet des Bauens. Die Mangelerscheinungen aber warfen bereits die Schatten des drohenden Krieges voraus.

Und dann kam der Krieg. Zum zweiten Mal brachte er in nicht eingestandener Schulung an der einst so erfolgreichen Rathenauschen Rohstoffversorgung und -organisation des ersten Weltkrieges praktisch das unerhörte Schauspiel einer abermals bis zum Weißbluten gelenkten Wirtschaft, wie es theoretisch in solcher Konsequenz keines der verfemtesten sozialistischen Programme zu entwickeln gewagt hatte.

In immer zunehmendem Maße kam durch den Krieg die auf die Rüstung bezogene Ausweitung der letzten industriellen und gewerblichen Produktionsstätten mit ihrer Fülle von baulichen Maßnahmen. Sie machte mit der Ernennung Todts zum Minister für Bewaffnung und Munition auch das Bauen eindeutig zum Kriegspotential und brachte damit auch den letzten von uns in Zweifel und Widersprüche, zumindest aber in unklare

Stahlwerkhalle. Entwurf Heinrich Bormann im Büro Rimpl. Photo: Heidersberger

Situationen. Viele aus dem «heroischen Sektor» der Architektur des Dritten Reiches suchten hier nun einen recht unheroischen Unterschlupf, als bei den «Führerbauten» und nicht anders bei denen der Partei und der Wehrmacht, schließlich doch immer mehr «auf der Stelle getreten» werden musste. Es waren keineswegs immer sehr würdige Situationen, die ihre letzte Steigerung erfuhren, als der viel zu junge Speer die Nachfolge Todts antrat und die Kamarilla seiner ehrgeizigen Freunde und Mitarbeiter mit den alten überlegenen Amtshasen aus der Aera Todt aneinander gerieten. Von der Zentrale ausgehend wirkten sich bis in die kleinste Dienststelle Machtkämpfe aus, die in Wahrheit um Posten und Uk-Stellungen gingen, Dienststellen, die mit übertriebenem Eifer ihre Existenzberechtigung unter den drolligsten Kapriolen unter Beweis zu stellen suchten und die Arbeit durch Erhebungen und Erfassungen eher hinderten als förderten. So drang auch die Flut von Fragebogen und Karteikarten, Wochen- und Monatsmeldungen, Quartals-, Halbjahrs- und Jahresberichten in unseren Bereich und führte den Bauenden vom Zeichenbrett zum Karteikasten, von dem aus alles gelenkt und gemeistert werden sollte. Die Organisation schien zum Selbstzweck geworden und bald um ihrer selbst, d.h. um ihrer Amtsinhaber willen da zu sein. Die Techniker hatten damit ihre bedeutsamste Eigentümlichkeit aufgegeben, die sie mit dem reinen Wissenschaftler gemein haben, eine Entscheidung sachlich, gegebenenfalls auch gegen eigene Interessen zu fällen, wenn die Sache dies verlangt.

Die Vorstellung von den «luftgefährdeten Zonen», die zu Anfang alle Rüstungsbauvorhaben mehr ins Landesinnere verlegen ließ, wurde dann auch nur zu bald Lügen gestraft, und es begann die traurigste Periode unserer Tätigkeit, der unablässige, zermürbende Kampf mit den täglichen Zerstörungen durch die Flugwaffe, der die Baustelle zur Front machte und uns das büßen ließ, was wir nicht zu hindern verstanden hatten. Es ist ein ernstes Kapitel, wie wir alle das taten, was «unsere Pflicht» schien, und es ist eine Frage tiefsten Nachdenkens wert, aber sie hat ihre Antwort nicht durch jene gefunden, die sich jetzt vorschnell und vorlaut damit brüsten, daß sie sich gedrückt und mit Wurstigkeit reagiert hätten, eine Haltung, die sie am liebsten noch «Sabotage» nennen möchten. Sabotage aber nenne ich: um des persönlichen Vorteils willen Verrat am Geiste unseres Berufs zu begehen. Dieser Verrat stand am Anfang dieser ganzen unseligen Entwicklung und kam abermals zum Ausdruck, als bereits nach den ersten relativ unbedeutenden Zerstörungen die Parole ausgegeben wurde, bei der Schädenbeseitigung überhaupt nicht darauf zu achten, wie es aussehe. Wenn sich das auch später ganz von selbst ergab, so offenbarte diese Anweisung in jenem Stadium des Krieges bereits sehr klar, was uns besessene Architekten von diesen Dekorateuren trennte, denen das Geformte immer nur eine mit Kosten und Aufwand zu entwickelnde Luxusangelegenheit war, so wie jeder kleine Mann die «Architektur» und überhaupt die Kunst versteht.

Es war deshalb eine Art Genugtuung, diese Bestätigung von dort noch einmal direkt zu hören, bevor leider auch das, was wir dagegen gestellt hatten, zerstört wurde. Wie bedeutsam unsere Tat in der deutschen Industrie für die Entwicklung des modernen Bauens geworden ist, wurde mir selbst erst in diesen Tagen ganz klar, als ich für eine Publikation mit der Zusammenstellung von Fotos beschäftigt war. Ich verglich die Natürlichkeit und Selbstverständlichkeit unserer Industrie-Bauten etwa von 1933 bis 1945 mit den formalistischen «Architektur»-Bemühungen von der Jahrhundertwende bis zum Weltkrieg oder selbst mit denen von 1918 bis 1932. Bei solchem Studium erst wird offenbar, wie neben der Großtat von Peter Behrens in dem erstgenannten Zeitabschnitt besonders die gleichfalls vor dem Weltkrieg entstandenen Arbeiten von Walter Gropius, die Schuhleistenfabrik bei Ahlfeld 1911 und die Bauten auf der Werkbundausstellung in Köln 1914, bestimmend werden mussten für den zweiten Abschnitt, und wie wir uns von solcher Einzelleistung, die nichts anderes war als der erste gelungene Befreiungsversuch Einzelner aus den Fesseln der «Architektur» (als bloße Formbemühung), in breiterer Front zum Bauen selbst durchgekämpft haben. Das konnte offenbar nur im Angesicht von soviel Bombast geschehen, zum Teil auch aus Protest, aber mehr noch in disziplinierter Selbstkritik, um allen immer wieder erfolgenden Einwänden, auch wahrhaft sachlich beggnen zu können.

Es geschah. Es geschah so ohne Kampf, wie nur etwas Selbstverständliches «werden» konnte, und wohl kein einzelner Mann hat ein anderes oder mehr Verdienst dabei, als dass er eben diente. Und das muss auch unsere Verpflichtung vor der Gegenwart und vor der Zukunft sein. Noch wissen wir im einzelnen nicht, was von unserer Arbeit aus jener Zeit blieb und was von dem Zerstörten einmal wieder aufgebaut wird. Es wird wenig genug sein. So kehren wir in unser Büro zurück, sofern es uns noch erhalten blieb, oder bemühen uns, ein neues aufzubauen, beziehungsweise Fenster und Türen zu dichten, schadhafte Wände und herunterhängende Decken zu schließen, unsere Dinge zu ordnen. Wohl ist es schmerzlich, die Rolle eines Planes in der Hand zu halten, der, ausgeführt oder Projekt geblieben, einer Vergangenheit angehört, die wie weite Ferne wirkt. Wir prüfen die Rückseite des Blattes auf seine Eignung als Abdeckbogen für unsere Zeichenplatte oder das Original auf seine Wiederverwendbarkeit für unseren neuen Start.

Von der Wand aber grüßt uns, mit einem Sprung im Glas, das Antlitz eines frühgefallenen Mitarbeiters, und wir gedenken in Sorge jener noch vermissten Helfer, die einst, als jener fiel, noch ehrend des Kameraden gedachten, und von denen selbst jetzt jede Spur fehlt. Ja, viel Leere ist um uns entstanden: nichts ist an eigentlichem Nachwuchs zu sehen, wie er noch vor wenigen Jahren unsere Büros füllte. So wenden wir uns den zurückkehrenden Soldaten zu, die zu uns stoßen möchten: einen neuen Typus, an den wir uns erst gewöhnen müssen, wie an die umzuschulenden Maschinen- und Flugzeugbauer. Auch dieses eine ungewohnte Aufgabe, die wohl sachlich und leidenschaftslos getan sein will.

Wir aber, die wir nun um das Geheimnis dessen wissen, was uns während der nur scheinbaren Isolierung als Industriebaumeister ein so gutes Stück in jedem Sinne weiterbrachte, werden von diesem Wissen und dieser Geisteshaltung weitertragen müssen, damit in allen anderen Gebieten des Wiederaufbaus, von der Stadtplanung bis zum kleinsten Teil eines Hauses, das wie selbstverständlich Gestalt annehme, was uns vom Industriebau her unabdingbarer Besitz und klare Erkenntnis geworden ist, als wahrhaft ermutigender Lichtblick in dem Dunkel, dem wir entgegengehen.

Als Ergänzung, zugleich als Hinweis, geben wir noch einige Gedanken aus einem Vortrag von Rudolf Lodders «Industriebau und Architekt und ihre gegenseitige Beeinflussung» wieder, der als Heft I der Schriftenreihe des Bundes Deutscher Architekten Hamburg im Phönix-Verlag Christen u. Co. Hamburg erschienen ist

Es ist heute klar, dass diese harte Schule eine in Wirren geborene beziehungsweise sich entwickelnde und in Schrecken gestählte Generation von Baukünstlern zu einer neuen Disziplin geführt hat, die nicht nur den Ingenieur und den Architekten wieder zusammenführte zu gemeinsamem, fruchtbarem, sich ergänzendem Tun, sondern nicht selten bereits in einer Person wieder im baumeisterlichen Sinne vereinigte.

Wir glauben von den bloßen Formproblemen wieder zum Bauen selbst gekommen zu sein. Wir wollen für die gestellte Aufgabe und den gegebenen Zweck mit den uns zur Verfügung stehenden Mitteln, das heißt den zur Anwendung gelangenden Materialien, nach ihren inneren Gesetzen und Gegebenheiten folgerichtig komponieren. Wir haben ein Materialgefühl entwickelt, das uns in die Lage setzt, den Tonwert zu erkennen, auf den es gestimmt ist und auf den es klingen soll.

Und wir haben alles von den Spannungen der den neuen Materialien innewohnenden Kräfte in uns aufgenommen, die ja nicht das Stütze-Last-Prinzip aufheben oder mit ihren inneren Gesetzen aufräumen sollen, sondern mit ästhetischen Forderungen, die nur am Überkommenen geschult sind.

Im Industriebau jedenfalls haben wir bewiesen, daß man größte Massen auf Glas und zarteste Unterbauten stellen kann ohne den Verdacht auf billige modische Effekte, wenn es aus dem Innern der räumlichen und betrieblichen Vorgänge begründet ist. Aber nicht nur das Glas projizierte das Innere nach außen, sondern auch der Beton lässt fast hauchdünn Raum und Körper in Deckung bringen, so daß Hülle und Schale beinahe eins werden, wie es in solcher Konsequenz noch keine Zeit erlebte.

Für den guten berufenen Baugestalter konnte es nie eine grundsätzliche Entscheidung, ob steiles oder flaches Dach, geben. Wenn es sich im Industriebau auch als Norm herausbildete, so denken wir nicht mehr daran, es kritiklos aus Mode oder aus kampfansagender Weltanschauung auf das Wohnhaus zu übertragen. Wir wissen heute, dass unsere Arbeitsstätten und unsere Wohnungen zweierlei sind und ihren eigenen Gesetzen durch die veränderten Ansprüche unterliegen.

Aber es wäre schön, wenn wir aus der Klarheit der industriellen Gestaltungsprinzipien das grundsätzlich Richtige hinüberzutragen verstünden in diesen Wohnbereich. Dass wir aus den betrieblichen Vorgängen unseres Wohnens auch zu baulichen Organismen von gleicher Sauberkeit der Gestaltung kämen, wie man es vom Industriebau heute behaupten kann. In ihm haben wir zweifellos so etwas wie den Stil dieses Jahrhunderts entwickelt, das eben als Zeitalter der Technik trotz der Diskrepanz zu unseren anderen Lebensäußerungen darin seinen eigentlichen zwangsläufigen Ausdruck gefunden hat.

Warum müssen wir immer wieder Anschluß suchen und anknüpfen wollen? Jeder dargestellte Abschnitt dieses Jahrhunderts zeigt in seinen Reaktionen solche Tendenzen:
- Man wollte an die Gotik anschließen.
- Man wollte an die Renaissance anschließen.
- Ostendorff und Mebes wollten an die Erscheinungen des Klassizismus um 1800 anschließen.

- An das Biedermeier Tessenow.
- Schulze-Naumburg und der Heimatschutz an die bodenständige Überlieferung.
- Schmitthenner an die handwerkliche Tradition.

Und das alles unter der gleichbleibenden Devise eines ständigen Hinweises auf deutsche Vergangenheit. Aber als die Welt glaubte, so etwas wie einen deutschen Stil sich herausbilden zu sehen, waren wir es, die diesen Weg verließen. Und nun wollen wieder einige Leute hier anschließen, womit sie vielleicht nur das flache Dach meinen, um damit eventuell das steile zu überwinden.

Das Wesentlichste aber wurde vergessen, dass wir dann am besten dem Beispiel unserer Vorfahren folgen, wenn wir etwas Eigenes hinstellen, denn auch die alten Möbel, mit denen wir uns so gern umgeben, waren einmal modern. Damals handelte es sich sicher auch weniger um eine künstlerische, als um eine handwerkliche Bemühung. Diesmal wird es die industrielle Bemühung sein, deren Erfolg ganz allein in unserer Hand liegt. Bisher waren die Dinge stärker als wir. Hoffen wir, dass wir sie endlich meistern und im wahrsten Sinne ihrer auch Herr werden.

In Frankreich ist bereits ein Ministerium des Wiederaufbaus und Städtebaus geschaffen worden. An der Seite des Amtsinhabers sehen wir die Neuerer: Perret, Le Corbusier und Lurçat, die einen Obersten Rat der Architektur gebildet haben. Und in Deutschland?

Wir sind mit unserem Geschlagensein und unserer Armut jeder anderen Problematik zunächst enthoben und werden die längste Anlaufzeit haben. Wir wollen hoffen, dass das Gewinn und Segen bringt und diesmal wir aus den Fehlern der Anderen lernen dürfen.

Über allem Bauen aber steht der Mensch. Mit der Gestaltung seiner Umwelt nahmen wir schon oft Einfluss auf ihn und wurden von dort her schon mehr als einmal bereits sein Erzieher.

An dieser Stelle wurde kürzlich schon der Jugend gedacht. Alles, was uns an dieser Jugend nicht gefallen will, ist doch die Frucht unserer eigenen Saat.

Wir sprachen im Bauen so gern davon, dass das Innere und Äußere in Deckung zu bringen sei. Im Leben aber sagten wir nach außen anderes, als was wir innerlich eigentlich meinten. Und diese Doppelzüngigkeit soll eine heranwachsende Jugend nicht verwirren? Und wir wollen uns über den Unglauben dieser Jugend beschweren, der eigentlich doch nur Lähmung ist? Diese ungeheuren Opfer, Nöte und Gefahren sollen plötzlich nichts gewesen sein? Das ist zu viel verlangt!

Wenn wir erreichen wollen, dass die Jugend erkennt, die dem Tod so oft ins Auge gesehen hat wie keine andere Generation zuvor, dass es sich auch lohnt, für eine Sache zu leben, so müssen wir uns wandeln und ein unantastbareres Vorbild werden. Nur an solcher Bescheidung wird auch sie wachsen und ihren schon einmal geübten hohen Idealismus an solcher charakterlichen und beruflichen Bildung neu entzünden.

Sie hat sich in entscheidenden Stunden schon bewährt und ist selbstständig genug. Wenn es uns dazu im engeren Bereich unseres so lebensweiten Berufes gelingt, dass es dann in dieser Jugend auch wieder vibriert und Sensibilität gibt, dann werden auch die Musen wieder aus den Gründen steigen. Ein sauberer und klarer Mensch dazu kann nie ein schlechter Architekt sein. Aber – was mehr ist – ein solcher Architekt kann dann kein bloßer artistischer Jongleur sein, der einmal wieder in einer entscheidenden Stunde charakterlich so versagt, wie wir es beschämenderweise auch unter uns erleben mussten.

Welche Führungsaufgabe könnte in dieser Stunde der Architekt haben, wenn er sich nicht so unnötig mitbelastet hätte!

Er könnte die aufbauenden Prinzipien unter Beweis stellen, gegen den destruktiven Ungeist, der immer wieder unser politisches Handeln so unglückbringend bestimmt hat und das erschütterte, dessentwegen wir einmal mit so viel Stolz auf der Erde standen, als das unbestritten gebliebene Volk der Dichter und Denker, zu dem sie auch uns wieder gehören lassen. Denn gerade das Bauen heißt in seiner gesteigertsten Form Denken und Dichten.

Egon Eiermann

Einige Bemerkungen über Technik und Bauform

«*Die moderne Architektur hat keine bedeutenden Leistungen aufzuweisen.*»

Das steht in einer knappen Kunstgeschichte einer Schweizer Monatszeitschrift. Über eine so bündige Äußerung könnte man hinwegsehen, wenn sie nicht bezeichnend wäre für eine übliche, aus der Überlieferung rein ästhetische Einstellung zu all dem, was sich in der neuen Baukunst abspielt, bezeichnend auch für den engen Blickwinkel, in dem Baukunst gesehen wird, ja für die Verkennung dessen, was sie bedeutet.

*

Die Architektur kann ebenso wenig von der reinen Kunst – also abstrakt – wie vom rein Praktischen oder Vernunftsmäßigen her erfasst werden. Die Anschauungen zumal über das Künstlerische und die Aufnahmefähigkeit dafür unterliegen einem dauernden Wechsel. Uns erscheinen heute Dinge sehr künstlerisch, die es zu ihrer Zeit zweifelsohne nicht waren: die römischen Wasserleitungen oder die Maxentius-Basilika am Rande des Forum. So kann man in diesem Augenblick neue Architektur kaum im einzelnen werten, da sie gerade in der frühesten Entwicklung begriffen ist, und die Rudimente des Alten ihr immer noch anhängen. So bedeutet denn der Schweizer Spruch vielleicht das Eingeständnis, dass in der neuen Architektur etwas lebendig ist, zu dem man eine Einstellung noch nicht haben kann. Uns genügt, dass sie lebt, dass die Resignation des Eklektizismus einer Kraft gewichen ist, die so groß scheint, dass sie oft über das Ziel hinausschießt und uns einen ausgesprochenen Radikalismus zeigt. Wo hat sie ihre Quellen?

*

Die Architektur hat ihren Auftrag, die großen Gedanken der Menschheit auszusprechen und den Aufgaben des menschlichen Lebens formgebend und ordnend zu dienen, heute wie immer. Aber es fällt ihr in unserem Zeitalter noch ein besonderer Auftrag zu, der von vielen Architekten kaum begriffen wird und noch viel weniger von einer traditionell eingefahrenen ästhetischen Einstellung her gewertet werden kann:

Nach Jahrtausenden, in denen eine rein handwerkliche Arbeit die Form bestimmte und eine primitive Technik lediglich der Handarbeit Hilfestellung gab, durchbricht das technische Zeitalter mit neuen Werkstoffen und bislang ungeahnten konstruktiven und formgebenden Möglichkeiten die Tradition. Der Architekt, will er nicht als spielerisch dekorierender Außenseiter seine grundlegend gestalterische Mission verfehlen, muss diese Möglichkeiten nutzen. Er darf sie nicht dem engen Spezialistentum der Nur-Techniker überlassen. Dass sich dabei eine ganz andere Tätigkeit des schöpferischen oder erfinderischen Vorgangs abspielt, liegt an der grundsätzlich anderen Substanz, mit der er zu tun hat, die ihn befähigt oder dazu verurteilt, den Hauptteil seiner Überlegungen theoretisch, zeichnerisch bis ins Kleinste festzulegen. Je durchdachter, in seinem Sinne vollendeter, diese Überlegungen sind, desto schöner, befriedigender erscheint ihm das Resultat. Seine Tugenden sind Sauberkeit, Klarheit und Wahrheit bis ins kleinste Detail. Es sind die Tugenden des Ingenieurs, freilich nicht geübt in der umgrenzten Sicht eines technischen Einzelbezirks, sondern im Hinblick auf eine umfassende, menschlich-gültige, für Sinn und Gestaltkraft zeugende Formenwelt.

*

Moderne Architektur will nicht nur gesehen, sondern auch mitgedacht sein. Denn wir bauen nicht Ansichten, sondern einen in allen Punkten durchdachten und überlegten räumlich-konstruktiven Organismus. Ihn aufzuzeigen ist eines der hauptsächlichen Anliegen moderner Architektur. Innen und Außen können nicht Gegensätze sein, sie stehen in ständiger Wechselwirkung. Die großen Glasflächen sind nur ein Ausdruck dieses Bemühens. Die unveränderlichen Gesetze der Statik bleiben, nur haben wir gelernt, sie mit anderen, neuen Mitteln anzuwenden, an deren Eindruck wir uns gewöhnen müssen, wie wir uns an das Auto oder Flugzeug gewöhnt haben. Ein neues Bild der Architektur erscheint. Ist es das Bild einer von der Technik vergewaltigten Architektur, die in ein fremdes, im Grunde feindliches Gesetz gezwungen wäre? Architektur ist und bleibt der Technik gegenüber souverän. Die Technik ist ihr Stoff und Vokabular, ihre Vorstellungen auszusprechen. Es ist die uralte, lange verlorene

Zusammengehörigkeit und Durchdringung von Geist und Technik, die wir in unseren Tagen in einer uns gemäßen, und nur insofern neuen Weise, erstreben, wobei wir die Technik als ein entlaufenes Kind des Geistes zurückbringen an ihren Platz.

Diese Wandlung und Erweiterung unserer architektonischen Sprache, wie sie die technischen Wissenschaften uns ermöglichen, ist freilich in ihrer Bedeutung noch nicht voll ins Bewusstsein eingedrungen. Es ist wie in der Musik, wo die Anwendung neuer klanglicher Mittel und die Erweiterung des Tonsystems die gewohnten Empfindungen zunächst stören, obwohl die Gesetze der Komposition die gleichen geblieben sind.

Der mehr geistigen, dem Auge abgewandten, Tätigkeit entspricht das Vereinfachen, das Bemühen um die knappe Form, ein Ergebnis unmittelbaren technischen Denkens und des sinnvollen Gebrauchs fabrikatorisch hergestellter neuer Werkstoffe. Dieser Hinwendung zum Denken, der die Technik solche Impulse gegeben hat, ist auch die Bedeutung des Funktionellen in der Architektur zuzuschreiben. Es geht um das Gesetz der Ordnung, dessen innere Logik wir zu erfassen suchen. Es ist nur natürlich, daß die moderne Menschheitsentwicklung, die sich fast ausschließlich in wissenschaftlichen Erkenntnissen dokumentiert, auf die Baukunst Einfluss hat und ihn immer weiter geltend machen wird, in dem Maße wie die physikalische und chemische Forschung, die erst in den Anfängen steht, zu innerer Wirksamkeit gelangt. Die Sorge, dass der Architekt dem Nur-Techniker das Feld überlassen muß, ist überflüssig. Die Kunst stirbt nicht, solange es menschliches Leben gibt, und wenn die Architektur die innigste Verschmelzung der Kunst mit der Technik darstellt: dann könnte eine höchstentwickelte Technik zu einer höchsten Blüte der Baukunst führen.

Da aber Bauen einer geistigen, schöpferischen Tätigkeit unterliegt, so müssten als Voraussetzung solcher Blüte wirklich schöpferische Gedanken enthalten sein, die in die Zukunft weisen, und denen das Leben folgen wird.

*

Längst vor den beiden Kriegen entwickelt sich die internationale Architektur. Unabhängig voneinander wird in den Äußerungen neuen Bauens in verschiedenen Ländern die gleiche Sprache gesprochen. Wir begegnen überall, in Amerika wie in Japan, in England wie in der Schweiz einem durchaus einheitlichen, noch unausgeglichenen, dafür aber innerlich stark gebundenen Gestaltungsprinzip. Es ist etwas vorher so noch nicht Gesehenes und doch an allen Ecken der zivilisierten Welt gleichermaßen im gleichen Bild Erschautes und Erlebtes, überall taucht es auf. Dem Ungeübten ist es nur schwer möglich festzustellen, ob ein moderner Bau in Amerika, Europa, und in naher Zukunft, in Asien oder Afrika steht. Bei genauem Eingehen wird man gleichwohl Lautfärbungen und Klangunterschiede feststellen. Aber es wird doch offenbar eine gleiche oder doch verwandte Einstellung zum Leben, gleiche Züge des Denkens, das Zusammenwirken gleicher Kräfte, die darauf ausgehen, zu einer Überwindung der Gegensätze, zu einem internationalen Ausgleich, zur Assimilierung, kurz zur «One World» hinzudrängen, die sich damit geistig vorbereitet. Dieses internationale Gleiche des neuen Bauens ist umso bemerkenswerter, als keine Nation mehr das Recht haben wird, sich allein Tugenden zuzusprechen, und dass die neue Architektur ihre besten Beispiele aus den Ländern gibt, die den Frieden mit der Idee der Humanität und Freiheit bewahrt und verteidigt haben, mag unsern Glauben bestätigen, dass diese Architektur ihre Wurzeln aus der Menschlichkeit nährt.

Die Grundsätze des modernen Städtebaus gehorchen der Idee der Freiheit, mit der eine zukünftige Gemeinschaft der Menschen gesunden wird: Der Mensch ist aus der Einkesselung seiner Kasernen herausgetreten, weltoffen liegen seine Bauten in der Landschaft, ohne Gassen, Hinterhöfe und Verstecke. Die zufällige, unüberlegte Aneinanderreihung, die Zusammenballung der Häuser in den Großstädten – ist planvollen Überlegungen gewichen. Planung überwindet das Chaos und schaltet die Willkür aus. Der sinnvolle Plan ist der Feind der Macht, indem er das Unmögliche vom Möglichen trennt.

Das Streben, die natürlichen Lebensbedingungen der Menschheit zu erfüllen, das in der modernen Architektur und insbesondere im Städtebau so wesentlich ist, lässt plötzlich erkennen, dass Abstand und Würde, Ordnung und Haltung als bauliche und demnach als allgemein menschliche Bedingung gültig werden.

Das bewusste Reduzieren, das Weglassen, das Vereinfachen, vorhin noch dem technischen Sinn zugeschrieben, hat eine tiefe ethische Grundlage : Nie kann etwas zuwider sein, was einfach ist. In diesem Sinne ist auch die technisch bedingte Typisierung, wenn sie über die Architektur zu uns kommt, eine Äußerung der Bescheidenheit und der Rücksichtnahme. Sie ist keine Uniformierung. Sie ist ein «auf Form»-Halten. Sie zielt auf den Ausgleich der sozialen Unterschiede. Dieser Horizontaltendenz, die wir bei den neuen Staatengebilden der USA entgegen der alten machtverkündenden Vertikalströmung finden, entspricht die Betonung der Waagerechten, die ein so charakteristisches Merkmal der neuen Architektur ist, und die noch dort schichtet, wo sie in die Höhe baut.

*

Die großen Talente der frühen, modernen Architektur – Behrens, Poelzig und Gropius – lösten sich vom historisierenden Prunkstil. Sie wandten sich anderen Problemen zu: den Bauten der Arbeit, der Gestaltung des Alltags. Sie ahnten nur, dass die Fabriken, die sie zeichneten, nicht allein den Reiz des Neuen hatten. Es geschah damals – davon bin ich überzeugt – der Einbruch der schöpferischen, realistischen Kräfte der kommenden Zeit, die weniger verschönern als verbessern und einen Ausgleich zwischen Mensch und Werk schaffen wollten.

Diese Bereitschaft ist, wie die Architekten in allen Ländern bewiesen haben, geblieben. Wie von den Ausstellungen der Amerikaner in Stockholm und Zürich berichtet wird, was an Veröffentlichungen zu uns gekommen ist: Immer ist es die Siedlung, die Arbeitsstätte, der Bau der Gemeinschaft, die im Vordergrund stehen. Nichts ist ihnen zu klein oder zu unwichtig, dass es nicht gestaltet und in Beziehung zum Ganzen gebracht werden muß. Nichts ist ihnen zu groß, als dass es nicht dem großen Denken und dem menschlichen Maßstab unterworfen werden muß. Das kleinste Haus des Arbeiters, das größte Gebäude sehe ich mit gleicher Sorgfalt bearbeitet, geleitet von der hohen Verantwortung, der Sicherung des Lebensrechtes für jeden einzelnen. Das ist aber die höchste Offenbarung demokratischer Denkart. Indem moderne Architektur in allen Ländern in solcher Weise der Demokratie dient, unterbaut sie ihre Weltgeltung und beweist den künftigen Bestand einer neuen menschlichen Gesellschaft, in der der Unterschied zwischen subjektiver und objektiver Lebensmoral aufgehoben ist.

Die große Harmonie ist ihr Ziel und ihr Geschenk an die Menschheit.
Aber welch ein Weg!
Die Menschheit ist noch in der ersten Phase der Entwicklung, in der Phase der Kämpfe, in der Phase der Unordnung.
Den wenigen Beispielen des Neuen steht die Masse des Alten entgegen.
Der Krieg, aus der Unordnung geboren, hat einen Kontinent – den ältesten – verwüstet.

War diese Zerstörung ausreichend, um all das Faule und Morsche aufzudecken und zu vernichten? War sie ausreichend, um in der Welt die Kräfte des Guten zu aktivieren?

*

Erst wenn alles, was wir aus dieser ersten Stufe der Entwicklung mit uns herumschleppen, was uns belastet, abgeworfen ist – hier bewährt sich der Radikalismus der neuen Architektur –, dann wird die wissende, geläuterte Menschheit die Basis finden, auf der diese große Harmonie errichtet wird.

Fritz Schumacher

Zahlengesetz, Norm und Typus

Zeiten der Not sind für die Baukunst Zeiten, in denen der Zwang des Sparens zum Streben nach Vereinfachung drängt. Dieses Streben führt in erster Linie zur Einschränkung der gestalterischen Freiheit, soweit sie willkürlich und deshalb entbehrlich ist. Für dieses Vorgehen ruft man den großen Weltenordner, die Zahl, zu Hilfe. Sie bindet gewisse Elemente des Bauwerks und macht sie zu festen, stets in gleicher Gestalt auftretenden Erscheinungen: anders ausgedrückt, sie dient als Mittel der Normung.

Weil Normung unter den Begriffen des Bauens eine immer mehr betonte Bedeutung bekommt, hat die Zahl eine neuartige Machtstellung bezogen. Man fühlt, dass man sie nicht einfach zu Hilfsdiensten benutzen kann – was ja im Laufe der Zeit ihr eigentliches Schicksal geworden ist –, so dass man sich ihr Wesen vergegenwärtigen muss, um Bereich und Begrenzung ihrer Wirksamkeit im Auge behalten zu können.

Dieses Wesen hat ursprünglich durchaus nicht dienenden Charakter, es ist königlich, ja mehr als das: es ist göttlich. Als die Pythagoräer den Begriff der Zahl erfassten, sahen sie in Zahl und Maß das Wesen der Welt; man hatte in ihr ein Geheimnis der Gottheit entdeckt: sie wurde heilig gehalten.

Diesen Nimbus behielt sie als Ordner der Verhältnisse von Tönen und von Maßen, denn in diesem Zusammenhang sah man in ihr die Mutter aller Harmonie, aber sie begann ihren Weg in die Sklaverei als Hilfsmittel des Messens, obgleich nach den Vorstellungen der Antike die Möglichkeit des Messens – für das die Zahl doch unentbehrlich ist – der Baukunst vor allen anderen Künsten den Vorrang gibt. Kein Geringerer als Platon ist der Verkünder dieser Auffassung; für ihn ist der Begriff der «Schönheit des Gestaltens» verbunden mit «Richtscheit und Winkelmaß», und er begründet das mit den Worten: «Denn dieses, sage ich, sei nicht zu etwas schön, wie wohl anderes, sondern immer schön und an sich von Hause aus mit einer ihm eigenen Lust verbunden, die nichts mit der Lust des Kitzels gemein hat» (Philebos).

Es ist ein Bekenntnis zur überragenden Schönheit alles Mathematischen, das mit der Zahl als Urelement verbunden ist. Mathematik ist für ihn die «Sprache der Gottheit», ja, er setzt sie sogar der Gottheit gleich. Damit wird das antike Verhältnis des Betrachtenden zur Zahl berührt, aber noch nicht das Verhältnis des Schaffenden. Von diesem wird uns zuerst durch Vitruv berichtet. Bei ihm handelt es sich nicht nur um die Zahlen als solche, sondern er stellt ein Maßsystem auf, das diese Zahlen auf eine bestimmte Einheit bezieht: es ist der untere Säulendurchmesser, den er «Modulus» nennt.

Man sieht, die Bezeichnung, die Vitruv aufstellt, gilt nur für das Bauen, ja, nur für den Säulenbau, und die Größe, auf der sie beruht, ist veränderlich. Neben diesem begrifflich absoluten, aber zahlenmäßig relativen Maß, das aus der Baukunst und für die Baukunst entwickelt ist, geht nun zugleich ein begrifflich und zahlenmäßig als absolut gedachtes System, das seinen Aufbau – und das ist für den Griechen charakteristisch – aus dem Wesen des Menschen herleitet. Aber in Wahrheit wird auch seine Eindeutigkeit erschüttert, und zwar diesmal durch Gründe, die in der verschiedenen Auffassung von der Struktur der Zahlenreihe begründet liegen, Vitruv sagt dazu: «Die Vorfahren haben die Zahl ‹zehn› als die vollkommene Zahl angenommen.» Auf dieser Grundlage, die der Fingerzahl entspricht, werden aus dem Kanon der Menschengestalt die weiteren Maßbegriffe entwickelt: Zoll = Fingerdicke (ca. 1 cm), Palme = Handfläche (ca. 10 cm), Fuß (ca. 30 cm), Elle = Unterarm (ca. 60 cm). Diesem Dezimalsystem redet auch Platon das Wort, dem «die Zahlen nicht als vollkommen gelten können, bis sie wieder eine Vervielfältigung der Zehnheit erreichen» (Vitruv).

Auf der anderen Seite aber steht die Tatsache, dass «die Mathematiker hiergegen Einwand erhoben haben, und jene Zahl, die man mit «sechs» bezeichnet, zu der vollkommenen erklären. Wir kennen diesen Zwiespalt: noch heute ist uns das Duodezimalsystem beim Messen der Zeit geläufig. Vitruv begründete es wieder durch Beziehung auf die menschliche Normalgestalt; der Fuß des Menschen ist der sechste Teil seiner Höhe, die Elle ist gleich sechs Handbreiten und 24 Fingerdicken usw. Man geht wohl nicht fehl, wenn man annimmt, dass Vitruv, um einer Entscheidung zwischen diesen beiden Systemen zu entgehen, seinen Modul in 60 Partes teilte.

Diese Einzelheiten haben ein doppeltes Interesse. Erstens geht aus ihnen hervor, dass die Griechen neben der Zahlensymbolik, die reich bei ihnen entwickelt war, auch im wissenschaftlichen Sinn nach etwas suchten, was wir heute fast vergessen haben, nach der «Vollkommenen Zahl»; und zweitens dass ihnen das Suchen nach einem allgemein brauchbaren absoluten Maßstab nicht gelang.

Es ist deshalb ein natürlicher Vorgang, dass man im Lauf der Zeiten nicht vergaß, nach solchem verfestigten Maßstab zu suchen. Bekanntlich fand man erst in der französischen Revolution eine in der Natur verankerte und deshalb unveränderliche Länge: es ist der vierzig-millionste Teil des Erdumfangs, gemessen über die Pole. Man nannte ihn «Meter»; im Jahre 1875 wurde er international als Grundlage eines allgemeinen Maßsystems anerkannt.

War das ein Fortschritt? Die Vorzüge liegen auf der Hand: Bestimmtheit, Allgemeinheit, Internationalität; man hatte ein Mittel klarer Mitteilung und vor allem klarer Vergleiche. Und doch war es, grundsätzlich betrachtet, dem Modul gegenüber, eben durch diese praktische Mechanisierung ein Schritt nach rückwärts. Im Reich des Bauens lag gerade in der Relativität der Zahlenbeziehung beim Modul der Keim eines fruchtbaren Gedankens, ein Keim, der sich – wie wir sehen werden –, zu einem künstlerischen Prinzip entwickeln ließ, das für die Baukunst von hoher Wichtigkeit geworden ist.

Dieser Keim lag darin, dass der Maßstab des Bauwerks jedes Mal aus einem grundlegenden Teil seines eigenen Wesens neu gewonnen wurde, der nun im wahren Sinne «maßgebend» wird für alle weitere Entfaltung. So ergeben sich von selber innere Beziehungen der Teile zueinander, die nicht erst verstandesmäßig beabsichtigt zu werden brauchen. Eine wesentliche Ursache des geheimnisvollen Lebens der Zahl, das in dem zum Ausdruck kommt, was wir «Harmonie» nennen, beruht auf diesem individuellen inneren Maßstab. Die Zahl ist nicht das kalte mechanisierte Instrument des Messens, sondern kann neben ihren Messeigenschaften zugleich das Mittel einer inneren Vereinheitlichung und Proportionierung werden. Nicht der letzte, aber doch der erste Schritt zum Gesetz einer lebendigen inneren Einheit des baulichen Kunstwerks ist gemacht.

*

Dieser Gedankengang ist der Gegensatz zum Gedankengang der Normung.

Die Normung bedient sich des von außen an das Bauwerk herangebrachten Allerweltsmaßstabs des Meters und bildet spezialisierend an ihm weiter mit dem Ziel, aus der Relativität des besonderen Falls zur Absolutheit für alle Fälle zu gelangen.

Das ist nicht etwa willkürlich, sondern entspricht einer zwangsläufigen Entwicklung unserer Zeit; aber der Zwang ist nicht künstlerisch, sondern technisch-wirtschaftlich. Es handelt sich um ein Hauptmittel der Industrialisierung des Bauvorgangs, die wichtig ist zur Senkung des Preises und zur Hebung des Tempos. Beides müssen wir gegenwärtig mit allen Kräften anstreben.

Es ist deshalb in hohem Maße zu begrüßen, dass Wesen, Wirkung und Anwendung der Normung in einer so weitgreifenden Weise durchdacht wurden, wie Professor Ernst Neufert das in seinen Arbeiten neuerdings getan hat, die in seinem Werk der «Bauordnung» gipfeln*.

Aus dem umfangreichen Buch prägt sich eines mit besonderem Nachdruck ein: Neufert sucht nicht nach den Maßen, nach denen ein bestimmter Bauteil am besten genormt wird, er sucht darüber hinaus nach einer allgemeinen Maßeinheit der Normung. Er sucht die Normen zu normen. Er findet die Lösung in der Zahl 1,25 m, die bei größeren Bauten zu 2,50 m anwachsen, bei kleineren zu 0,625 herabsinken kann. Mit großer Sorgfalt sucht er an vielen der Praxis entnommenen Beispielen die Fruchtbarkeit dieser festen Maßeinheit zu beweisen. Man wird erinnert an die japanische Wohnbaukunst, die sich auf der Norm der Matten-Größe aufbaut. Die Matte ist das Gleiche, was für die praktische Arbeit unserer Entwurfsmethoden als Raster der Entwurfszeichnung auftritt. Es würde sich für die Grundrissbildung im Wohnbau um einen Raster von 625 mm handeln: er ist auf den Maßstab der Möbel eingestellt. Dieser Rasterbestimmung schließt sich die Achsenbestimmung in entsprechender Weitung auf 1,25 m an. Wenn man sieht, dass die Brauchbarkeit dieser Zahl sich in zahlreichen verschiedenen Fällen bewährt, kommt man zu der Frage, welche grundsätzliche Bedeutung solcher Feststellung im Reich des Messens zukommt.

Für eine genormte Normung wird eine Zahl gefunden, die, wenn man sie als Grundlage eines Systems betrachtet, weder in das Dezimal noch in das Duodezimal-System eingegliedert werden kann. Platon und Vitruv würden ihr das Wesen einer «vollkommenen Zahl» absprechen, sie würden ihr den Zutritt in die geheiligte Sphäre der Zahlenphilosophie, die um die eigentümlichen magischen Zusammenhänge der Primzahlen kreist, verweigern. Wir sehen: die Zahl 125 = 1 ¼ gehört einer ganz anderen Zahlenklasse an; es ist sozusagen keine aristokratische, sondern eine demokratische Zahl, die ihre Bedeutung aus einer Abstimmung nach dem Prinzip der Mehrheit, nämlich der Mehrheit ihrer Brauchbarkeit und nicht dem «Adel» ihres Wesens erhält.

Wie steht es mit dieser «Mehrheit»? Es ist kein Zweifel, dass die Untersuchungen von Neufert in vielen Einzelfällen, besonders im Gebiet des Wohnbaus, Lösungen bringen. Die Vorschläge für eine neue Normung der Ziegelsteine, die manche Unebenheiten im heutigen Gebrauch glättet – die Vorschläge für Achsenweiten, die vielen dem typischen Gebrauch dienenden Bauwerken gemäß ist –, die Vorschläge für Fensternormen und Türnormen, um nur einiges zu nennen, gehen offenbar in seinen Grundgedanken auf. Die Grenzen des Prinzips enthüllen sich, wenn er den Versuch macht, es zum zwingenden Gedanken größerer Baugebilde oder gar ganzer Siedlungen zu machen.

Die mit viel technischem Scharfsinn durchgenormte Baumaschine, mit der man beim Wiederaufbau unserer Städte mehrstöckige Häuser am laufenden Band gießen kann, führt zu Ergebnissen, vor deren ertötendem Charakter man unsere Zukunft bewahrt wissen möchte, selbst wenn sie noch so praktisch wären. Das liegt nicht nur am Charakter des einzelnen großen Hauses, sondern auch an der Starrheit der entstehenden Baureihen, mit denen eine städtebaulich belebte Gruppierung der Massen unmöglich ist. Im Augenblick, wo wir unsere bauliche Zukunft weitgehend Maß und Zahl unterwerfen, die in Gestalt der Normung zu herrschen beginnen und beginnen müssen, ist es nötig die Grenzen dieser Herrschaft nicht im Dunkel zu lassen. In der Architektur als Gestalterin kann die Normung immer nur ein Hilfsmittel, nicht ein zeugendes Mittel sein. Die Zahl als zeugendes Mittel sieht ganz anders aus. Auch im Modul, der aus dem jeweiligen Bau selbst gewonnen und nicht ein von außen an ihn herangetragener Maßstab ist, steckt sie noch nicht, denn durch ihn ist wohl der Gedanke berührt, wie eine Maßeinheit das ganze Bauwerk beim Schaffen durchpulsen könnte, aber diese Maßeinheit lässt im Gebrauch noch die verschiedensten quantitativen Bemessungen ihrer Unterteilung zu; vor allem aber ist mit ihr kein organischer Gedanke verbunden, der die Flächengestaltung und die Raumgestaltung in die gleiche Einheitlichkeit des inneren Maßgesetzes zwingt.

Dieses letzte und größte Ziel erreicht die Zahl nur, wenn sie erst einmal ihr arithmetisches Wesen in das Kleid der geometrischen Form hüllt: der

Radius des Kreises, den man in den Grundriss eines Tempels oder eines Kirchenraumes schlägt, ist der Ausgangspunkt der Maßbeziehungen, die durch den ganzen Bau hindurchgehen. In zahlreichen Einzelstudien, die von Dehio, Theodor Fischer und neuerdings von Ernst Mössel** zusammengefasst sind, ist bewiesen worden, dass die beglückende Harmonie, die von den Meisterwerken der Baukunst ausstrahlt, bewusst oder unbewusst auf das Arbeiten mit dieser Grundlage, aus der ein reiches Spiel geometrischer Beziehungen abgeleitet wird, zurückzuführen ist. Den Beweis dafür können wir in der Antike nur durch nachträgliche Analyse führen, im Mittelalter aber haben wir ihn in den endlich entschleierten Geheimnissen der «Bauhütten».

Sie erzielten die Einheitlichkeit der Maße und der Proportionen, die ihre scheinbar so verwickelten Fantasiegebilde geheimnisvoll durchzieht, aus dem linearen Netz, das sich aus der Kreisgeometrie entwickeln lässt. Aus jenem dem Grundriss eingezeichneten Kreise wird nicht nur der Radius als Grundmaß gewonnen, sondern aus der Zehnteilung oder der Zwölfteilung dieses Kreises ergeben sich zugleich die Winkel (36% oder 30%) und die Winkelstrahlen, durch die alle wichtigen Punkte für die Gliederung von Grundriss, Schnitt und Fassade gefunden wurden. Die Art, wie das geschieht, entwickelt sich nicht aus der Theorie, sondern aus dem praktischen Vorgang am Bauplatz. Man kann das nicht in wenigen Sätzen klarmachen, man kann nur feststellen, dass dadurch die Einheitlichkeit des inneren Gesetzes für ein ganzes Raumgebilde erzielt wird. Ich brauche nicht zu sagen, dass ich von dem spreche ,was man «Triangulatur» (Zehnteilung des zeugenden Kreises) oder «Quadratur» (Zwölfteilung des zeugenden Kreises) genannt hat und lange mit einer gewissen heiligen Scheu behandelt.

Das Wort «heilig» kann man dabei auch in seiner wirklichen Bedeutung verstehen, denn für die Meister unserer großen Dome war diese geheime Geometrie, die einem Werk als unsichtbares Netz übergeworfen ist und es dadurch in das Gesetz einheitlicher Zahlenverhältnisse bannt, ein heiliges Hüttengeheimnis. Heilig, weil man fühlte, dass man damit an kosmische Gesetze, also an die Gedanken des großen Weltenschöpfers, rührte.

Man sieht: die von außen an ein Werk herangetragenen Zahlenbestimmungen des rechnenden Verstandes und die von innen aus dem Werk entwickelten Zahlenbestimmungen eines schöpferischen Prinzips, das wie die Lebenskeime einer Pflanze weiterwirkt, sind Gegensätze.

Zwischen dem individuellen Produkt eines künstlerischen Schaffensprinzips, wie es bei der «heimlichen Mathematik» entsteht, und dem mechanisierten Produkt, das vom starren Zwang der Norm geprägt wird, gibt es nun aber eine Zwischenerscheinung. Der Weg zu ihr führt nicht über das geheimnisvolle abstrakte Gebiet der Zahl, das einst im philosophischen Denken solch große Rolle spielte, sondern über das anschauliche Gebiet der Erfahrung. Es ist der Weg zum Typus, den man nicht mit dem Weg zur Norm verwechseln darf.

Typisierung ist die freiwillige Bindung an Erfahrungen, die aus der Fülle angehäufter Vorbilder als das Wesentliche herausgezogen sind. Es gibt heutzutage viele bauliche Aufgaben, die in ihrem architektonischen Organismus eine bauwirtschaftliche und bautechnische Präzisionsarbeit geworden sind, die im allgemeinen nicht allein durch architektonisches Talent, sondern in ebenso hohem Maße durch die Sammlung reicher Erfahrung erreicht werden muß. Es gilt Doppelarbeit und problematische Versuche zu vermeiden und dadurch Kosten und Zeit zu ersparen, aber diese Vorteile etwa durch Normung abzufangen, würde zu öder Erstarrung führen. Wohl aber kann man es durch Typisierung erreichen.

Wenn wir die Grenze, an der die Normung anfängt, gefährlich zu werden, an der Stelle sahen, wo sie den ganzen Organismus in seiner formalen und technischen Gestaltung ergreifen will, so muss man dieser negativen Feststellung die positive hinzufügen, dass an dieser Stelle die Herrschaft des Typus anfängt.

Es entspricht seinem Wesen, dass er unter Berücksichtigung der Eigentümlichkeiten eines geographischen Bezirkes erwächst. Diese Eigentümlichkeiten liegen sowohl in den Lebensgewohnheiten einer Bevölkerung als auch in dem Charakter einer Landschaft. Aber die unter dieser Voraussetzung entstandenen Typen bedeuten nicht starren Zwang, sondern sie sind nur der stabilisierende Faktor gegen Willkür, Entgleisung und Unwirtschaftlichkeit. Es ist schon oft gezeigt worden, dass man am gleichen Typus, ohne das Organische zu ändern, durch verschiedenartige Betonung der vertikalen oder der horizontalen Elemente wirksame Variationen erzeugen kann. Kurz, der Weg zu manchen Bauaufgaben, insbesondere denen des Wohnens, ergibt sich nicht aus Hunderten von individuellen Anläufen, sondern er führt über den Typus. Der Typus muss das ersetzen, was früher die Überlieferung leistete. Der Weg aber endet nicht im Typus als einer erstarrten Musterform, ebenso wenig wie der Weg der Überlieferung in immer gleichen Gebilden endete, er führt darüber hinaus und gibt auf der Grundlage, die er schafft, dem individuellen Leben wieder das ihm gebührende Recht.

Alle neuere Baukunst strebt für immer wiederkehrende Aufgaben nach dem Reifwerden eines Typus und für Einzelteile, die innerhalb dieses Typus immer wiederkehren, nach der Norm. Sie ergänzen sich und beherrschen unsere Zeit.

Die Zahlengesetze der Kreisgeometrie, die in den höchsten Leistungen der Architektur als Kunst in Zeiten ungehemmter Entfaltung ihre Rolle spielten, drohen wieder ein Geheimnis zu werden, das sie durch Jahrhunderte waren.

* Mit der Problematik der Neufertschen Ausführungen beschäftigt sich im Einzelnen sehr eingehend der folgende Beitrag.

** Dehio: «Untersuchungen über das gleichseitige Dreieck» – Th. Fischer: «Zwei Vorträge über Proportionen» – Mössel: «Urformen als Grundlagen».

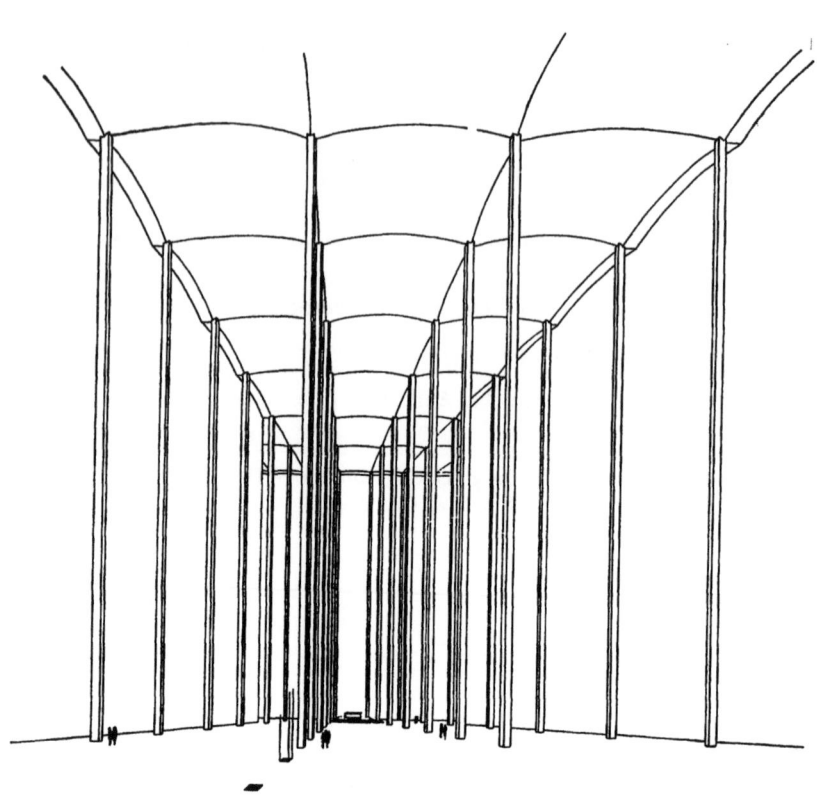

Rudolf Schwarz, Entwurf für einen Dom in Milwaukee/USA

Rudolf Schwarz

Das Unplanbare

Die Landesplanung hat den Begriff des Freiflächenplans erfunden. Das ist eine Landkarte, worin alle Flächen eingetragen sind, die von einer bestimmten Art der Benutzung freigehalten werden müssen. Diese Flächen bleiben also von der Planung ausgeschlossen; indem er sie aber in einem Plan einträgt, bringt der Planer sein eigenes Tun gleichsam in einen größeren Entwurf ein, der auch sein Nichttun mitenthält, er kreist sich gleichsam mit einem Kreis ein, der viel weiter als sein eigener Wirkungsbereich ist. Die Gewohnheit, solche Pläne aufzustellen, hat sich ganz langsam gebildet und man hat sich nicht viel dabei gedacht. Denkmäler der Kunst- oder Weltgeschichte wurden unter Denkmalschutz, alte Bäume unter Naturschutz gestellt, und dann wuchsen die Schutzbereiche, bis schließlich ganze Altstädte und selbst ganze Gebirge unangetastet bleiben sollten. Uns scheint, dass das ein sehr wichtiger Vorgang ist. Es kündigt sich darin eine Besinnung auf die eigene Grenze an und so etwas wie eine Ritterlichkeit, die dem Schutzbedürftigen seinen Raum lässt.

Es handelt sich natürlich nicht darum, dass die geschonten Flächen leer bleiben sollen, sie sind es ja gar nicht, man will nicht die Flächen schützen, sondern das, was darauf steht, und sie sollen auch nicht ungenutzt bleiben, sondern einer bestimmten Benutzung vorbehalten sein.

Wir suchen zuerst eine allgemeinste Bestimmung der Freifläche.

Jede Zeit hat ein bestimmtes Werk zu tun: eine Wirtschaft aufzubauen, einen Staat zu gründen, einen Dom zu errichten oder sonst etwas. Dazu ist sie berufen, es ist ihr Werk schlechthin. Alles andere, was außerdem noch da ist, oder den Anspruch auf Dasein erhebt, ist nicht eigentlich zeitgemäß; das Eine steigt jetzt ins Licht, einem Zeitraum der Herr zu sein – ein strenger Herr, der den ganzen geschichtlichen Raum braucht und alle geschichteschaffende Kraft. Wenn man daneben noch irgendeinem anderen Inhalt Raum in der Seele oder in der Landschaft gibt, dann ist das im allgemeinsten Sinne ein Freiraum, denn er wird Dingen geschenkt, die sich aus dem einen vordringlichen Werk nicht beweisen lassen, für das das Volk seine Kraft, seine Erde, seine Zeit braucht. Wenn aber das Zeitalter sinkt, dann steigt ein anderer Herr auf, die andere Zeit zu bauen.

Vier große Weltgegenstände lösen sich im Lauf der Geschichte ab – Arbeit, Bildung, Herrschaft und Heiligung – vier Weltgestalten warten auf ihren Ruf. Vier sind möglich, eine wird gerufen. Viermal wird Erde und gesichtet sie sich, viermal ganze Erde und ganze Landschaft. Jede davon ist in allen Geschöpfen als Beitrag und Möglichkeit, wenn aber der besondere Ruf ertönt, dann blüht aus allen das Eine, Gerufene aus, als sei alles nur seinethalben da. Doch indem die Weltgestalt, die gerufen wird, ins Licht steigt, gibt sie der anderen, die nachkommen wird, den Platz an der Tür frei und damit der eigenen Widerrufung, denn die vier Zustände der Welt bringen einander hervor, sind auf einander hingebaut und machen sich ineinander rückgängig.

Täter des Einen, das strahlend sein Zeitalter erhellt, und auch getreuer Besteller der geschichtlichen Erde ist der rechte Planer. Ihm obliegt die sorgsame Hege aller fruchtbaren Kräfte, die Fortpflanzung des geschichtlichen Lebens und der Anbau der Zukunft. Vieles muss da sein, dessen Stunde jetzt nicht ist, dass der gegenwärtigen Stunde je eine andere nachfolgt. Das Zukünftige muss im Land Raum haben, wo es fortgehegt wird. Rund um das Zeitgemäße und mitten drin muß Platz ausgespart sein für das Unzeitgemäße, dass es darin überdauere, und Menschen müssen da sein, die es wagen, ihrem innersten Rufe zu folgen und sich dem Unzeitgemäßen zu weihen. Das kann ein bitterer Ruf sein, aber sie wissen, dass sie so dem Zukünftigen dienen.

Die andere Stunde wird einmal kommen und dann wird das, was jetzt so groß tut, ins Verborgene hinabsteigen müssen und das andere die Erde beschatten. Es war einmal groß und wird es später wieder sein, darum muss ihm der Planer einen Raum außerhalb vorsehen – außerhalb seines eigenen Werks. Er wird diesen Raum von sich aus nicht füllen, aber er sichert ihn. Er vermeidet den Raubbau der Monokulturen, der alles, was die Erde an Fruchtbarkeit hat, dem Anbau und der über allen Sinn getriebenen Vermehrung des Einen, wenngleich zur Stunde Gebotenen opfert, den in Jahrtausenden gesammelten Vorrat an Fruchtbarkeit, die großen Möglichkeiten, die großen Worte und die großen Leidenschaften in sein übertriebenes Werk verbraucht, das vorzeitig welkt und die Wüste zurücklässt. So sieht er im eigenen Plan die eigene Überholung schon vor, spart er in seiner drängenden Welt einen Platz aus, wo das Frühere fortgehegt wird, dass es einmal ins Weite ausgesät werden kann. Er weiß ja, dass es nicht nur das Gegenwärtige ist, was die Stunde gebietet. Den Gegenwartsspiegel durchsteigen die Wachstumsfäden des Späteren und sie müssen weiter wachsen, durch den steigenden Spiegel hindurch ihrer Stunde entgegen.

Hege des geschichtlichen Fortwuchses ist jede Denkmalpflege. Noch ist sie ja oft ein Konservieren von Altem. Man hatte begonnen, die alten Dinge zu sammeln, zu sortieren, zu datieren, die versunkenen Schichten freizulegen und aus Resten und Spuren den alten Zusammenhang zu rekonstruieren und meinte, man müsse das können, wenn man das nötige sachliche Wissen besäße. Was aber in Wirklichkeit antrieb, die Schutthalden des Früheren zu durchwühlen, war heißer Hunger einer verarmenden Zeit nach geschichtlicher Nahrung, war die Not eines flachen Lebens, das seine Wurzeln wieder ins Tiefe senken wollte, um sich daraus zu ernähren. Was in den Resten ansprach, war nicht die veraltete Form, sondern Leben, das wieder erwachte. Die Menschen nahmen es an das Herz und wärmten es da, bis es die Augen aufschlug und wieder ein Lebendiges wurde, ein gegenwärtiges Geschöpf unter Geschöpfen, das Rettendes sagte, zu dem man um Weisung und Mahnung kam, und Kunde von kostbarem Leben. Der tiefe Raum der Geschichte tat sich wieder auf, wo das Alte noch lebt und des Gegenwärtigen Zeitgenosse ist und das doch das eigene Leben nicht beunruhigt, eben weil es neben ihm steht und freundlich zu ihm ist.

Erst war es Neugier und Sammelwut, die das Alte ausgrub, aber immerhin waren es geschichtliche Reste, denen im Altersheim der Kampf ums Dasein erspart wurde, dass sie nicht ganz zergängen. Aber dann kamen die Menschen darauf, dass in den Resten das alte Leben noch da war und dass sein Bestand an den Fortbestand der Reste gebunden war; denn die Überlieferung, die einmal zerschnitten ist, wächst nicht nach. Sie bewahrt sich in ihren Spuren und zergeht mit ihnen ins Nichts. Darum muss die Denkmalpflege die Geschichte keimkräftig halten in der Pflege der Male.

Das Wort Denkmal sagte schon, dass es sich da um ein Mal des Denkens handelt, einen Ort also von geistigem Vorgang. Zwar sind die Pfleger selbst von ihm noch nicht alle ergriffen, abstrakte Ästheten, die diese Male für Werke einer vermeintlichen Kunst halten. Sie bewahren die Reste als Sehenswürdigkeiten auf, aber das Sehen, dessen sie würdig sind, gönnen sie ihm nicht, denn ihnen fehlt das glaubende Auge. Ein Dom oder ein heiliges Bild, das als Sehenswürdigkeit missbraucht wird, ist geschändet und gleichsam vernichtet, ist nicht mehr das, was es war. Die Denkmalpflege vermeidet es noch, sich dem alten Ereignis anzuvertrauen und es lebendig zu denken, das heißt zu erinnern, das alte Geschehnis zu wecken, das große Schicksal und die große Tat, die über dem Rest und selbst über der hohl gewordenen Wegspur noch kauern, aufzuscheuchen. Aber einmal werden die geschichtlichen Male wieder Orte begangener Geschichte sein, wo das alte Leben, das sie hervortrug, in ununterbrochener Begehung erhalten wird, dass es nicht ausstirbt. Einmal wird der Dom wieder erneut werden in der Übung der Gebete und Opfer, die ihn Tag für Tag aufs neue erbaut. Nicht in seiner ganzen, weitläufigen Form, denn dafür wäre die Gemeinde der Unzeitgemäßen zu klein, aber in einer Kapelle oder tief unten in seinen Wurzeln, der Unterkirche mit dem Leib des heiligen Gründers, und an seltenen Tagen weitete er sich in die wartenden, aufbewahrten Schiffe und Hallen.

Das aber sind Erkenntnisse, die das, was sich heute Denkmalpflege nennt, in andere Gewohnheiten verpflichten. Das ehrwürdige Mal ist nicht für Neugierige da, sondern für Pilger, die bei ihm einkehren, um am Unzeitgemäßen teilzuhaben, und nicht vom Fremdenführer mit historischen Daten und ästhetischem Gerede begrüßt werden, sondern von dem strengen Einweiser in die Begehung und Neuerung des aufbewahrten Lebens. Die große Spur wird wieder begangen sein, dass sie nicht zuwächst, und in der Begehung wird sich der alte Verlauf verjüngen, der da voranging. Im großen Mal wird das große Schicksal bedient sein, dass es im Unterpfand gnädig verweile, und es wird der Ort sein, wo die Wege hinunterführen in die Tiefe der Zeit. Wer die alte Form wieder betritt, weckt sie ins Leben und gewinnt so der eigenen Tat die geschichtliche Weite zurück. Dann wird man das Alte nicht mehr pflegen, weil es nun einmal alt ist und nicht einmal, weil es einst wichtig und groß war, sondern weil es noch lebt, und damit umgehen wie mit Lebendigem. Wieder sicher geworden im überlieferten Leben, wird man das geschichtliche Mal im Zusammenhang lassen und es sorglos gebrauchen, sich am Früheren ins Künftige einzugewöhnen. Was heute noch ängstliches Konservieren ist – nicht unähnlich der qualvollen Sorge der Ägypter, den Leiblichen Rest zu erhalten, dass die Seele nicht darbe – wird dann Teil sein eines neuen, geschichtssicheren Tuns und jedes Mal ein Tor in die Tiefe der Zeit, doch auch der Ort, wo das alte Leben die eigene Bewegung fortsetzt.

Denn auch das Unzeitgemäße ist in seiner Art jetzig, und der Planer, der ihm rund um das eigene Werk geschonte Bereiche aussparrt, wo es fortgesetzt und höher gezüchtet wird, erweist auch seinem eigenen Werk etwas Gutes; das Besondere, was mit dieser Weltzeit gemeint ist, kann allein nicht getan sein, es muß eingetan werden in all das andere Besondere, das still im Unscheinbaren da ist, und sich in ihm ergänzen. Dass das Eine gedeihe, braucht es den Beistand der anderen, wer ein Besonderes tun will, muß alles andere mitbesorgen. Zeit haben für das Unzeitgemäße, Kraft, sich dem Ganzanderen zu widmen, denn das Eine muß aus dem Ganzen hervorwachsen und also muß dieses Ganze in all seinen Besonderungen und ihrem Anderssein fortgesetzt werden. Das drängende Werk muß getan sein in ständiger Vorsicht und Rücksicht auf alles, das früher einmal drängte und später einmal dringlich sein wird und jetzt beistehen muß. Aus seinem Freiraum durchwirkt und durchlebt das Andere das Eine, durchbaut es, ergänzt es und macht, dass es leibhaft, volkhaft, geschichtlich gerate. Rund um die Dominante, die Mitte des Zeitgemäßen müssen Nebenmitten im Land liegen, bescheidenere Werke, die aber doch auch in Betrieb sind. Wer ein besonderes Werk wirken will, muß darum Außenräume vorsehen, wohin dieses Werk sich selbst überschreiten kann, sich im Ganzanderen zu erholen und zu ergänzen, sich zu erheben ins Höhere, herabzulassen ins Niedere.

Viele Dinge müssen außerdem da sein, dass nur Eines gerate. Ihm würde der Weltstoff bald ausgehen, wüchse er ihm nicht aus den anderen Bereichen nach. Ärmlicher wird ihm die Welt mit dem Abnehmen des Anderen, doch saftig gedeiht sie, wenn man sie bunt lässt. Da die Ergänzung aber notwendig ist, man die Welt nicht aus einem einzigen Werk großziehen kann, muß sie in dem Wunsch, der dieses Werk wünschte, wohl schon mit gewünscht sein. So ist dieser selbst vielräumig beschaffen: er meint eine Welt, in der vorab dieses Eine vorhanden sein soll und außerdem viel anderes als Beistand. Da aber in seiner vorentworfenen Welt auch den anderen Geschöpfen Raum vorgesehen ist, so ist auch dem Fortwuchs der Anderen Raum gegeben. Einmal eingelassen wollen diese anderen, beengten, geschmälerten Dinge ins Weite auswachsen, und es wird einmal die Zeit kommen, da werden sie die Gemeinten sein. Darauf warten sie in ihrem stillen Mitdasein. So ist also in jedem Werk auch schon seine eigene Rückgängigmachung vorzusehen. Der gute Plan muss die Dynamik der Geschichte miteinbauen, die ihn einmal überwindet. Die eigene Bewegung der Welt treibt aus jedem Zeitalter seine Widerrufung hervor, doch die alternde Zeit wird in die Widerrufung mitgenommen und geht in die nächste als Beitrag hinüber und durchwächst sie mit schmalem Bestand in eine fernere Zukunft. Eine einzige groß durchgeführte Bewegung verbindet die Zeitalter miteinander, eins ruft das andere und macht sich daraufhin rückläufig und überhebt sich selbst in den anderen Raum.

Das zu wissen ist gut, denn es bedeutet, dass es keine Sachlichkeit gibt. Wer einer Sache genügen will, muß sie überschreiten, er darf sein Werk nicht ins Fach schließen. Reine Sachlichkeit wäre für die geschichtliche Bewegung der Tod. Es gibt kein sachliches Tun, sondern nur ein ständisches: Es gibt nicht das Gefach im Weltbau, sondern einzig den Stand, den Einstand des Ganzen in einen besonderen Weltort.

Wer das sieht, dem ergänzt sich die Welt und ersteht wieder die Majestät der Tat, denn jede seiner Taten setzt vielräumige Welt, er erlebt die Wiederherstellung der Dinge als Welten und die Weltform der eigenen Seele, in der das Weltall sein freundliches Heim hat, er wird Teilnehmer der unermesslichen Treue alles Geschaffenen zu einander, die das Weltall erhält.

Doch alle einzelnen Taten und auch ihre Versammlung füllen noch nicht die Hälfte der Welt, den Weltort des Mannes; die andere Hälfte ist weiblicher Weltort. Dort sammelt der Mann den Zeitraum in die große Gestalt und im Zeitraum die Welt, hier aber wird alle Unrast gestillt im dauernden Heim. Hier erholt sich das Ausgesetzte im Heimlichen, draußen leistet der Mann das Einmalige, drinnen die Frau das über allen Wechsel Beständige, Bleibende, immer Erneute, unzählig Getane. Der Mann, der die Erde plant und verteilt, muß diese andere Hälfte ihr leer lassen und doch auch vorsehen als das Außerhalb seines eigenen geplanten und planenden Werks. Er muß neben dem eigenen, durchplanten, durchleisteten Raum den anderen vorsehen, den er nicht erfüllen kann und der doch sein muß, dass das eigene Werk ihm nicht übermüde, entwurzle, erkalte, im Überhellten verwelke. In einer großen Umkreisung muß sein größerer Plan dem eigenen den anderen Raum beifügen als ungeheuren Beiraum und Außenraum des Heimlichen, der sein eigenes öffentliches Werk umfängt und beheimatet. Nicht leicht fällt ihm dieser Verzicht, denn er liebt, alles auf eines zu setzen und teilt ungern den weltlichen Baustoff. Doch sein Werk wird unheimlich, unwohnlich, unmenschlich und darum auch unwirklich, wenn der weibliche Weltraum verkümmert.

So verengt sich allmählich der planbare Weltteil. Doch selbst in ihm ist nur Weniges planbar. Wir beginnen die Welt ja nicht neu, sie ist schon lange begonnen, wir selbst sind begonnen und die Erde ist errichtet aus uralt Angefangenem. Form bei Form liegen die Reste des Früheren, und das sind nicht alles Denkmale hoher Verläufe. Was da auf dem Acker der

Tat so herumliegt, sind meist keine hohen Werke, sondern angefangene und wiederaufgegebene Stücke, geprägt vom Zufall, der eine alte Verformung ein wenig verformte, ein wenig schliff oder ritzte, ein wenig verfärbte und wieder vergaß, da er ein anderes Spielzeug entdeckte. Selten kommt auf der Erde ein Ding zu seiner gereiften Gestalt, selten wird sie auch nur versucht, und wo sie versucht war, bewahrt sie sich selten auf; ganz Sinnloses, Wertloses, wird oft in Aufbewahrtheit genommen, während daneben viel Werteres verdirbt und vergeht. Es mag auch das geben, den Ort, wo alles Ereignete aufgehoben ist, so wie es geschah, ein ungeheures Gedächtnis des Weltalls; die Erde aber ist dieser Ort nicht. Was auf ihr so herumliegt und herumsteht, ist Schutt von vergangenen Zeiten, die selbst schon kaum jemals ein Ding ganz vollbrachten und sauber beendeten. So ist die Erde beschaffen und so auch der Mensch, denn auch in ihm, seinem Leib und seiner Seele, lagern die uralten Schuttmassen. Was macht er es sich so schwer? Warum will er aus der Erde einen Kristall machen, all das Wirre in eine durchsichtige Ordnung verklären? Die Erde, so wie sie beschaffen ist, wird sich nicht klären, ein seltener Schmuck ist der Kosmos im Weltall, mehr nicht. Was die Erde uns zeigt, ist ein unerschöpflicher Fluß von Einfällen und Zusammenstellungen, von Gestalten, die, noch nicht beendet, wieder verbraucht werden oder auch halb angefertigt herumliegen. Was aus ihr zu erschließen wäre, wäre ein unendlich kindlicher Geist, der in anmutiger Willkür sich darüber freut, dass ihm so viel einfällt, mitten im alten Spiel wieder ein neues. Wie Wolkenhimmel am Meer baut und löst sich die Welt in Gestaltungen, die in einer überbegreifbaren Weise zusammenklingen, ineinander verklingen.

Warum spielt der Mensch denn nicht mit? Warum bringt er seinen Einfall nicht mit in das Spiel, dass er mitklingt, warum will er alles zermahlen, planieren, um daraus eine Idee zu errichten? Warum fehlt gerade ihm, dem finstren Tyrannen, der Sinn für die Anmut des Wirren? Warum will er gerade mit so düsterem Ernst die Erde planen und ordnen, die doch rundum in humoristischen Situationen überquillt? Es wird ihm doch nicht geraten, auch der zu Staub gemahlene Weltstoff wird in jedem Korn eine uralte Geschichte enthalten, und das Sandfeld, zu dem er die tausendfältig blühende Erde verdarb, wird beginnen, mit dem Winde zu spielen, und beide werden sich unzählige Formen einfallen lassen, die ihm nicht einfielen und die er doch nicht alle wieder einwalzen kann.

Der kluge Planer weiß und bedenkt das. Er weiß, die Landschaft seines Entwurfs ist wirr und geschichtlich. Was ihm da gegenwartet, ist nicht alles gleichzeitig in dem Sinn, dass es jetzt eben erst anfinge oder auch nur einmal zur gleichen Stunde wäre. Bunt sind die Jahrtausende gelagert in ihren stillen Resten und Formen oder auch als unbefangen fortwirkendes Werden, – denn auch alles Werden ist ja nicht gleichzeitig, oft setzt sich am heutigen Tag ein alter Anstoß fort – und lässt das so gelten. Er lässt die Dinge in ihrer Konkretheit und versucht nicht, sie ihrer Geschichtlichkeit zu entwurzeln, ebnet sich so viel Gelände ein, wie er braucht für den Neubau, den er mitten in das Verfertigte stellt, und weiß, dass er nach geheimeren Gesetzen dem Lebendigen einklingen muss als nach einer äußerlich zurecht gemachten Egalität. Er weiß, dass der Acker seiner Tat gedüngt werden muss mit verfaulenden Dingen und dass nur wenige Stellen in Raum und Zeit die vollendete Klärung vertragen, dass der Kristall einmal aus unzähligen Versuchen gelingt und dass es der Tod wäre, würde je alles Kristall. Er weiß, die Geschichte braucht, um fruchtbar zu bleiben, einen unverbrauchten Vorrat von Wirrem und er nimmt die Wirrnis ins eigene Werk ein, dass es konkret werde, und ihn kümmert nicht, dass es meist nur Prägung sein wird auf kaum ahnendem Rohstoff, skizzierter Entwurf von Ordnung über altem Konkret, nicht eigentlich Ordnung, sondern nur eine Anordnung, Einweisung von Leben in Räume, Vorschlag, in welcher Richtung es geführt werden könnte. Er weiß, es gedeiht aus dem Humus der welkenden, zerfallenden Dinge, es braucht, um einmal zu gelingen, die Unmenge des Unvollendeten, selbst des Missglückten, der zahlreichen Ansätze. Er weiß, ein Ding gedeiht nur in der rechten Gesellung mit bestimmten anderen Werken, selbst ein Konkret, das in seinen vielschichtigen Raum die vielschichtige Schöpfung aufnimmt. Er nistet sein Werk in Ruinen ein und freut sich ihres reichen Vorrats an Zeit. Arglos entnimmt er den Resten den Stoff seines Baus, doch er umgeht die Spuren der ehrwürdigen Taten und Schicksale, weil in ihnen die hohe Erinnerung lebt, und lauscht ihrem alten Bericht. Er weiß, es wäre ein kühner Gedanke, die Erde durchaus zu planen, aber er darf nicht, weil er es nicht kann, und ist froh, dass der irdische Stoff, der doch undeutlich ist und vergesslich, sich überhaupt zum Träger einer skizzierten Ordnung hergibt, und weiß, es wird immer so bleiben, die Erde wird wirr bleiben, ein unstetiges Nebeneinander von Unvereinbarem, und zwischen den Dingen werden Abgründe der Zeit und des Inhaltes klaffen. Wer es anders sich vorstellt, sieht sich enttäuscht, geschichtliches Tun ist Tat an Konkretem und selbst ein Konkret. Die Erde wird immer Schutthalde bleiben, sinnarme Häufung von Dingen, die nichts miteinander gemein haben als ihr Verbrauchtsein und Faulen, lecken Gefäßen, deren Inhalt ausläuft, leeren Behältern, eine Anlagerung des Wirren, das nichts gemein hat als sein Hingeworfensein, sein Fortgeworfensein, das Abfall ist und doch da, nicht das ist, was es seiner Form und Beschriftung nach sein sollte und nur noch wirklich in der untersten Stufe der Wirklichkeit: die Schwere lagert es zur Halde, die Zeit verbraucht es, und das menschliche Auge dichtet es zu einem Zusammenhang.

Selten und unerwartet ereignet sich der Kristall, und zwischen den beiden Möglichkeiten der Erde, Kristall oder Schutthalde zu sein, liegen die durchschnittlichen Dinge, die halbgefertigten, die aufgegebenen, die Dinge, die allmählich zerbröckeln, aber noch da sind, Dinge, die zurecht gemacht sind für einen bestimmten Zweck, oder unter einem bestimmten Gesichtspunkt angeordnet, als gehörten sie zusammen, Dinge, die nur überformt sind, bemalt und innerlich anders. Dinge, die sich selbst widersprechen und doch zusammen bleiben, deren einzelne Schichten ganz verschiedenen Bezügen angehören, unter dem Kleide der Ordnung verwirrt sind.

So ist die Welt, und wer ihr helfen will, muß das wissen. Er darf sich und sie nicht überanstrengen mit dem Versuch, das Wirre auszuroden, denn die Erde und die Welt bedürfen der Wirrnis. Sein Plan wird nie die Weltformel sein, die alles berechnet und durchklärt. Er gibt auch dem Wirren Raum, ungeheuersten Freiraum – auch dem Widersprechenden in dem eigenen Plan und auch in der eigenen Seele und schließt es in einer Tat demütig-verwegenen Vertrauens als ewig Unplanbares in seinen Entwurf ein und stellt den bescheidenen Raum seiner eigenen Tat zwischen frühere Taten, die immer noch da sind, und die Reste von Taten, die tot sind.

Er kennt auch die eigene Grenze und weiß, wie eng das Maß an bauender Kraft jedes Zeitalters ist. Das unterscheidet ihn von dem unberufenen, dem Volk immer willkommen, Lärm verübenden Macher, er hält seine Pläne im Maß und weiß, wie weit ihm die bauende Kraft reicht. Pläne ins Ungeheure übertreiben, ist leicht, das haben wir eben erst wieder gesehen, und auch den dröhnenden Einsturz der leeren Gehäuse; doch sie im durchlebbaren Maß halten, ist schwer, und darin bewährt sich der wirkliche Planer, dass er die Welt nicht überanstrengt im vielzugroßen Entwurf.

Man kann freilich auch das: weitermachen, wo die Kraft nicht mehr durchträgt, und die entstehende Lücke, die die Welt im falsch bemessenen Plan lässt, mit Gemächte erfüllen. Wie furchtbar ist das. Uns wurde es schon geläufig, wer aber neu käme mit dem ersten Erstaunen, mit den erschrockenen Augen eines eben hinzugekommenen Engels in die Landschaft der Menschen und sähe, wie sie den kargen Raum ihrer Gegenwart mit Machwerk verstellen, mit all dieser Häufung von Lügen, dieses Betreiben von Werken über die Gnade hinaus, wie würde es den ängstigen und wieder zurücktreiben in die Bereiche des Sinns und des Spiels, und wie ängstete es den, dass es den Menschen möglich ist, Machwerk zu wirken, dass sie Dinge verfertigen können, die nicht wirklich und da sind; dass man die Erde erfüllen kann mit erlogenem Zeug. Wäre einfach nichts da, wo dieses doch in gewisser Beziehung vorhanden ist, dann hätte die Natur diese Lücke gefüllt. Aber da ist ein Loch, das kann man nicht zutun, denn es benützt schlau das Naturgesetz, dass dort, wo ein Körper steht, kein anderer sein kann. Dieses Machwerk ist eben soweit vorhanden, dass es das Gesetz für sich hat, hier kann nichts mehr sein als eine Unterbrechung, wo weder Natur noch ein Werk mehr einwachsen kann. Und es kann sein, es ist wie eine ansteckende Krankheit, es frisst sich weiter in den Raum ein, Krebsgeschwür, das die Fruchtbarkeit der Geschichte in seinen Aussatz verbraucht und sich hinabfrisst bis in die Wurzeln der Welt. Es geht hier nicht darum, dass das Leben spielerisch und vergesslich ist und die Welt voll auf gegebener Form steht, vieles missraten muß, damit eines gerät, sondern dass man mit Werken auch lügen kann und die Planenden lernen müssen, ihren Entwurf bis an die Grenze des Möglichen zu betreiben und ihn zu lassen, wenn sie merken, die Kraft trägt nicht weiter; noch den begonnenen Bau wieder aufzugeben, wenn sie fühlen, das Leben ermattet; die fleißigen Hände zu beruhigen und im Herzen den Verzicht zu leisten, wenn sie merken, die Gnade geht diesen Weg nicht mehr mit, denn sie will dieses Werk nicht, will es vielleicht noch nicht, und zu warten, ob sie einmal sich anders besann und zurückkommt. Das müssen sie lernen, ihr Volk nicht zu hetzen in den übertriebenen Plan, es nicht ins Unbemessene verbrauchen und um das Mögliche, das angemessene Werk, den Freiraum zu lassen, den zu durchformen dieser Stunde die Kraft fehlt, und eben indem sie ihn lassen, verzichtend dem eigenen Entwurf einzubeziehen.

Durch die menschlichen Pläne und Werke geht eine kaum merkbare Grenze: So weit reicht das statthafte Maß, und darüber kommt man nur hinaus, wenn man schwindelt oder die Seele den fremden Mächten verkauft, wie der Meister der alten Legende, der seinen Turm nicht zu Ende bringt und doch auch nicht den gewaltigen Stumpf dem Herren anheim stellt und so aus ganz anderem Ansatz vollendet. Um die großen Werke kreist das Unheimliche, sie gelingen nur dem, der sich bis an die Grenze wagt. Wie man es aber anstellt, an die großen Dinge zu kommen, sich zu erheben und doch nicht zu überheben, sich hinzugeben und doch seiner mächtig zu bleiben, trunken zu werden und nüchtern zu sein, das ist heute schwer zu sagen; wir lassen uns ja von bedenklichsten Mächten fortreißen und gesellen ihnen dann kleine Ideale hinzu, allerhand ethische Enthaltsamkeitsbewegungen, die dem Leben seine Überschwänglichkeit nehmen, da man der Dinge nicht sicher ist, die sonst kommen möchten, und doch niemals verhindern werden, dass stolze Herzen sich von der Größe eines neuen Gedankens ins Übermäßige fortreißen lassen.

Auch ein neuer Humanismus wird es nicht verhindern. Es ist sicher eine schöne und ehrfurchtgebietende Sache, in Maß und Mitte zu leben, aber man muß dazu berufen sein, und viele können es nicht. Sie sehen gerade in den Grenzbereichen des Möglichen eine Art von Größe, die sich nur den Kühnen schenkt, die sich wagen, obschon sie wissen, dass sie dabei verunglücken können. Der Abstand von Mittelmäßigem geht als Spannung ins Werk ein und gibt ihm eine besondere Art von Geistigkeit. Man könnte ja alles verbieten, und verfiele doch wieder auf Heimatschutz und Fürsorge, und das wäre zu wenig. Unser Tun und Erfahren müsste von Weisheit und einer alles umfassenden höchsten Erfahrung umtan sein, die es berät. All unser tapferes Tun müsste von einer höchsten Tapferkeit der Seele umschirmt sein, die mitten im tiefsten Glück der Erkenntnis den Blick vor einer letzten Wahrheit niederschlagen kann, wenn sie fühlt, sie wird tödlich sein, einer höchsten Gestalt, die sich schon abhebt, entsagen, wenn sie merkt, das Leben wird diese sich bildende Form nicht überstehen. Nicht aus Feigheit oder Bescheidenheit, sondern aus einer Tapferkeit, die allen tapferen Taten soweit vorausgeeilt ist, dass sie einen Weltort erreicht hat, wo alles, was die Menschen je tun können, weit überholt ist, und sie wagen darf, mit ihnen Mitleid zu haben; einen Weltort, der so hoch über allem bewohnbaren Land liegt, dass man von dort aus sich selbst in die Grenzen einweisen kann, die den Menschen gesetzt sind. Der Mensch ist ein zwiespältiges Wesen, und die größte Gefahr kommt ihm von innen. Er braucht viel Mitleid und Rücksicht seines waghalsigen Geistes, der das Absolute erstrebt, das Gewaltige, Maßlose, die unendliche Zahl und den unermesslichen Raum und so ist wie diese: grenzenlos, kalt und untergeben nur noch den großen abstrakten Gesetzen. Dieser Raum ist in mancher Beziehung die Heimat des Geistes, nicht aber des Menschen; der Geist neigt dazu, bei seinen Entwürfen ihre schlichte Voraussetzung zu übersehen, dass sie nämlich von Menschen vollbracht werden müssen, und seine tapferste Tat ist, sich demütig zu sich selbst zu bekennen, einem Menschen, der im Bedingten und Engen zu Haus ist, eine vom Zufall schon vorgefertigte Form.

Die höchste Tat des Geistes ist Mitleid mit dem Menschen, wie er nun einmal ist, ein bescheidenes, zergängliches Wesen, dessen Bestand an zufällige Voraussetzungen gebunden ist, die den Geist erniedern und zu denen er sich doch in einer Tat höchster Selbstverdemütigung und Selbstbeschränkung herabbeugen muß. Dieses hochherzige Mitleid, das sich von den letzten Grenzen des Geistes niederbeugt ins Bedingte, sich nicht versteigt in die eiskalte Gegend, die ihm wegsam ist, aber nicht wohnlich, heimkehrt am Abend in den kleinen Garten dort unten, den Garten des Menschen, legt um den Menschenbereich den gewaltigen Freiraum, der für kurze Zeit betretbar ist und doch niemals Menschenland sein wird. Das letzte Gericht fragt ja nicht danach, wie weit wir es im Absoluten gebracht haben, sondern ob wir aus Mitleid handelten.

An den Boden geheftet und in Leib und Raum beengt, erfand sich der Mensch den geistigen Ausweg und durchbrach erkennend und wirkend das alte Maß und gewann mit dem höheren Standort die Weite und auch den Abstand von der eigenen Mitte. Geist, der sich erkennt, löst sich vom Boden. Das Leben wird ihm objektiv und, sobald es das ganz ist, vollendet bewusst und vollendet nur Gegenstand, stirbt es ab. Aber es kann auch am großen Plan sterben. Jede Bewegung ins Künstliche, vorher Bedachte, Entworfene führt vom Ursprünglichen fort, und dann kann es sein, dass die Spannung zwischen geplantem Werk und ursprünglichem Leben abreißt und auf der einen Seite eine unverstehbare Ruine bleibt und auf der anderen das ins Unmittelbare zurückgefallene Leben. Je größer ein Plan angelegt ist, desto näher kommt er an die gefährliche Grenze des Sinnlosen.

Gefährlich ist der große Entwurf für das Leben. Es kann geschehen, dass das Leben die übertriebene Gestalt nicht mehr anfüllt, sich in ihr vielleicht bis zu einer gewissen Höhe einlegt und sie darüber leer stehen lässt, oder es kann sich in die übermäßige Form versteigern, den Boden verlieren und schließlich in der Wüste des Überbedachten verenden. Eine ganz geplante Welt kann nicht mehr leben. Das Leben wagt nicht mehr seine spontane Bewegung. Ganz zugedeckt mit Plan erstickt ihm das Feuer. Unter dem Plan, der wie eine Ölschicht die Welt überzieht, geht ihr die Luft aus. Darum muss dieser Plan Freiräume vorsehen, die er sich selber verbietet, Stellen im Weltbau, wo dem Gedanken der entworfenen Ordnung der Zutritt verwehrt ist, Einbruchorte des Neuen. Er muss sich selbst übersteigen in einen größeren Plan, der das Ursprüngliche, Werdende einkreist, den Weltteil des Schicksals aufhält, die heiligen Pfade dorthin gangbar erhält, furchtlos wissend, dass er damit der eigenen Welt den Untergang aufhält, denn eines Tages wird etwas auf den begehbar gehaltenen Pfaden herankriechen, aus offengehaltenem Schacht steigen, was niemand voraussah, und die Ordnung verheeren.

Vielleicht ist dieser Weltteil, wo das Neue urspringt, der Quellort des Schicksals, heute am meisten bedroht. Man könnte sich denken, die Menschen kämen jetzt bald auf den furchtbaren Einfall, auch das Schicksal rationalisieren zu wollen und für die vorweltlichen Mächte eine Maschine zu bauen. Sie könnten darauf verfallen, auch noch die Liebe, die ja immer Liebe zu einer neuen, erahnten Gestalt ist, diese letzte Zuflucht des Unvorhergesehenen, zu belichten, dass nichts Wildes mehr in unsere abgesicherte Welt einbrechen könnte. Sie könnten die Berechnung bis in die Wurzeln betreiben und den schauerlichen Gedanken der Geburtenkontrolle zu seiner letzten Konsequenz fortsetzen: einer Kontrolle alles dessen, was in das Licht drängt, und des Drangs noch, der es herauftreibt. Das wäre das Ende.

Uns ist Planung nicht Rationalisierung, und alles, was hier gesagt wurde, ist der einzigen Sorge entsprungen, sie könnte es einmal werden, sondern maßgebliches Mitleben, treue Geleitung von steigender Welt durch steigende Form vom Ursprung bis zum jugendschönen Geschöpf, doch eben darum bewegt uns die Frage, ob sich das Schicksal wohl planen lässt? Lässt sich die ursprüngliche Liebe des Herzens, das eine neue Möglichkeit ahnt und jubelnd ihr zustimmt, dieser wahrhaft weltschaffende Eros, wohl vorsehn und leiten? Was wäre dann aber dieses, das noch früher wäre als die ganz junge Liebe, noch wissender als das ahnende Herz?

Gerade wem Planung nicht Rationalisierung ist, der kommt auf solche Fragen, denn er möchte das Herz sich vor Irrtum bewahren. Gab es nicht immer schon Wege, das Schicksal sich gütig zu machen? Wir kennen sie nicht mehr; die Zugänge zu diesem ganzen Weltteil des Tuns, wo das Schicksal getan wird, wuchsen uns zu, und vielleicht gerät es uns eben deshalb so schlimm. Aber es scheint, dass einmal Menschenwege bis hinter das Schicksal geführt haben, Wege der Opfer und der eignen Bereitung. Vielleicht lässt sich das Schicksal begütigen. Aber dort unten ist noch alles in Glut, und wer dorthin will, muss es wagen, sich selbst in den Brand einzuwerfen, nur noch kostbarer Stoff, der, ins Mögliche eingeschmolzen, die Speise veredelt und umstimmt. Es mag sein, dass man sein Schicksal noch tun kann, denn es ist ein Ding dieser Erde. Es mag auch sein, dass Erde überhaupt noch gelingt, einzig, weil in einigen Herzen der Weltstoff noch glüht und lauter blieb. Was ist denn zuerst, das Feuer oder das Herz, das Schicksal oder der Mensch, oder ist beides dort unten das Gleiche?

Um alles, was man sich wünschen darf, darf man auch beten, sagt eine alte Regel und weist einen Weg quer durch die Räume des Schicksals bis an die ewigen Entscheidungen. Aber indem man ihn geht, wird Planung zu weltlichem Opfer. Planbar ist der Anfang, der erste Entschluss, diesen Weg zu betreten und den Bereich des Planbaren zu verlassen, um draußen im Ungeplanten das Künftige zu begütigen und Brennstoff zu werden. Das Feuer selbst kann man nicht entwerfen. Dieser ganze Zwischenraum, vorbehalten dem Kult am werdenden Schicksal. Liegt jenseits des planbaren Raums – doch nicht jenseits des betretbaren – denn was einem da widerfährt, lässt sich nicht vorhersehen. Planen kann man die Herdstatt des Wilden, innen in jedem Geschöpf, dass die innere Glut den kühlen Stoff und den kühlen Entwurf mit plutonischen Kräften durchwärme. Mitten im Geordneten müssen Herde des Urfeuers vorgesehen sein, dass die Welt nicht erkaltet, und sie müssen verwahrt sein, dass die Glut die Dinge nicht aufzehrt, das Wilde sich mildert. In jedem muss eine Stelle bleiben, wo es nicht mehr Werk ist, sondern nur noch Inbrunst, ein entzogener Bereich reiner Glut, wo alles lauterer Ursprung ist; hütet den chaotischen Rest und sieht ihn in jedem Plan vor, dass das Geordnete wieder im Wilden verbrenne, wenn es an der Zeit ist. Auch später braucht das Leben den Freiwuchs, denn im Werk kann man nicht leben, neben ihm muss Raum sein, wo kein Werk ist. Des Menschen Planung und Werk kam ja spät über die Erde, die bisher arglos ihre Geschöpfe gebar und zurücknahm, und als sie kamen, war sie fertig und der Mensch ihr liebes Geschöpf. Er bekam seine Werke mehr als dass er sie plante, schöne Kinder der Erde. Unerschöpflich quollen die neuen Gestalten und endlos woben die Bilder. Wo aber heute der planende Mensch zur Welt geht, da ist er ein Fremder, kühl-kluger Berechner. Fremd ist sein Werk in der arglosen Welt, die er allmählich erschöpft, dünn und trocken wird ihm die Erde, und sie rieselt ihm wie Sand durch die leer werdenden Hände. Nur eine Weile erträgt sie den Plan, dann verlangt ihr übermüdeter Boden die Brache. Nur eine Weile erträgt auch die Erde der Seele die Planung, dann verlangt sie die Heimkehr ins arglos Urwachsende; sie will aus dem Künstlichen und

Angestrengten ins Einfache heim, Geschöpf werden unter Geschöpfen, dem Raunen der Welt wieder lauschen, aus lauterem Quell trinken und die Sterne den Himmel befahren sehen. Das Herz, das sich zu lang an die künstlichen Dinge vergab, will wieder innig werde, dass es sich zu neuer Liebe erhole, und verlangt nach dem Ursprünglichen, dass ihm das All wieder bräutlich werde.

Neben dem Bereich des Künstlichen und der Pläne muss es Freiräume geben, wo die Welt die eigene Bewegung noch wagt und das menschliche Herz wieder ledig wird und ihm, ganz aus dem Unbeschwerten, Unbeabsichtigten wie neue Gnade ein neuer Einfall kommt, still und als verstände er sich von selbst; doch viel später merkt es den ungeheuren Entwurf, der es heimgesucht hat. Nur Schmal ist die Gegend, wo Werk angebaut werden kann, und darum und darüber muß das Ursprüngliche liegen, das die Werke bewässert, ernährt.

Solange das Werk noch eine ganz frühe Landschaft der Seele war, einbehalten in die Ringmauer der Stadt, führten wenige Schritte in den anderen Bereich, wo das Unbefangene wuchs, einen schmalen Streifen des Landbaus und dahinter den Urwald. Dort ertönten noch die Lieder der Schöpfung, gingen schöne, arglose Tiere zu Tränke und Weide, und in den Werken der Menschen gedieh ein anderer Urwuchs und blühte aus ihnen als Ornament. Seitdem aber kaum mehr ein Fußbreit Erde blieb, den kein Plan überdeckt, muss, was sich früher von selbst gab, der Freiraum des Ursprünglichen, ausgeplant werden. Das ist der Sinn des Naturschutzes, denn es geht dabei nicht um den alten Baum, den man nicht fällt, um den zoologischen Garten, wo seltsames wildes Getier aufbewahrt wird, nicht einmal um die gebliebenen alten Wälder, die Gebirge, die jetzt schon geschont werden – die Reservationen sind ja im Wachsen – sondern darum, dass in einer überplanten Welt eine Gegend des Urwüchsigen vorgesehen wird, die für eine Seelengegend steht, die nicht bebaut werden darf.

Wenn unsere Ströme wieder rein werden, die Luft durchsichtig ist, lautere Bäche von jungfräulichen Firnen rinnen, Bäume, die wie Dome gebaut sind, die Geschlechter der Menschen überdauern, dann steht das alles für eine Gegend der Seele, die wieder unberührbar und rein wird, denn auch in der Seele sind die Berge und Ströme, die Heiden und Wälder. Die Menschen gehen in den wilden Bereich, ihre ermüdete Welt an dem Urwuchs der Schöpfung zu messen und sie aus dem Künstlichen zurückzuholen, wenn ihnen der unbefangene Blick sagt, dass sie sich vertaten und verstiegen oder ihr Werk ihnen überanstrengt geschwunden ist. Sie ersteigen die Berge und wiederholen die alte Bewegung der Erde und in ihr den Weg der eigenen Geschichte ins Hohe. Sie ruhen am Gestade und einen sich dem Steigen und Sinken der Wellen und des eigenen Bluts und des alten Wellengangs der Geschichte: Was da in ewigem Gleichklang schwankt, schwingt auch ihnen durch Seele und Leib, ihr Herz schwingt wieder im Einklang mit dem Herzen des Alls, und sie ahnen, dass es das eigene Herz ist, das die Gezeiten des Alls treibt. Sie befahren die Ströme und zugleich auch die rinnende Zeit.

Noch eine Grenze muss hier genannt sein, die allen Planungen gesetzt ist; das ist seine eigenste Voraussetzung, die All-Einigkeit alles Geschaffenen. Das ist nur die eine Seite der Dinge, die andere ist ihr unsagbares Alleinsein. Jede Ordnung ist auch eine Ordnung unter einsamen Dingen. Sie mögen noch so zutraulich tun, uns alle Tage schnurrend im Schoß liegen, im Grunde bleibt doch jedes unverstehbar allein. Jedes ist einsam. Wer könnte denn sagen, er habe auch nur den Geliebten verstanden? Es gibt Augenblicke der Einsicht in unermessbare Tiefen, der Aufsicht auf schwindelnde Höhen, doch sie schließen sich wieder. Sind die Tiefen geblieben oder war dieser andere nur damals so tief? Wir wissen es nicht. Lächelnd begibt sich die Natur unserem Plan ein, mühlos findet sie auf all unser Fragen die Antwort, aber sie bleibt uns immer einen Schritt weit voraus, wir greifen sie nicht. Weiß sie mehr als wir? Sie verbirgt sich in der Fremdheit des Meers, dem «Erschreckenden Schweigen der unendlichen Räume». Verschweigt sie sich wirklich? Unsere Planung muß die Fremde der Dinge, ihr Rätsel, ihr Schweigen mit einplanen und ihnen eine Wabe bauen, darein sie sich einnisten können mit ihrem Alleinsein. Dass es Einzelnes gibt, beruht ja auf einem Geheimnis. Darin muss es behütet sein, der Plan muss sorgsam seine Geheimniskontur umfahren, dass es in seinem Geheimnis verwurzelt bleibt.

Der Gedanke der Planung ist jung und wie alle Dinge, die jung sind, schön und voll Hoffnung. Einer Welt, die irre ging, muss das Wort von einer großen Ordnung, die aus planendem Denken kommt, wie rettende Botschaft klingen und ist es ja auch. Aber auch die liberale Lehre war einmal jung und wurde leidenschaftlich geliebt und hat dann die Erde doch schlimmer verlassen, als sie sie antraf. Wir möchten, dass die Welt, die jetzt geplant wird, nicht wieder verunglückt, denn schon zeigen sich Anfänge zu einer neuen Entartung. Der liberale Versuch hatte die Weisheit der Natur überschätzt, und es könnte sein, dass der neue ihre Fähigkeit zur Ordnung weitaus überschätzt.

Schon steigt die grauenhafte Gefahr hoch, dass uns Planung als Rationalisierung kommt, die all das herrlich Gefährliche, das Unvorhergesehene, alle Schöpferkraft der Welt austilgen will, alles was nicht in die Formel hineinpasst. Die Dinge wurden uns überschaubar bis beinahe ins Herz. Eine ungeheure Macht ist den Planenden anvertraut, und wir fürchten, dass sie sie missbrauchen zur Einrichtung eines Systems des allgemeinen Behorchens, Regulierens, Berechnens, der Zuteilungen und der Sonderzuteilungen, der allgemeinen Begradigung, der glückselig verspielten Welt und ihrer Untergebung unter Zwecke und Programme, und schließlich einer Sklaverei, wie sie die Welt noch nicht sah, die jede spontane Bewegung, jeden neuen Gedanken, jedes unvorhergesehene Gefühl erstickt und die Welt bis in eine Tiefe versklavt, bis zu der die alte Sklaverei überhaupt nicht herabkam.

Plan aber, wie wir ihn meinen, ist Gestalt, die zugleich mit der werdenden Welt einfällt und sie in Stieg und Abstieg begleitet, mit ihr sich gestaltet und mit ihr stirbt und sie doch einweist, beraumt und mäßigt. Diese Planung ist viel mehr als nur vernünftig, ist Leben, vom Menschen entworfen, der ja nicht in einem abseitigen Ort steht und über das Leben verfügt, sondern selbst mit ihm mitlebt und es in maßgeblichem Mitleben leitet. Aber wir fürchten, man könnte den Gedanken der Planung über seine Zuständigkeit hinaus übertreiben, denn die wirkliche Welt erträgt sie nur manchmal in ganz schmalen Bereichen. Im Grunde waren es doch Rationalisten, Materialisten und Idealisten, unwirkliche Menschen, die die Bereitschaft der Welt zur glatten Ordnung weitaus überschätzt haben, und heute liegt der andere Gedanke oft näher, die Wirklichkeit sei das Chaos, das die Ordnung nur widerwillig erträgt und bald wieder abwälzt. Der harmlose Optimismus der Planung ist falsch und gefährlich.

Früher war das einfacher. Die Werke gediehen in engen Bezirken ins Dichte. Die neue Planung aber ist so weit wie die Erde. Es gab niemals eine größere Aufgabe als diese, die Erde menschengesichtig zu machen. Die äußeren Schranken sind gefallen, aber die innere Kraft wuchs nicht mit. Eine kluge Beobachtung, die man zwar nicht beweisen kann, die aber doch wohl richtig ist, sagt, dass das Maß an baulicher Kraft in jedem Zeitraum das gleiche ist; wenn die Unternehmungen weitläufiger würden, verdünne sich ihr Gehalt. Einen Augenblick schien es, als werde die Planung, aller Grenzen und Schranken entledigt, sich über alles Land ausdehnen, dabei aber seicht werden. Ihre Kraft, die einmal in überschaubaren Bereichen die Herrlichkeit des ordo errichtete, werde sich so verdünnen, dass nur noch das Oberflächlichste gelänge und die großen Taten und Leidenschaften der Menschen allmählich ausstürben.

Doch jetzt begann etwas anderes. Im freien Feld ziehen sich die Siedlungen der Werke zusammen und dazwischen treten weite Freiflächen des Unplanbaren wieder zutage. In immer weiteren Einkreisungen muss der Planer dem Einen, Gebotenen, das er doch eigentlich über die Welt ausdehnen wollte, immer neue Außenräume beistellen, nur damit dieses Eine gerate. Er muss ihm Räume des Werklosen beilegen, dass das Leben dorthin aus den großen Werken austreten und sich erholen kann, und so das eigene Werk als einen Beitrag in seinen eigenen größeren Entwurf einbringen, und so sich selbst einen Wirkungskreis darin einkreisen. Wenn er aber so in seinen Plan zuerst Werkräume hineinnehmen muß, die andere bestellen, und dann noch viel weitere Räume, die niemals jemand bebauen wird, und er das tun muss, dass überhaupt an wenigen Stellen geplante Ordnung bestehen kann, und doch die Erde darum nicht größer wird, wird der planbare Erdteil um all diese Freiräume kleiner. An wenigen Stellen darf der Planer sein eigenes gebotenes Werk tun. Was zuerst ein alles Land bedeckender, unentrinnbarer Entwurf allen Lebens zu sein schien, wird allmählich zur Wabe, zu einer allgemeinen Vermessung des Landes, und nur an einigen Stellen füllt sich in den zugewiesenen Raum eine geplante Gestalt. Ganz früh waren die Werke der Menschen in eine unendliche Fülle des Planlosen eingerodet, dann schien es einen Augenblick lang, als erwarte uns eine Zukunft, wo alles vorgesehen und berechnet ist bis in sein innerstes Geheimnis, und jetzt treten wieder Grenzen hervor, in die sich die Werke zurückziehen. Was früher unbearbeitet übrig blieb, muss heute mit Absicht und Überlegung in einem großen Freiflächenplan als unbebaubar ausgewiesen werden.

Jetzt wird Planung ein Handeln aus Weisheit, aus Wissen ums Ganze, um das Geheimnis der Dinge, das Wirre und Undeutliche und Unordentliche und die ungeheure Masse des früher Geformten und des Brauenden. Wissend umfängt sie das alles und lässt sie rund um die kleine Siedlung der Ordnung den anderen großen Bereich, der die Siedlung hervorbringt und wieder verschlingt. Ordnung kann nur unter sehr weisen Händen geraten. Nicht der wilde Macher, der Führer einer Partei, sondern der stille Mitwisser der Welt ist berufen, die Erde zu planen nicht mit wütendem Abschneiden und Zurechtschneiden, sondern mit der Heilkunst des wirklichen Arztes, der um die tausend Geheimnisse der tausendfältig bedingten, tausendfältig verletzbaren Lebens weiß, um die geheime Leistung auch seiner scheinbar überalterten Glieder. Behutsam sich Zeit lassend, besorgt er hier etwas, bringt dort etwas ins Rechte, sieht, dass die Welt an einigen Stellen etwas Neues erwartet, und sieht es ihr vor, wenn es an der Zeit ist, und so, dass es dem Ganzen auch einwächst, aber der flüchtige Beobachter könnte meinen, er sei ein müßiger Mann, der sich in der Welt ein wenig erholt, statt gewaltige Dinge zu tun. Kommt er aber später wieder einmal vorbei, dann findet er eine blühende, von Leben strotzende, in tausend Möglichkeiten sprossende Welt, die nichts eingebüßt hat, was ihr wert war, das vielleicht gerade keinen besagbaren Zweck hatte, tausend Hoffnungen weckt und tausend Seligkeiten spendet, eine wirkliche, zufällige, eine bunte und lustige Welt, in der es sich leben lässt, ohne dass man bei jedem Schritt zu bedenken braucht, ob er auch in den künstlichen Plan passt oder aber darin nicht vorgesehen ist und also nicht sein darf.

Die Geschichte kennt die großen Bauer und Gründer, die meist auch große Vernichter waren, das Frühere abtrugen, niederrissen, was ihnen im Weg stand, das ehrwürdige Werkstück in den eigenen Bau nahmen und rücksichtslos das Gelände dafür einebneten. War ihr Plan hoch und würdig, dann durften sie so tun, die Natur geht auch nicht gelinder mit ihren Schöpfungen um.

Die Geschichte kennt auch die Übeltäter, die trunken die Erde durchrasten, Menschen und Völker ihrem Wahnsinn opferten, Untaten ohne Zahl häuften. Aber die Zeit ist ihren Spuren gefolgt, hat sie zugedeckt und begrünt, und das Leben hat sich über den Trümmern wieder geschlossen. Auch diese waren noch nicht die schlimmsten Verderber.

Schlimm wird alles erst, wenn ein Idealist, Besessener einer Idee die Erde verwüstet. Da erst kommt die Menschheit in die gefährliche Zone, da erst richtet sich der Angriff gegen das keimende Leben selbst, denn das Leben stirbt ab, wenn man von ihm nur das Eine verlangt und ihm alles andere opfert, so wie der Leib stirbt, wenn man ihm seine Gliedmaßen abschneidet. Diese Feinde des Lebens sind in ihrer Art selbstlose Menschen, ganz hingegeben dem Dienst an ihrer Idee, Asketen der Arbeit, der macht, selbst der Bildung und Frömmigkeit, und was sie wollen, ist in einer Art gut, nur nehmen sie es zu wichtig, sie nehmen die eine Wahrheit zu wahr, dass die andern daran sterben müssen und schließlich die Eine auch. Sie fühlen sich dabei wie Heilige unschuldig und rein, und jedes Mittel wird ihnen rein, wenn es nur ihrem einzigen Ideal dient und aus der Welt schafft, was andere Art ist. Da verödet die Erde zur technischen Wüste, zu Kaserne und Zuchthaus, da verelendet das Volk in der Frohn der zu groß entworfenen Form. Da wird alles andere, das jetzt gerade nicht an der Zeit ist, und auch noch die Kraft der Seele, die im Verdacht steht, solches hervorzubringen, zu Plunder, zu einem Popanz, den auszurotten eine Art Heldentat ist. Ein Ding uns andere wird gefällt, der Leib entartet zum Tier in der Auswahl seiner blühenden Möglichkeiten auf einen einzigen Zweck hin; da verstummen die Lieder, erschrocken welken die Blumen auf ihren Stengeln und das Laub auf den Zweigen, dürr wird das Gras in der Wiese; sie wollten ja alle nur sagen, dass es gut ist, wenn Geschöpfe in Überfluss da sind, und dass der Schöpfer in unendlichen Einfällen mit seiner Welt spielt. Das alles soll jetzt nicht mehr gelten, nur eins soll noch da sein, da sterben die Anderen und schließlich auch das gemästete Eine.

Idealisten sind unwirkliche Menschen. Verführt von der Klarheit einer Idee, gilt ihnen alles andere nichts, sie wollen die Erde durchsichtig und klar machen. Sie sind ergriffen von der Schönheit des Regelmäßigen, und so werden ihnen die anderen zu trüben Gesellen, die zu beseitigen ein Gebot der Vernunft und der Schönheit ist, und sie mästen mit ihnen den Götzen.

Aber wir hoffen, dass unser Land in die besseren Hände des rechten Landmanns und Landwirts kommt, der den geschichtlichen Boden kennt wie ein guter Bauer und weiß, was an jeder Stelle gesät werden muss und wie jedes Feldstück fruchtet. Er weiß, dass er früheres Leben aussät in Hoffnung auf künftige Ernten, bestimmt die Vergangenheit den Zukünftigen zu und plant aus beiden die gegenwärtige Feldarbeit. Seine Seele bleibt in dem Ganzen und das Ganze bleibt in ihm. Er rodet und jätet den Boden, aber er lässt scheu den Bann-Wald bestehen, dass ihm die Erde nicht, unbeschützt durch das höher anstehende Leben, abtreibt.

Das alles gilt vorab für die Landschaft der Seele, denn es gibt eine Landesplanung der Landschaft drinnen im Menschen, die aller Landesplanung draußen vorangeht und sich viel später erst, verhalten vielleicht und nur in Andeutungen, im Lande ansässig macht. Der Planer muß sich selbst mäßigen, in der eigenen Seele die Freiflächen hüten und was drin frei ist. Er ist ja viel mehr als nur Planer. Das Planen ist sein Beruf und weit darüber hinaus muß er selbst in Räumen leben, wo keine Pläne mehr sind. Auch ihm darf der Kosmos nur Schmuck sein. So den Acker der eigenen Tat weise begrenzend gegen die Außenräume rundum und doch sie alle in seinem Plan einnehmend, der weit über die eigene Tat reicht, zieht er um die Erde den äußersten, den endgültigen Kreis, über den sie nicht mehr hinaus kommt. Das Weglose beginnt dort. Die Bewegung der Erde erschöpft sich dort, an dem Rand des Erschaffenen, und schließlich zeigt sich, dass es eine heilige Bewegung war, denn es gibt keine Zwecke des städtebaulichen Planens, was Zweck schien, löst sich bald in die Willkür geheimnisvoller Werdewünsche auf. Aber noch diese Wünsche sind in sich sinnlos und ohne Notwendigkeit. Es muß ja nicht sein, dass es Wirtschaft, dass es Bildung und Hoheit gibt, es könnte auch anders sein oder gar nicht. Daß es aber doch ist, muß wohl den Grund haben, dass in jeder dieser Weisen Gott mit seinen Geschöpfen tun möchte, wie es seine Art ist, und tuend sich abbilden. Geschichtliche Bewegung ist Errichtung von Erde nach dem Plan einer hohen Gottgestaltigkeit, und Gott geht in ihr mit bis an die Grenze. Dann kehrt er heim in sein Alleinsein, und die Welt schaut ihm nach. Eine Zeitlang begleitete die Bewegung der Erde den ewigen Vorgang. Die Erde empfing das heilige Kind und stellte es hervor, dann kehrt es zum Vater zurück. Die ewige Bewegung verlässt die geöffnete Erde. Aber nach ungeheuerster Kreisung durch die ihr vorbehaltenen Räume kehrt sie wieder zurück. Ganz Herablassung geworden, strömt in unzähligen Rinnsalen, unendliche Blüte betreibend, Gnade zur Erde. Neu begrünt sich das welke Land. Gott beugt sich liebend herab in den irdischen Stoff, und die Landschaft der Erde wird heiliger Eindruck.

Zwei Wege sind im geschichtlichen Vorgang ineinander gelegt, ein ewiger und ein irdischer. Der ewige beschreibt auf der Erde eine große Schleife: er neigt sich zu ihr herab, und sie empfängt ihn, trägt ihn aus und wird darüber zu heiligem Leib mit dem Angesicht einer heiligen Landschaft. Dafür bekam jedes irdische Ding die geheimnisvolle Kraft, die wir «die gesichtende» nannten, dass es Angesicht werde, mit dem es sich offen legt, seine Innigkeit ins Ewige ausblickt und ausspricht. Doch es muß hierbleiben, in den Grenzen seiner Geschöpflichkeit, und auf die Wiederkehr warten und dann zum zweitenmal Angesicht werden, doch diesmal von drüben Geprägtes.

Ein Stück hin und eines zurück begleitet der irdische Vorgang den ewigen und gibt ihm das letzte Geleit bis an den Küstensaum draußen, bis an den Brunnenrand drinnen. So muss jedes Geschöpf sich doppelt ins Ewige auftun und doch auch im Irdischen ausharren, verzichtend, geduldig abwartend, ob etwa die Ewigkeit wieder zurückkommt. Offen und unvollständig ist alle irdische Form, unvollendet, eine deutende Geste jede

Bewegung der Erde, die sich allmählich erschöpft. Kein irdisches Ding kann die eigene Bewegung aus dem eigenen Sinne vollenden, sie schließt sich erst über die Ewigkeit hin, und zwischen Ding und Ding, zwischen Mensch und Mensch, und zwischen ihre kleinsten Bestandteile schichtet sich Ewigkeit ein, sie bringt den Augenblick der Geschichte in den nächsten hinüber und überbrückt die offene Stelle, denn alles Erschaffene ist überall offen. Unsäglich ausgesetzter, gefährdeter, einsamer, unsäglich geborgener ist die Erde, als wir meist meinen, von sich aus an jeder Stelle zu Ende und an jeder aus der Ewigkeit fortgesetzt.

Den überweltlichen Ort kann der Mensch nicht mehr planen und etwa durch eine letzte Einkreisung in seinen Entwurf nehmen. Aber er kann sich selbst und die Erde und alle Geschöpfe und auch seinen Entwurf dorthin umbiegen, sie höhlen gegen den ewigen Ort hin, zu einer offenen Bucht umkehren, vergleichbar dem offenen Raum, der die gotische Kathedrale außen umspielt und sich in ihrem gebuchteten Bau stillt.

So heißt, Erde entwerfen und Geschichte tun, dem Ewigen Raum lassen in jeder Form und in jedem Verlauf und vorab in dem eigenen, planenden Tun. Der Planende, der ja selbst im Endlichen steht, muss sein Tun in ein beständiges Entsagen einbringen, indem er sich und die Erde immerfort auflässt und auftut, ihre Bewegung immer wieder in einen letzten Verzicht bettet, sie an die Grenze hinbringt, wo der ewige Vorgang sie aufgibt, sie an ihrer Küste aussetzt und abwarten heißt, dass die große Bewegung zurückkehrt und sie wieder aufnimmt und dann beseligt, bereichert zurückträgt. Er verhält sie auf dem glückseligen Hinweg und Herweg, den der ewige Vorgang sie trägt und hält sie doppelt offen in den ewigen Raum und doppelt aus ihm ergänzt, an jeder Stelle aus zwei ineinander offenen Teilen zusammengesetzt und darum scheinbar vollständig.

*

Wie groß ist die Gefahr, dass der Mensch die schwierige Weltform verkennt oder es leid wird, immer nur dem Vorgang der Ewigkeit das Geleit zu geben und alles ins Unvollendbare aufzutun, jede Bewegung ins Weglose zu treiben, wie groß ist die Gefahr, dass er eigenmächtig die beiden offenen Verläufe zu innerweltlicher Kreisung verkettet, die beiden Hohlformen zur Kugel zusammenschließt, das Steigen und Sinken der Geschichte in die Drehung des Rades verdirbt, auf und ab ohne Ausweg und Hoffnung. Wie groß ist die Gefahr, dass er nicht erträgt, alles doppelt zu verdanken, der eigenen Tat und der Gnade, die offenen Stellen im Wettlauf aus eigener Macht überspringt und so, Endliches in Endliches kettend, den alles ergänzenden ewigen Raum ausschließt. Voller Versuchung ist die irdische Form, es mit der Erde aufs Eigene zu wagen und ihre Bewegung autonom zu vollziehen.

Da verkehrt sich die Geschichte ins Böse. Denn zu den Möglichkeiten des Tuns gehört auch die geheimnisvollste, das Böse zu planen und, in schlimmem Widerbau des heiligen Bergs, der sich von Stufe zu Stufe in die Höhe der Anbetung errichtet, die Erde hinabzuführen ins immer Bösere. Da entspricht jedem guten Wunsch ein verkehrter. Da wächst auf dem Acker die Schuld, da wird die Schöne und Herrlichkeit der Erde Versuchung und ihre höchste Erhebung Übel schlechthin. Düster spiegelt sich der heilige Berg im Gewässer des Bösen. Er wächst als furchtbarer Trichter verkehrt in den Abgrund, und sein oberster Gipfel ist ins Schlimmste getaucht. Das Böse ist nicht nur ein Mangel an Güte, sondern auch ein Widerbau und ein Widerreich, man kann es planen und wirken. Da stürzt die geschichtliche Bewegung ab in das Übel und dürfte doch nicht. Da wenden sich die Gebete, das alles möge nicht werden. Gott möge die Schuld vergeben; vergeben, das ist: die Schöpfungstat untun, machen, dass ein Werdendes nicht wird, ein Getanes ungetan ist. Er möge nicht in Versuchung führen; Versuchung, das ist das schlimme Suchen, die Widertat der Erfindung. Er möge vom Übel erlösen, herausnehmen und retten aus dem schlimmen Bezirk und den Widerbau auflösen. So antwortet jeder der welterbauenden Bitten eine weltenvernichtende.

Doch mit der wachsenden Zeit wächst auch die Schuld an. Der Bestand des Bösen vermehrt sich, und mit schlimmem Getier bevölkert sich das Gelände. Dunkler wird die Erde und schuldiger. Mit der wachsenden Zeit wächst auch die Sorge, der Widerbau könnte gelingen und der Widersacher obsiegen, Sorge des Menschen und des Herrn, der den Auswuchs des Bösen doch nicht widerruft. Inhalt der Geschichte wird endlose Seelsorge. Gott neigt das Angesicht seiner Not auf die Erde, da wird ihre Landschaft wie Veronikas Tuch, Abdruck eines Haupts voll Blut und Wunden, sie furcht sich zu Furchen des Leids und hügelt sich zu Hügeln der Angst.

Die großen abendländischen Maler zeigen die irdische Landschaft zweideutig, in ihrer beginnenden Spaltung ist schon das Gericht da, und wir sehen, wie die Welt vom Herzen des Menschen aus sich aufspaltet. Der Einsiedler kämpft mit der Versuchung, dem Tier, das heraufkroch, und wie er mit ihr ringt, steigt oder sinkt das Untier oder die Landschaft des

Lichts. Sieh das Bild des Landesplaners, der in heimlichsten Siegen und Niederlagen die Erde bewirkt oder vertut.

Das Böse lässt sich entwerfen, und darf sein und dürfte doch nicht. Daß es sich aber mehrt und mit ihm die unendliche Sorge, muß bedenken, wer die Erde entwerfen will, denn es gehört zu ihrer Wirklichkeit, und er muss die Sorge auf sich nehmen. Die Widersachung ist allgegenwärtig, und so muss auch die Sorge in allem darin sein. Wir dürfen das Schlimme nicht wünschen, aber wir müssen es in Rechnung stellen und, indem wir das tun, ihm Raum geben. Die Erde wird in beiden Richtungen wachsen, ins Hohe und ins Verkehrte. Da das aber so ist, müssen wir in einer letzten, bittersten Einkreisung auch den Widerwuchs einplanen, einen schlimmen Freiraum ihm geben, denn er bleibt und wächst an, und es wäre nicht wirklich und darum verkehrt zu tun, als wäre das nicht so. Vielleicht sind wir zu sehr gewöhnt, an den Aufstieg der Menschheit zu glauben. Schaffen heißt Steigen. Das Leben drängt nach oben, hebt sich in gewaltigen Stufen ins Hohe.

Ist das aber wirklich der Weg der Geschichte? Gibt es nicht andere Bilder? Das des Wassers, das kristallklar entspringt, als Strom dann die Erde bewässert, Lasten trägt und, müde geworden, beschmutzt in das Meer sinkt. Waren wir nicht einmal gemeinsamer, näher zu Gott, leuchtender? War nicht einmal alles, was wir taten, ein Gottesdienst und alles, was uns geriet, eine Gnade? Berichten nicht die alten Sagen, dass einmal die Bebauung des Ackers Gebet war? Daß wir dem Himmel das Feuer verdanken? Nicht zuerst war die Not und das Haus und das Brot, zuerst war Gottes ernährender Anblick. Zuerst war der heilige Dienst und der Segen, und schön war die Erde. Ganz anfangs sahen die Menschen Gott, jedes Ding sprach von ihm, und die Welt erklang in Gesängen und Bildern. Dann wurden die Menschen allmählich allein, mühselige Besteller des harten Bodens. Müde wurden sie, überanstrengt im Werk, das zu schwer war, zu unablässig, zu niedrig. Müde wurde schließlich die unermüdbare Mutter, immer neuen Geschlechtern das Leben zu schenken, müde die uralte Erde. Sie ersehnen die Stille, den Schlaf und wohl auch den Tod.

Von der Erde gesehen ist Bauen Errichtung, sieht man es aber von oben, dann ist es ein Sinken. Zuerst bestand der Bau nur im Geist, hernach besteht er im Stein. Je fertiger die Geschichte wird, desto schwerer wird sie, je geformter, desto ärmer an Möglichkeit. Sie sinkt Stufe um Stufe herab aus dem hohen Bereich in das Niedrige, bis nichts mehr bleibt als die Mühsal um die nackte Erhaltung. Ganz früh am Morgen bauen die

Menschen die Dome, ganz frühe Worte sind ihre heiligen. Dann wird ihre Sprache ärmer und ärmer, gelähmter, nützlicher, immer seltener gelingt der Ausdruck des Ewigen, mit immer schmalerem Anteil reichen die Werke ins Höhere, und wenn fast nichts blieb als die niedrige Stillung, wenn die Geschichte in die breiten Niederungen gesunken ist, dann schlägt sie leicht in den bedenklichen Gegenbau um, wo aus dem Brote die Schuld zu werden beginnt und die letzten Gebete nur noch zureichen zu der Bitte, das Schlimme möge ungetan werden. Schaffen heißt Sinken.

Schaffen heißt auch Erkalten. Zuerst erkennt das glühende Herz im Stoff das wartende Gleichnis und bringt es zum Strahlen. Aber allmählich erkaltet die Erde, die Dinge ergrauen, sie halten das hohe Versprechen nicht. Eine Weile wachsen sie auf, dann senken sie sich zur Erde zurück und wollen bestattet werden in die Vergangenheit. Sie reichen nicht zu, und auch ihre höchste Erfüllung ist Schatten und Gleichnis. Die hohe Bewegung der Liebe führt bis ins innerste Herz und findet den Tod, der dort schon nistet. Aber sie kann ihn ins Gute umschaffen, denn schließlich heißt Lieben ein Geliebtes bereit machen zu seinem Sterben; heißt, von Stufe zu Stufe herabwirklichen bis in sein Ende und es durchbringen bis an den Rand seiner Erschaffenheit, und schließlich zeigt es sich dann, dass es gut war, sich an die Erde zu verschwenden und ihr die Sterbehilfe zu leisten, die alles Schaffen ja ist. Da es nun einmal kein Ding gibt, das unsterblich wäre und alles nichts ist als ein unverwirklichtes Gleichnis, ist es wohl das Beste, die Geschichte sucht aus freiem Entschluß ihren guten Tod. Die höchste Tat der Schaffenden ist, mit liebendem Herz und liebendem Blick die Welt zu ergreifen und sie so innig zu meinen, dass sie reif wird zum Sterben; wenn das aber so ist, was will dann die ganze Bewegung? Warum verleibt sich denn Gott, der sich doch selig genügt? Warum schafft er zwischen sich einen Zwischenraum und erfüllt ihn mit Wesen? Wir wissen das nicht, aber wir glauben, es wird einen Sinn haben, dass die Dinge müde werden, dass die Kraft von ihnen geht und sie sterben. Es wird auch einen Sinn haben, dass sie werden und sind. Da es so ist, wird es gut sein, der Erde den Tod vorzusehen.

Da aber der wirkliche Weltenentwurf eine dynamische Gestalt ist, die die Bewegung der Geschichte begleitet, das Eine beraumt und darin auch die Absicht des Einen, sich selbst zu überwinden ins Nächste, um den Raum des einen gebotenen Werks die Räume der anderen vorsieht und auch die, wo keine Werke mehr sind, und auch die Bewegung, die aus dem einen Raum in den anderen hinübertreibt, dass aus dem Nebeneinander

der Räume ein Nacheinander der Zeiten wird, so muss man dem eigenen Entwurf den eigenen Untergang einplanen und dem Tod einberaumen und der Regung, die jedes Geschöpf in sein Ende treibt eine offen gelassene Stelle, durch die es einmal seinen irdischen Raum verlässt. Schon indem einem Ding eine Gestalt zugedacht wird, wird ihm ja auch ein Umriss erfunden. Die Beendung aber ist nicht nur rundum, sondern von dort allenthalben. Wenn aber alles, indem es zur Reife kommt, den Tod reift, ist auch der letzte Sinn aller Planung, eine Bewegung ins Ende einzuleiten. In jedem Ding den Tod zu ernähren, die Bereitschaft, sich allmählich entbehrlich zu machen, ins Andere hinüber zu verzichten.

Unser letztes geheißenes Werk war die Wirtschaft, und die Völker erhoffen sich jetzt eine andere Welt, die weniger hart ist, ein geordnetes Dasein, wo alles sich ausgleicht, und jeder das Nötige hat. Mag sein, dass sie sich das ersehnen, aber vielleicht ersehnen sie sich noch tiefer die Erlösung von allem Planen und Wirken, den Abend, die Heimkehr ins Nächtliche, in den Schlaf und den Traum. Scheint es nicht, als wolle die Geschichte, übermüdet vom Leid, die Augen schließen, für lange? Als wollte ihr Herz sich ausruhen, für lange? Als erwarte sie gar nicht so sehr die herrliche Zukunft, von der die Menschen oft sprechen, sondern den Hinübergang in den anderen Weltort, wo keine Werke mehr sind? Ein Tag, der mühseliger war als je ein Tag der Geschichte, neigt sich ins Ende, und die Erde will ruhen.

Die Freiräume wachsen, und das mag bedeuten, dass der werklose Weltteil jetzt steigt, und auch ihn kann man sich wünschen und wünschend rufen, so wie man sich Werke erwünscht. Das mag sein wie es will. Doch wenn es so ist, dann möchten wir durch das, was wir sagten, ein Weniges beitragen, dass die Geschichte in ihre Nacht eine Hoffnung mitnimmt auf einen fernen Tag, der einmal schöner ihr aufgeht, und die Kunde einer besseren Welt. Sie möge diese Kunde mitnehmen in die dunkelnde Zeit, wie sie früher einmal in lange Dunkelheit die Kunde vom Gottesstaat mitnahm.

G.G. / Alfons Leitl

Die Politische Gesinnung des Architekten

Zwei Briefe / Zugleich für Bonatz siebzigsten Geburtstag

Lieber Herr Leitl!
Unser Wiedersehen in Hamburg war einer von den glücklichen Zufällen der letzten Jahre. Wenn auch überrascht, so doch nicht mehr befangen durch äußere Umstände, standen wir uns gegenüber... Unsere Gespräche führten in gewaltigen Sprüngen von Ereignissen zu Personen und blieben am Thema «politische Gesinnung des Architekten» hängen, ohne dass die kurze Zeit des Zusammenseins es erlaubt hätte, uns darüber auszusprechen.

Wenn ich Sie richtig verstanden habe, stellten Sie die These auf, dass eine klare politische Entscheidung auch auf eine klare berufliche Stellungnahme schließen lasse.

Ich weiß nicht, ob diese Folgerung für einen schöpferischen und künstlerischen Menschen richtig ist. Von einem politisch klar denkenden und handelnden Menschen müsste man ja demnach als Gegenstück eine klare Einstellung zu künstlerischem Geschehen und künstlerischem Werken fordern, was wohl kaum stimmen kann nach meinen Beobachtungen. Meistens fehlt bei diesen klaren Köpfen überhaupt jedes Verhältnis zur Kunst und ihren Werken, es sei denn, dass sie sich auf die allgemeinen Ansichten stützen, die sie von einstigen Lehrern oder ihrer Umwelt von heute übernommen haben. Eine Entscheidung war ja auch gänzlich unwichtig für sie, da es sich ja nicht um Sein oder Nichtsein – also um die berufliche und menschliche Existenz handelte...

Schinkel schildert in seinen Gedanken über die Baukunst den schöpferischen Menschen als einen Suchenden, Neues zu gestalten, dem bei aller Genialität eben durch dieses Tasten, ohne zu wissen, ob es zu der erstrebten Lösung führen kann, etwas Furchtsames, Zurückhaltendes anhaftet. In diesem Bemühen, das charakteristisch und vom schöpferischen

Menschen nicht zu trennen ist, liegen wohl die Unsicherheit und Unrast begründet, die der Umwelt oft so unverständlich erscheinen. Wie leicht wäre es, Entscheidungen mit Hilfe von Vorurteilen, die uns die Umwelt so gerne jederzeit zur Verfügung stellt, oder durch Außerachtlassen der Problematik des Falles einfach in vorschnellem Entschluss, alle Schwierigkeiten überspringend, sowohl im beruflichen Gebiet oder noch leichter auf dem politischen zu treffen, um sich damit aller Auseinandersetzungen zu entledigen.

Als schöpferischer Mensch erlebt man es doch allenthalben, dass mit einer Entscheidung, und mag sie noch so klar erscheinen, nichts erreicht wird, sondern dass man durch das Eindringen in die Aufgabenstellung und durch Einkreisen der Aufgaben, durch Entwickeln und ständiges Sich – Auseinandersetzen zu einer Lösung vordringen kann, die vielleicht nach einer Weile wieder verworfen werden muß, weil man neue noch überzeugendere Lösungsmöglichkeiten erkannt hat, eben durch dieses Bemühen, ohne eine klare Entscheidung getroffen zu haben. Die Anstrengungen dieses Mühens, die Übung in der Auseinandersetzung mit der Materie und die in solchem Training erworbene Erfahrung und Reife können zu einer gültigen Lösung führen, deren Eindeutigkeit auch von der Umwelt begriffen und erkannt wird. Die Kraft künstlerischer Energien, zu denen auch der Fleiß gehört, strahlt in der fertiggestellten Arbeit auf den Betrachter und Beurteiler zurück, gewinnt ihn für die Arbeit oder lässt ihn sie ablehnen, auf alle Fälle aber zwingt sie ihn zu einer klaren Entscheidung. Die künstlerische Arbeit ist somit die Kritik an der Zeit, indem sie diese durch Gestaltung des Künstlers wiederspiegelt und dem Beschauer vor Augen hält. Sie bietet ihm die Erkenntnis, wo man sich gerade befindet. Gerade in den Einengungen äußerer Art, mit denen der schöpferische Mensch dauernd zu kämpfen hat, seien es wirtschaftliche Sorgen, ablehnende Beurteilung seiner Arbeiten, Missgunst und Neid seiner Kollegen und, wie diese Hemmnisse alle heißen mögen, ist es mehr denn je der Beweis seiner künstlerischen Kraft, bei der Gegenüberstellung künstlerischer Ideen und Gestaltungsformen mit wirtschaftlichen und politischen Forderungen sich in seinem Berufsleben auseinanderzusetzen und nicht durch Opposition dieser Auseinandersetzung aus dem Wege zu gehen; das würde meines Erachtens einem künstlerischen Selbstmord gleichen. Ich stehe auf dem Standpunkt, dass ein Künstler Treue zu seinem Beruf unter allen Umständen halten muss und nicht von den politischen oder wirtschaftlichen Bedingungen einer wechselnden Zeit sich bestimmen lassen darf, ob er «mitmacht» oder nicht, auch wenn ihm Schwierigkeiten äußerer und innerer Art nicht erspart bleiben können. Nur in der Auseinandersetzung mit den Aufgaben wird er die Probleme der Zeit gestalten, wird er lebendig bleiben, seine Gedanken und Kräfte, vielen vielleicht unsichtbar, die dem ernsten und scharfen Beobachter jedoch niemals entgehen werden, zum Ausdruck bringen können. Oft wird das eine Kritik an seinen Auftraggebern sein und somit im Gegensatz zu der Zeitmeinung politischer Prägung stehen.

Wenn ich solche Gedanken ausspreche, so stütze ich mich dabei auf die Persönlichkeit und die Arbeiten von Paul Bonatz, der eben in Ankara tätig ist.

Sie werden sich noch erinnern, dass Bonatz seinerzeit in der Zeitung «Das Reich» angegriffen wurde, wobei man ihm den Vorwurf machte, dass er sich um die türkische Staatsangehörigkeit bemüht habe, obgleich die Reichsdeutschen auf Grund der politischen Entwicklung aus diesem Staate abreisen mussten. Damals haben auch Kollegen, die keineswegs die allgemeinen politischen Anschauungen der Zeit teilten, dieses Verhalten von Bonatz scharf abgelehnt. Ebenso wie heute habe ich damals besonders Studenten gegenüber den Standpunkt vertreten, dass man wegen politischer Ereignisse, soweit sie einen nicht dazu zwingen, als Künstler die Arbeit nicht verlassen dürfe, da es sich um eine gestalterische Arbeit handelt, die an die Person gebunden ist und dass man kein politisierender Künstler sein dürfe, sondern über alle politischen Spannungen hinweg, kommen sie nun von Parteien oder stützenden Staaten, die große Mission des Künstlers, Werke von überzeitlicher Bedeutung zu schaffen, erfüllen müsse. Dieser Aufgabe und Arbeit ist jedes Opfer zu bringen, und ihr hat der Künstler seine ganzen Kräfte zu widmen. Wie mir Bonatz im Frühjahr 1944 erzählte, bevor er das zweite Mal nach Ankara abflog, ist sein Heim dort – ein kleines Hotelzimmer von etwa 3x5 Meter Größe, in dem außer dem Bett an Stelle bequemer Möbel ein Reißbrett und ein Stuhl stehen. Wenn man bedenkt, dass Bonatz 70 Jahre alt ist, ich glaube er wurde es am 6. Dezember; dass seine Familie abseits vom Lärm unserer Zeit in einem kleinen Heim im Allgäu lebt; dass sein ganzer großer Freundes- und Bekanntenkreis sich in Deutschland und Europa befindet und er auf eine fremde Umwelt angewiesen ist, die er zur Aufladung seiner Energien erst verarbeiten muss, und dass er dabei größte Bauaufgaben in gemeinsamer Arbeit mit türkischen Architekten in fast anonymer eigener Mitwirkung bearbeitet, so kann man diese Einstellung und Leistung nur aus innerer

Berufung und Begeisterung zum Beruf des Baumeisters erklären, für die so gut wie alle anderen Bindungen geopfert werden müssen. Mir erscheint es deswegen auch nebensächlich zu sein, ob Bonatz zu dem Entschluss, in die Türkei zu gehen, aus der Erkenntnis gekommen ist, dass er damals in Deutschland keine Möglichkeiten hatte, die Arbeiten zu leisten, zu denen er bei dem hohen Grade seiner künstlerischen Reife berufen war und immer noch berufen ist, und so äußere Umstände, die er wohl bei seinem Aufenthalt im Auslande besser überblicken konnte, und später die Zerstörung seines Heimes und die Vernichtung seines Ateliers mit allen Projekten, ihm bei dem Entschluss in der Türkei zu bleiben und die dargebotenen Möglichkeiten wahrzunehmen, bestärkt haben. Wesentlich scheint mir, dass er, nachdem alle Versuche, seine Kräfte nutzbringend hier in Deutschland einzusetzen, offenbar erfolglos waren, diese in der Türkei für die Planung und Ausführung großer Bauten einsetzen konnte. Dieser Aufgabe hat er sich nun ganz gewidmet trotz seines hohen Alters und trotz der Einschränkungen, denen sein Leben unterworfen ist. Obgleich ihn Stuttgart wieder an die Technische Hochschule durch Minister Dr. Heuß rufen ließ, hat er seine Arbeit in Ankara nicht verlassen, um sich etwa als ein aus der Verbannung Zurückgekehrter nun in allen Ehren Rehabilitierter feiern zu lassen. Wie leicht wäre es für ihn gewesen, seinerzeit in stiller Opposition zu verharren, um heute nun ausgegraben zu werden und an führende Posten zu gelangen. Als lebendiger, von gespannten Energien geladener, immer elastischer künstlerischer Mensch ist Bonatz in ständiger Auseinandersetzung mit der Baugestaltung und allen Aufgaben des Architekten und Städtebauers in Verbindung geblieben, lebt er geradezu in diesem Zustand gespannter Energien. Niemals hat er einen nur beobachtenden oder kritisierenden Standpunkt eingenommen, immer hat er sich in die Linie der schaffenden Architekten gestellt und eigene Lösungsvorschläge, die eben seine Stellungnahme zu den Problemen bedeuteten, der öffentlichen Kritik ausgesetzt. Ich erinnere nur an die Veröffentlichung seiner Arbeiten durch Hegemann und Tamms.

Ich habe am 9. Oktober 1945 an Bonatz geschrieben und seine Rückkehr, die mir damals als bevorstehend mitgeteilt wurde, auf das herzlichste begrüßt und die Hoffnung ausgesprochen, dass nunmehr ein großer Kreis von Architekten unter seiner führenden Mitarbeit, vor den Fragen des Wiederaufbaues der Städte stehend, gern arbeiten würde. Heute muss ich einsehen, dass Bonatz richtiger und konsequenter handelt, wenn er in Ankara bleibt. Ich möchte diese Berechtigung, im Ausland zu wirken, ihm persönlich anerkannt wissen, und nicht eine Parallele zu Thomas Mann ziehen. Nein, was wollte Bonatz hier in Deutschland, in welcher Zone es auch sei, mehr leisten, Besseres bauen, als er es eben in der Türkei vermöchte. Zu einer anderen Erkenntnis als wir wird er nicht kommen können, nämlich dass wir in Wirklichkeit mit furchtbarem Schrecken erkennen müssen, dass wir gar keine Aufgaben gestalterischer Art eben jetzt ausführen können, geschweige denn solche uns stellen dürfen, wie sie den Leistungen eines Bonatz entsprechen würden. Darum erscheint mir seine Arbeit in Ankara für uns deutsche Architekten und für den Ruf der Deutschen Baukunst vor dem internationalen Forum der Baukunst von größerer Bedeutung zu sein als seine eventuelle Mitarbeit in Deutschland selbst. Die geschickte, wirtschaftlich-bautechnisch sparsame Ausnutzung der Baumaterialien aus Trümmern und Hilfsbaustoffen können andere besser als er. Das war auch nie seine Art.

Sein Weg in der Baukunst führte ihn von gewissen Bedingungen an eine vergangene Formensprache, die er allerdings mit größter Meisterschaft beherrschte und, mit wirklich gekonnter Großartigkeit persönlich geformt, dort einsetzte, wo er glaubte, eine Steigerung künstlerischer Wirkungen im Einzelnen erreichen zu können, zur Beherrschung einer auf materialgerechte und konstruktiv geklärte Kenntnisse gestützte Gestaltung größter Bauanlagen, die bis ins Kleinste ausgereift waren. Diese Eigenschaften würde er vielleicht mit anderen großen Architekten teilen, wenn er nicht in seinen ungewöhnlichen klaren und überzeugenden Grundrissen Raumgestaltung von einmaliger Wirkung geschaffen hätte. Man denke nur an die Halle im Stuttgarter Bahnhof, oder die Räume seines Berliner Projektes und andere Lösungen.

Diese Klarheit finden wir auch in seinen Stadtplanungen: aus den Gegebenheiten entwickelt er einen Plan von überzeugender Kraft, einer sinngemäßen, gültig herausgearbeiteten Gestaltung, die für den einzelnen Fall gültig und im Grundsätzlichen von allgemeiner Bedeutung ist. Seine Arbeiten kann man in dem steigenden Maße seiner künstlerischen Kraft und Reife als klassisch im weitesten Sinne des Wortes bezeichnen. Dieses Höchstmaß an Reife, seine Würdigung des Vergangenen, seine Anerkennung der Gegebenheiten für die Aufgabe und ihre Lösungsmöglichkeiten, sein Verständnis für die mitarbeitenden Kräfte, seien es Kollegen, Architekten und Ingenieure, Bauunternehmer, Handwerker oder Arbeiter, sein Sinn für die Wünsche des Bauherrn, sei es Person oder Behörde, seine Furchtlosigkeit vor der öffentlichen Meinung und seine ausgesprochene

Gabe, Wesenhaftes und Wesentliches im Bauvorgang für die Baugestaltung herauszustellen, scheinen mir gerade in den Arbeiten des letzten Jahres trotz der Einengung, unter denen er gearbeitet hat, besonders sichtbar geworden zu sein. Ich möchte hier auf den Aufsatz hinweisen, den Bonatz in der Frankfurter Zeitung 1940 schrieb und in dem wohl am stärksten ein Einblick in sein Arbeiten und Denken zur Arbeitsweise gewährt wird. Er, der so ganz zurückhaltend ist, der nie von sich oder seiner Arbeit zu sprechen pflegt, gibt in gedrängten Worten ein glühendes Bekenntnis zum Beruf des Baumeisters. Er, der als diplomatisch geschickter und menschlich kühler Weltmann gilt, offenbart sich in der Formulierung seiner Gedanken als großer Gestalter und künstlerischer Mensch. (Kennen Sie seine entzückenden Aquarelle, Zeichnungen und Skizzen von seinen vielen Reisen durch ganz Europa? Kennen Sie seine amüsant geschriebenen Tagebücher aus Spanien und der Türkei?) Wie wenig dabei Bonatz «Olympier» ist, kommt besonders darin zum Ausdruck, dass er in seinem Verhältnis zu Kollegen und Studenten immer bereit ist, selbst bei oft an Utopie grenzenden Vorschlägen das Wesentliche der Idee anzuerkennen, ihre Arbeiten fast grundsätzlich gelten zu lassen und in gemeinsamem Bemühen die bestmögliche Lösung für sie zu finden. Im Buche «Paul Bonatz und seine Schüler» hat er seine Gedanken über die Erziehung des Architekten, ohne erschöpfend zu sein, zum Ausdruck gebracht. Seine erzieherische Leistung lag und liegt vor allem in seiner Arbeit selbst und in der Zusammenarbeit bei gemeinsamen Aufgaben wie zum Beispiel bei den Brücken der Reichsautobahnen.

Ob die politischen Umstände eine Stellungnahme zu den Regierungsformen oder Parteien von ihm forderten oder heute wieder fordern können, scheint mir nicht so entscheidend zu sein. Bonatz musste damals wie heute Baumeister bleiben. Sein Bekenntnis ist das zur Baukunst durch die Arbeit, und zwar bedingungslos. Ob ihm hohe Ehren oder ein bequemes Leben lockten oder ob er mit Schwierigkeiten infolge des Regierungswechsels zu kämpfen hatte oder haben konnte, Bonatz ist ausschließlich Architekt geblieben, wenn auch heute außerhalb des Landes. Damit ist etwas Allgemeingültiges sichtbar geworden, die Treue zur Arbeit als innere Berufung, die einzig und allein für künstlerisch tätige Menschen gültig sein kann.

Trotz des politischen Gegensatzes dennoch Architekt und zwar ein führender Architekt geblieben zu sein, trotz der Enge, die den Gestaltungsmöglichkeiten gezogen war, dennoch ein guter Architekt zu bleiben,

Allgemeingültiges durch hervorragende Einzelleistungen zu schaffen, trotz der Einschränkungen in bescheidenster Lebenshaltung, fern einer tragenden Umwelt Bedeutendes zu leisten, das vermag nur ein Künstler, der es im wahren Sinne des Wortes ist. Dass es ein deutscher Baukünstler ist, kann uns Architekten nur ermutigen, gleich ihm durch die Leistung allein zu wirken.

Lieber Herr Leitl, ich hoffe, dass es mir gelungen ist, mich so auszudrücken, dass Sie mich verstanden haben. Noch mehr würde es mich freuen, wenn sich unsere Ansichten begegneten. Ich bin daher dankbar, wenn ich Ihre Stellungnahme erfahren könnte,

Ihr ergebener G. G.

Lieber Herr G!
Für Ihren Brief danke ich Ihnen sehr herzlich. Ich brauche Ihnen wohl nicht zu sagen, wie sehr auch ich mich über unser zufälliges Zusammentreffen in Hamburg gefreut habe. Und wenn ich Sie schon einmal ein Stück Ihres beruflichen Weges mit großer Anteilnahme begleitet habe, so hoffe ich sehr, dass wir ein weiteres Stück gemeinsam gehen werden; denn die Arbeit die zu bewältigen ist, verlangt bei aller Eigenart und persönlichen Abgeschlossenheit jedes einzelnen Schaffenden doch das Zusammenwirken aller, die sich um Klarheit über Ziel und Weg bemühen. Diese Klarheit ist es auch, die mich in Ihrer Arbeit, als ich diese und dann Sie selbst vor Jahren kennenlernte, so berührt hat, und weshalb ich Ihr Schaffen zu dem der für unsere Baukunst wichtigsten Männer rechnete. Um diese Klarheit geht es, wie ich glaube, auch heute. Und dies ist auch der Kernpunkt der Frage: Muss und kann der Künstler politisch sein, oder besser, hat seine Arbeit mit Politik überhaupt etwas zu tun?

Ich habe es vielleicht nicht ganz so formuliert, aber ungefähr wohl doch gemeint, was Sie festhalten, dass nämlich eine klare politische Entscheidung auch auf eine klare berufliche Stellungnahme schließen lasse. Das klingt außerordentlich angreifbar, wenn man sich nicht zunächst einigt, was man unter politisch verstehen will. Politik verstehe ich als die Beschäftigung mit den öffentlichen Angelegenheiten, und ich glaube, es gibt keinen Menschen, der sich von der Verpflichtung, an den öffentlichen Angelegenheiten oder, genauer gesagt, am gemeinsamen Leben teilzuhaben, als befreit betrachten darf; auch der Künstler nicht. Er vielleicht am allerwenigsten, denn wenn er überhaupt eine Mission hat, so ist es eine öffentliche Mission. Sie haben diese Mission in ihrem Brief auch angesprochen und gesagt, dass in seinem Werke die Auseinandersetzung mit der Zeit zum Ausdruck kommen muss. Also muss er auch zu der Zeit Stellung nehmen. Es wäre wohl falsch, dem Gestalter einen Dispens von den öffentlichen Aufgaben und seiner Verpflichtung, sich zu entscheiden und Entscheidungen zu vertreten, zu erteilen.

Der Nationalsozialismus war bei aller Auflösung unserer Sprache und der Begriffe ausnahmsweise genau, wenn er behauptete, dass Kunst eng mit Weltanschauung verbunden sei. Tatsächlich: der Architekt muss in seinem Werke sagen, wie er die Welt anschaut, ob er mit seiner Arbeit einen Beitrag leisten will, die aus den Fugen gehobenen Dinge zurechtzurücken und neu zu ordnen, oder ob er nur Formprobleme wälzen beziehungsweise Spezialist sein will. Wir haben eine unheimliche Menge von Spezialisten. Ich las neulich von einem Verband von Architekten und Ingenieuren, der vor 1933 über zehntausend Mitglieder gehabt hat, davon vermutlich die meisten «Spezialisten» mit Prüfungen und Zeugnissen, sorgfältig abgestempelt, ihrer Würde und ihres Auftrages als Spezialisten voll bewusst. Dazu die Zehntausende, die diesem Verband nicht angehörten, sondern Stadt und Land frei bevölkerten. Sie haben alle Zeichnen gelernt und Rechnen und Statik und machen Baupolizeipläne und Details und zeichnen Konstruktions- und Biege-Pläne und sind Spezialisten und fühlen sich befreit von Politik. Diese alle sagen auch heute, dass sie Fachleute gewesen sind und immer völlig unpolitisch. Und das sagen die Großen und die Kleinen, und das ist entsetzlich, denn jeder meint, die beste Entschuldigung sei, ein guter Fachmann zu sein. Wir brauchen aber keine «Fachmänner», sondern wir brauchen Menschen. Menschen freilich, die ihr Fach beherrschen (das ist eine selbstverständliche Forderung), die aber alles, bewusst oder unbewusst, aus einer bestimmten Mitte heraus tun, das heißt als Ausdruck dessen, wie sie die Welt ansehen, oder was sie aus der Welt machen wollen. (Diese Anschauung scheint Ihnen vielleicht überspannt, weil sie zu generell ist, aber ich glaube, dass man die generelle Forderung nicht scharf genug betonen kann; ihre jeweilige Anwendung und die für den Einzelnen mögliche und fassbare Schattierung ist in der generellen Forderung eingeschlossen.) Denn selbstverständlich kann und will ich von einem biederen Techniker nicht den gleichen Gesamtüberblick verlangen wie von einem Architekten der oberen Gestaltergruppe. Aber auch er soll wissen, dass die Welt und die Welt des Bauens ein Ganzes ist, in dem sich Teile zueinander ordnen, und dass er nicht von seinem engen

Spezialistenkreis aus alles bewältigen kann. Ich war vor ein paar Tagen in einer kleinen Landstadt und habe dort einen «tüchtigen» Architekten getroffen; ein ausgesprochen ordentlicher Mann, Spezialist durch und durch, macht alles selbst und kommt zum Beispiel nicht auf die Idee, dass das Gesamtbild einer Stadt nicht allein aus der Perspektive seiner mit Zeichenmaschine tüchtig aufgerissenen und statisch selbst berechneten scheußlichen Bauten betrachtet werden kann. Das, was wir beruflich und gestalterisch immer bekämpft haben, dass Leute, denen die Gabe und das Wissen um die Gestaltung fehlt, in diese eindringen und sie an sich reißen, ist im Grunde nichts anderes als eine Frucht des Spezialistentums. Denn alle diese kleinen Spezialisten haben ja alles gelernt, was zum Bauen nötig ist, und mit diesem recht engen Spezialwissen bewältigen sie die ganze Welt. Vielleicht haben Sie das Empfinden, dass ich vom Thema abweiche, aber ich spreche die ganze Zeit nur davon: Wie wir die Welt anschauen und welches Bild wir uns von ihr machen, ist grundlegend wichtig. Ist es das Bild des Fachmannes, den nichts, auch gar nichts außerhalb dessen, was er in seiner Fachausbildung gelernt hat, interessiert und der sogar stolz darauf ist, so beschränkt zu sein – oder ist es das Bild einer geistig gegründeten Gesamtordnung, der zu dienen und die anzustreben wir alle ohne Ausnahme verpflichtet sind. – Um so mehr ist der geistige und künstlerische Mensch an diese Verantwortung gebunden, als ihm eine Masse gegenübersteht, die von sich aus zu Entscheidungen nicht mehr fähig ist, das heißt, bei der die selbstverständliche sittliche Entscheidung des Menschen als Einzelpersönlichkeit ersetzt ist durch Massen-Reaktionen, Massen-Instikte und Massen-Affekte.

Und das, lieber Herr G., ist es, was ich mit klarer Entscheidung meinte: Sie haben recht, wenn Sie sagen, der Künstler und der Architekt im besonderen können sich ihrer Zeit nicht entziehen, ihr ganzes Leben und ihre ganze Arbeit müssen eine Auseinandersetzung mit ihrer Zeit und ihren Menschen sein. Aber es ist entscheidend, ob der Architekt eine Persönlichkeit ist oder ob er auch nur Teil der Masse ist.

Ist er persönlich voll zu werten, dann musste er auch in den zurückliegenden Jahren klare Standpunkte beziehen. Denn beim Nationalsozialismus handelte es sich nicht um Tages-Politik, mit der man sich vielleicht ein wenig schmutzig macht, sondern tatsächlich um eine Anschauung der Welt, die unsittlich war und also jeder sittlichen Persönlichkeit im tiefsten Grunde zuwider sein musste. Sie war auch unmenschlich oder besser widermenschlich, und deshalb durfte der Architekt, dessen Mission ja die menschliche Ordnung ist, die Welt nicht so anschauen wie diese sogenannte Weltanschauung. Dass ein Künstler vielleicht Chauvinist oder Militarist war, halte ich für möglich, obwohl auch nicht für angängig, aber Chauvinismus und Militarismus gibt es überall in der Welt, so wenig Sie und ich das schön finden mögen. Diese Seite der Sache also brauchten wir, obwohl auch sie eine Abweichung von der richtigen und natürlichen Sicht ist, nicht so schwer zu nehmen wie die andere grundsätzlich unsittliche Gesamthaltung des Nationalsozialismus. Und es liegt ein entscheidendes Versagen auch gegenüber der Berufsverpflichtung des Architekten darin, wenn dies nicht erkannt wurde.

Es wäre pharisäischer Unsinn, heute sagen zu wollen, ab 1933 hätte der charaktervolle Architekt nicht mehr bauen dürfen. Im Gegenteil, er musste, wenn es irgend angängig war – gar manchem schien es nicht angängig – bauen, und er musste sich, wie Sie sagen, mit der Zeit auseinandersetzen. Denn gleichgültig, welche Sorte von Politikern das Ruder führte, die Mitmenschen mit ihren Forderungen und Bedürfnissen nach Obdach, Arbeitsstätte und Erholung waren da und sind immer da, und ihnen müssen wir helfen. Aber Sie wissen sehr wohl, wie man sich auch dieser Forderungen bemächtigt hat und wie sehr sie von den damals Regierenden missbraucht und verfälscht worden sind, wie man beispielsweise in der Siedlungs-Politik die Parolen gewechselt hat, wie man die einfachen Bedürfnisse der Menschen nach Wohnung und Sonne und Erholung missbraucht hat als Anlass zu irrsinniger Monumentalität, und wie auf der anderen Seite das Spießbürgertum in der Architektur unter dem Motto Blut und Scholle, Heimatgebundenheit und so weiter die Ansätze zu natürlicher Gestaltung verdorben hat. Hierin lag wirklich ein weites Feld für eine wesentliche Auseinandersetzung, und zum Glück haben manche Architekten mit großer Tapferkeit in diesen Bezirken gestritten. Wo aber die Auseinandersetzung nicht mehr möglich war, da musste der Architekt zurücktreten. Er musste die Grenze sehen, und dort lag die Entscheidung. Als ich vor einigen Jahren, es war Anfang des Krieges, Heinrich Tessenow in Neubrandenburg besuchte, da sagte er mir: «Es ist verkehrt zu meinen, die guten Architekten müssten versuchen, die nationalsozialistische Architektur besser zu machen. Im Gegenteil, sollen die ihren Unsinn und ihre Unmäßigkeit alleine machen und zwar so schlecht, wie sie selber sind, umso schneller geht es mit ihnen zu Ende.» Sie sehen es heute an den Politikern und sonstigen «anständigen» Parteigenossen, die mitgegangen sind, um die Dinge zu zähmen und zu bessern. Sie sind genau so gescheitert wie die Architekten. Sie konnten Hitlers Monumental-Architektur formal nicht retten. Eine innerlich faule Sache ist durch keine Form zu retten, auch nicht durch gute Proportion und immer gültige Architekturgesetze. Denn sie ist all den Gesetzen im Grunde entgegen. Denken Sie allein an die einfachsten Regeln des Maßstabes, und wenn Sie noch ein einschlägiges Heft der von Dr. Wolters herausgegebenen «Baukunst im Dritten Reich» haben, dann finden Sie sicher die Pläne von Nürnberg. Wo ist da noch Maßstab? Dort herrscht die absolute Maßstablosigkeit, der Rausch der laufenden Meter, der Wahnsinn und die teuflische Lust, den Menschen seiner Persönlichkeit zu berauben und in eine kommandierte und nur auf Kommando reagierende Masse zu pressen. Nennen Sie mir einen Architekten, der, sobald er sich auf dieses Feld begeben hat, noch eine ernst zu nehmende Arbeit geleistet und seine Würde bewahrt hat. Die Leidenschaft zu bauen, lieber Herr G., ist sicher mit das Beste, was dem Architekten geschenkt werden kann. Aber auch diese Leidenschaft entbindet ihn nicht vom Denken. Ich stelle immer mit Betrübnis fest, dass der Kopf so wenig gilt und dass man denen, die von dieser Aufgabe wissen, gerne nachsagt, es fehlte ihnen am Herzen. Es könnte aber sein, dass zuzeiten der Kopf neben dem Herzen recht fleißig tätig sein müsste, und diese Zeit ist jetzt. Sie hat nicht heute angefangen, sondern – Sie wissen vielleicht, dass ich auf diesen Gedanken beinahe schon ein wenig herumgeritten bin – sie dauert schon eine recht erhebliche Zeit, nämlich schon so lange, als wir wissen, dass wir uns und das rechte Bauen und die echte Baukunst bemühen und dass wir verloren gegangene Begriffe neu erringen müssen. Wie anders soll uns das gelingen als durch Bewusstheit und Klarheit.

Ob ich mich nun genügend verständlich gemacht habe, und ob wir nun die Anwendung auf Paul Bonatz finden? Ich kenne Bonatz eigentlich nur aus seinen Arbeiten. Einmal habe ich ihn ganz flüchtig gesehen. Was für diesen Architekten einnehmen kann, ist die Treue und Anhänglichkeit seiner Schüler. Denn auch Sie, der Sie doch selbst seit einigen Jahren vor Schülern stehen und sie in das schwere Amt des Baumeisters einführen, sind Sie nicht ein wenig Bonatz Schüler geblieben? Das spricht für die offensichtlich fesselnde Persönlichkeit dieses Mannes und wird ihm sicher als Siebzigjährigem ein ebenso großer Erfolg erscheinen wie der Rückblick auf eine lange Reihe von Bauten. Daß Bonatz Berater der Reichsautobahnen war, nimmt ihm, glaub ich, kein Mensch übel, solange er den Bauten des Verkehrs die ihnen gemäße Gestalt zu geben suchte. Ich weiß aber nicht, wieweit er in der Ausübung seines Amtes von jener Klarheit der Entscheidung abgewichen ist, die ich gerade vorher als so wichtig eben für die große Architektenpersönlichkeit bezeichnet habe. Ich will mich auch nicht zum Richter über ihn aufschwingen.

Aber etwas ganz Ketzerisches will ich Ihnen sagen. Ein Werk von Bonatz, das wohl allgemein bewundert und anerkannt wird, ist der Stuttgarter Hauptbahnhof gewesen. Sie erwähnen ihn auch selbst, und er ist in der Tat als künstlerische Leistung bewunderungswert. In den Treppenhallen und in der Haupthalle begegnet uns eine baumeisterliche Fähigkeit der Raum- und Flächenbeherrschung, die Eindruck machen muß. Dennoch halte ich gerade den Hauptbahnhof von Stuttgart in einem wichtigen Punkte für verfehlt. Die großen Formen, die Bonatz hier gewählt hat, beinahe sakrale Formen, sind sie nicht fehl am Platze für die Aufgabe? Bedenken Sie den inneren Wert der Aufgabe des Verkehrs: Züge ankommen und abfahren zu lassen. Reisende kaufen Fahrkarten, geben Gepäck auf, schließen eine Reiseversicherung ab und deponieren Koffer und Pakete mit Gemüse, und das alles spielt sich in den größten Formen, die die Baukunst zu geben hat ab. Hier liegt eine Diskrepanz zwischen Aufgabe und Form. Ich meine, der Bahnhof in Stuttgart vergreift sich in der Tonlage. Man muss allerdings, um gerecht zu sein, Einiges zugeben. Als der Stuttgarter Hauptbahnhof geplant wurde, war der Vorstoß zu der großen und einfachen Form allein schon künstlerisch eine Pioniertat, und der Architekt, der diesen Vorstoß wagte, hat wirklich etwas Großes geleistet. Geistig aber wäre zu entscheiden gewesen, ob das bisschen Verkehr wirklich als Anlass genommen werden darf, diese große Form zu verwenden. Wenn unsere Bahnhöfe aussehen wie Kirchen, können wir uns nicht wundern, dass man uns sagt, unsere Kirchen sähen aus wie Bahnhöfe. Wie können wir Unterscheidung verlangen, wenn wir nicht selbst bereit sind zu unterscheiden und, wo es nottut, uns zu bescheiden. Und hier fällt dem Architekten heute mehr denn je eine Aufgabe zu, der er früher enthoben war; er selbst muss nämlich mit das Programm gestalten und darauf den Ton und die Einordnung des Werkes finden, er muss anders als in den Zeiten einer geschlossenen Formkultur an der Lösung der prinzipiellen Fragen des Bauens mitwirken; und da, meine ich, liegt ein speziell für die Baugestalter unserer Zeit schwerer und verantwortungsvoller Auftrag. Nur bauen zu wollen und nur künstlerisch sein zu wollen, genügt nicht, es muß die Klarheit des Denkens dabei sein, und sie ist von zwingender Notwendigkeit. Ist sie nicht vorhanden und vernachlässigt der Architekt sie, weil ihn nur die «reine Kunst» interessiert, die es kaum gibt in der

Gebundenheit der Architektur, dann fehlt etwas Wichtiges. Und insofern werden wir den großen Architekten danach beurteilen müssen, wie groß sein Beitrag zur Klärung der Zeitfragen ist. Vielleicht sind die Werke, die Bonatz in der Türkei noch in die Hand genommen hat und auch vielleicht noch vollenden wird, solche wichtigen Zeitbeiträge, und ich fände es töricht, ihm sagen zu wollen, er solle lieber nach Deutschland zurückkehren. Vielleicht sind aber es auch nur geschliffene Formleistungen. Ich hoffe sehr, dass seine Bauten zu der ersten Gruppe gehören mögen, und dann ist es gleichgültig, wo sie stehen. Denn der große Künstler gehört nicht nur dem Lande, sondern allen, und die wirkliche Leistung hat Gültigkeit, so sehr sie dem besonderen Fall dienen mag, für das Allgemeine.

Der Brief ist nun etwas lang geworden, und ich habe dennoch das Gefühl, dass manches offen ist. Hoffentlich haben wir noch viel Gelegenheit, in persönlicher Aussprache zu klären, was Sie und was ich meinen. Im Grunde, denke ich, werden wir uns verstehen und auch in der weiteren Arbeit wieder gut zueinander finden.

Ihr Alfons Leitl

Das Hamburg-Projekt von 1948: Modell der 12 (Grindelberg-) Hochhaus-Scheiben, die im Auftrag der Englischen Besatzung von der Entwurfsgemeinschaft Hermkes/Hopp/Jäger, Lodders/Lob/Streeb, Ruschewey/Sander, Trautwein/Zesch errichtet werden soll.

Alfons Leitl

Die Massenhaftigkeit und die Tradition

Es wird heute viel – ein wenig zuviel und fast von jedermann von Überlieferung gesprochen; doch man kann fast sicher sein, dass nur wenige mit dem gleichen Wort das Gleiche meinen. Es steht für manches ehrliche Wollen und Wissen. Hinter diesem Wort verbergen sich aber auch sehr zweifelhafte Dinge: darunter die Trägheit des Herzens und des Geistes, das Festkleben am Gewohnten, eine gewisse reaktionäre Gesinnung.

In dem Streit um alte und neue Form, um Recht und Notwendigkeit der Tradition ist es deshalb zuerst notwendig, die Begriffe zu klären.

Vortrag gehalten auf dem Kongress des Deutschen Verbandes für Wohnungswesen, Städtebau und Raumplanung

Was ist Überlieferung? Was ist Tradition? – Es kann Verschiedenes sein. Die Überlieferung kann im Können liegen, sie kann die Fortführung und Weitergabe erprobter Arbeitsmethoden, die Erhaltung gesunder Gepflogenheiten, aber auch gesunder Sitten sein, eine Konvention, die sagt, was sich schickt und was sich nicht schickt. So müssten wir zunächst die Frage stellen, was ist von einer wirklich gesunden Überlieferung, einer Konvention im besten Sinne, innerlich und äußerlich, im Sittlichen, Handwerklichen und in der Lebensgestaltung, vorhanden. Was ist an überliefertem Können wirklich noch lebendig? Und wenn davon etwas vorhanden ist, was können wir für die Aufgaben, die uns heute gestellt sind, damit beginnen? Handelt es sich bei dem Anruf der Tradition um Gemütswerte und deren Erhaltung, handelt es sich um die Wahrung altväterlicher Behaglichkeit, und geht es bei dem, was hier erörtert wird, lediglich um einen notdürftigen Einbau dessen, was die Technisierung, die «Amerikanisierung», von uns fordert, handelt es sich nur um kleine Korrekturen an einer sonst intakten Welt?

Die Aufgabe, die uns heute gestellt ist, heißt: eine Grundordnung des gemeinsamen Lebens und Wirtschaftens zu finden und dabei nicht nur die realen und technischen Ansprüche zu befriedigen, sondern auch die außerrealen, die tiefsten menschlichen Dinge nicht zu vergessen und dies alles im Städtebau niederzuschreiben.

Hundert Jahre lang ist versäumt worden, den Einbruch der Technik zu bannen und eine gewandelte, von der handwerklich übersehbaren Wirtschaftsordnung sehr unterschiedene neue Wirtschaft und neue Lebensverhältnisse zu ordnen und sichtbar zu formen. Diese Aufgabe nachzuholen oder vielmehr in einer neuen schöpferischen Weise anzufassen – ich sage nur anzufassen; ob wir sie vollenden werden, ist eine Frage unserer Kraft – steht heute als große Forderung vor uns. Das bedeutet, dass wir zunächst die Welt, die uns heute umgibt, als Tatbestand erfassen, dass wir sie sichten und das, was davon für uns brauchbar ist, festhalten, bejahen und gestalten. Wenn wir z.B. die Technik bejahen – und ich tue das –, dann sind wir noch lange nicht Rationalisten oder Technizisten, sondern wir wissen, dass für uns heute noch der erste Auftrag an die Menschen gültig ist: «Macht euch die Erde untertan!» Was kann uns nun, wenn wir die Aufgabe einer städtebaulichen Niederschrift unserer neuen gewandelten Lebensverhältnisse betrachten, die Tradition Nützliches beisteuern? Zunächst, was kann sie uns in der Arbeitsmethode Nützliches liefern? Und dann, was kann sie uns im Geistigen und als grundsätzliches Vorbild sein?

Die erste Frage nach der Arbeitsmethode, nach dem Nutzen der Tradition in der Arbeit selbst, möchte ich verneinen. Die zweite Frage nach der Tradition, als Kraftspender, als geistiges und grundsätzliches Vorbild möchte ich aus ganzem Herzen bejahen.

Die große Bestandsaufnahme, die wir heute zu machen haben, ist ohne Vorgang. Wir arbeiten zunächst im ersten Feld unserer Arbeit mit wissenschaftlich-analytischen Methoden, um ein weit verspanntes Netz soziologischer, wirtschaftlicher und kultureller Tatbestände zu ermitteln. Das ist eine sehr mühselige aber auch sehr erregende Arbeit, mit Hilfe der Statistik und aller möglicher präziser und nüchterner Dinge hinter die Gesetzmäßigkeit oder auch die Gesetzwidrigkeit bestehender Zustände zu kommen; es ist ein Stück Entdeckerarbeit. Wir können also bei diesem Teil der Arbeit mit traditionellen Anschauungen, zumal die Tradition des Städtebaus oder der Städtebautheorien sehr jung ist, recht wenig anfangen. Bei unserer Arbeit der Analyse und Bestandsaufnahme stoßen wir immer wieder auf ein entsetzliches Problem. Es ist das Problem der Masse und der

Massenhaftigkeit. Wir stoßen auf die Menschenmasse und auf die Massenmenschen. Was kennzeichnet den Massenmenschen, was macht ihn für uns so erschreckend, so wenig ansprechbar? Der Massenmensch – das will uns als ein Kennzeichen erscheinen – hat die Fähigkeit verloren, natürlich, unmittelbar als Einzelpersönlichkeit auf seine Umwelt zu antworten, sie in persönlich gültiger Weise aufzunehmen und zu verarbeiten. Man möchte glauben, dass er die natürlichen menschlichen Reaktionen nicht mehr kennt. Mit diesem Problem, dem eigentlichen Problem, das unserer Gestaltung und unseren Ordnungsbemühungen zugrunde liegt, beschäftigen nicht nur wir uns in Deutschland, sondern darüber zerbrechen sich die geistigen Menschen der ganzen Welt den Kopf. In einer erschütternden Untersuchung hat der französische Schriftsteller Albert Camus kürzlich das Gesicht des heutigen Menschen an einigen Beispielen zu zeigen versucht. Er erzählte – obwohl die Begebenheit für uns Deutsche nicht schmeichelhaft ist, gebe ich sie doch wieder –, dass in einem Pariser Hotel eine Vernehmung französischer Widerstandskämpfer durch die Gestapo stattgefunden hatte. Diese Leute wurden von den vernehmenden SS-Männern schwer misshandelt und blutend liegen gelassen. Am nächsten morgen kam die Zimmerfrau, um das Zimmer aufzuräumen. Auf die Bitte ihrer verwundeten Landsleute, ihnen zu helfen, sagte diese, sie mische sich nicht in fremde Angelegenheiten. – Ein Parallelbeispiel aus unserem eigenen Lande ist mir vor einigen Tagen erzählt worden. Da sind einige Passanten oder Autofahrer von irgendwelchen Soldaten verprügelt oder misshandelt worden und lagen an der Straße. Die deutsche Polizei ging vorüber und erklärte sich als unzuständig. – Ich erzähle diese Dinge, die scheinbar mit unserem Thema, mit der Technik, mit Tradition, mit Städtebau, mit Gestaltung, mit all diesen Dingen nichts zu tun haben, aber deshalb, weil sie schließlich die Problematik unserer Aufgabe darstellen. Nämlich: wir haben für Menschen zu gestalten, denen die natürlichen sittlichen Begriffe verloren gegangen sind. Wenn schon die einfachsten Dinge menschlichen Empfindens nur im Auftrag von oder unter Einsatz von erledigt werden, dann müssen wir uns fragen, ob diese Menschen noch jenes natürliche und unmittelbare Gefühl auch für die geformte und gestaltete Welt ja haben können, das wir anscheinend voraussetzen, wenn wir an lebendige Tradition glauben wollen. – Ich selbst glaube leider nicht daran.

Die Groteske, die sich augenblicklich um das Goethe-Haus in Frankfurt abspielt, zeigt blitzartig unsere Situation. Es ist eine Spiegelfechterei, wenn wir uns vorstellen, dass der Wiederaufbau des Goethe-Hauses das deutsche Volk in seinen Kulturtiefen irgendwie berühren könnte.

Was bei uns an Tradition ins Feld geführt wird, ist leider vielfach ein Vorwand für Trägheit, für Abwehr, für Gefühlsseligkeit. Diese Gefühlsseligkeit steht in einem merkwürdigen Paar-Verhältnis zu der sonstigen Gefühlslosigkeit. Wollen wir da mit Historismus, mit ein wenig Verbrämung und Details versuchen, eine Verbesserung und Verschönerung des Daseins zu erreichen?

Das Problem der Masse tritt uns übrigens in unserem eigenen Berufsstand außerordentlich erschreckend entgegen. Selbst die meisten Architekten sind Masse, zehntausend Schlagworten hörige Massenarchitekten, die jedes Schlagwort, das ihnen zugeworfen wird und von dessen Verwertung sie sich geschäftliche Erfolge versprechen, begierig aufgreifen und dafür bis aufs Messer kämpfen, bis dann das nächste Schlagwort mehr Erfolg verspricht. Sie brauchen nur einmal zu beobachten, wie auch die Technisierung, z.B. die Normung, der Montagebau, als ein Wunderschlagwort aufgenommen wird. Fragen Sie einen von diesen wundergläubigen Montagejüngern, was er wirklich darüber weiß und welche Erfahrungen er gemacht hat, so ergibt sich außerordentlich wenig. Wer sich nämlich mit dem Problem beschäftigt hat, weiß, welch ungeheure Investitionen nicht nur an Geld, sondern auch an Kopf notwendig sind, bis man zu einem vernünftigen Ergebnis kommt.

Und dennoch ist die Technik als eine uns gestellte Aufgabe ein sehr ernstes Problem. Sie hat uns die Masse beschert, und sie gibt uns auch diese Möglichkeit, dieser Masse gerecht zu werden. Es liegt an uns, die Art und Weise zu finden, wie wir den andrängenden Forderungen gerecht werden. Denn eine Fülle, eine Unmenge von Forderungen stürmt auf uns ein. Jeder Bedarf tritt in Massen auf, das Dach über dem Kopf, das Bett, der Tisch, der Stuhl, Geräte, Fahrzeuge. Was können wir mit handwerklicher Einzelfertigung da noch tun? Können wir da die Technik ablehnen, die Technisierung und Amerikanisierung als ein Übel empfinden, oder müssen wir nicht vielmehr die Technik nehmen und gestalten?

Früher waren die Bedürfnisse durch eine Konvention geordnet. Sie wurden auf dem sicheren Grund der Konvention im Einzelauftrag befriedigt, heute sind wir beim Bedarfsgerät auf den Händler, der Händler auf die Industrie, im Bauen auf die kommunale, staatliche oder genossenschaftliche Wohnungs-Fürsorge angewiesen.

Wie aber können wir der Massenhaftigkeit begegnen? Der Gegensatz zur Masse ist die Einzelpersönlichkeit. Das Heilmittel ist also die Pflege des Individuellen, der Individualisierung, wie man das genannt hat. Individualisierung des Städtebaus – wie macht man das? In einer Unterhaltung, die wir vor mehreren Monaten in einem Kreis von Architekten hatten, sagte ein sehr ernsthafter Mann: Wir müssen versuchen, unsere Städte möglichst lebendig zu machen, indem wir jeden stehengebliebenen Zacken aufnehmen und wieder Farbe und Lebendigkeit gerade durch diese Zufälligkeiten schaffen. Sicher wird eine gute Hand im Gegensatz zu dem notwendig sturen Schematismus baupolizeilicher Festlegungen aus den Zufälligkeiten belebende Reize gewinnen. Aber ich glaube nicht, dass wir damit im Grundsatz etwas erreichen werden. Das Kennzeichen des gewachsenen, des organischen Städtebaus ist das Spürbarwerden des einzelnen Menschen, seiner persönlichen Wünsche und seiner persönlichen Art. Das Wesen des organischen Städtebaus ist also das Wachstum, das aus vielen Wurzeln gespeist ist. Ich glaube nicht, dass man organischen und gewachsenen Städtebau entwerfen kann. Wir wissen ja, dass viele Versuche dieser Art gemacht worden sind. Sie kennen alle den sogenannten «Rüttel-Städtebau», die die Siedlungsplanung, bei der man das Gefühl hat, der Architekt habe sich ein Modell aufgebaut – dann einige Male heftig gegen den Tisch geschlagen, und wie sich die Modelle der Häuser verschoben haben, so hat er sie angeklebt und danach gebaut.

Wir können die Masse und den Massenbedarf durch unseren Widerstand nicht formal individualisieren und auf diesem Wege das Menschliche, das Farbige, den Wechsel und den Ausdruck persönlichen Lebens sichtbar machen.

Unser Planen ist Organisieren, und unser Städtebau ist organisierter Städtebau. Wir können das nicht leugnen, wir wollen das lieber zugeben, und wollen versuchen, in unserer Gestaltung mit diesen Gegebenheiten fertig zu werden und aus ihnen etwas zu machen. Allerdings sind die Worte Organisieren und Organisation wenig verheißend. Wir brauchen uns nur umzusehen in unseren vielfältigen Ämtern und zu betrachten, was dabei herauskommt, dann wird unser Glaube an Organisation erheblich geschwächt. Die Erfahrungen der Jahre, die hinter uns liegen, ermuntern uns sicher auch nicht zu dem Stichwort «organisieren». Sie erinnern sich, dass man sich damals rühmte, das ganze Volk bis zum letzten Mann durchorganisiert zu haben und dass diese unmenschlich organisierte Welt der Autokratien der vollendete Mechanismus des Widermenschlichen war.

Bezeichnend ist allerdings, dass gerade in der vergangenen Zeit dieser grässliche Tatbestand des Durchorganisierens bis in den letzten Lebenswinkel hinein verbrämt wurde durch das Stich- und Schlagwort «Tradition». Sie wissen, dass man damals mit idyllischen Entwürfen, mit Traditionalismus und Formalismus den Massensiedlungsbau zu «gestalten» suchte. Entworfene Zufälligkeiten aber ergaben nur die absolute Unordnung. Man nahm handwerkliche Einzelformen auf und fertigte sie in Massenhaftigkeit von tausend und mehr Stücken. Man hat versucht, in bestimmten Gegenden landschaftsgebundene Einzelheiten den Architekten, die dort völlig neue Städte und Siedlungen zu bauen hatten, als verbindlich hinzustellen. Und dennoch hat man angesichts der kläglichen Ergebnisse nicht das Gefühl, dass der Tatbestand der Massenhaftigkeit etwas bewältigt sei.

Wir können die Aufgabe des organisierten Städtebaus nicht von uns abschütteln, sie bleibt gestellt.

Wir wollen dann lieber versuchen, wenn wir schon auf den organischen, gewachsenen Städtebau als eine vergangene, abgeschlossene und an die frühere Zeit gebundene Methode verzichten müssen, den organisierten Städtebau organisch, d.h. nach dem Menschen zu organisieren.

Der positive Inhalt des Traditionalismus ist eine ehrliche, wenn auch oberflächliche Suche nach dem Menschen; man will wenigstens an einem Schein der verlorenen Menschlichkeit festhalten. Ich hoffe, dass ich nicht so missverstanden werde, als ob ich die echten Lehren der Tradition negieren wollte. Ich bin sogar zutiefst überzeugt, dass wir es notwendig haben, bei den Alten insofern in die Schule zu gehen, als wir von ihnen das Bild einer abgestimmten, in ihren Formenwerten geordneten Welt überkommen haben, die wir noch in ihren Resten sehen. Dieser geordneten Formenwelt liegt eine innere Ordnung der Werte zugrunde.

In der Frage «Wiederaufbau und Tradition» und bei Bejahung der Überlieferung kann es sich nur darum handeln, die grundsätzlichen Werte aufzunehmen und sie anzuwenden in der für uns angemessenen und technisch gegebenen Weise. Notwendig ist dabei zu wissen, dass allem Technischen vorausgehen muss das Streben nach einer neuen Menschlichkeit, und zwar gerade angetrieben durch die Zeugen alter Ordnungsverhältnisse. Wir wollen daher, weil wir müssen, durchaus organisieren, aber wir wollen nicht der Fehlmeinung verfallen, als könnten wir alles organisieren. Wir bemühen uns um den Menschen nicht nur durch wissenschaftliche Analyse und durch das Registrieren seiner äußeren Bedürfnisse, sondern gelenkt durch eine Schau vom rechten und vom würdigen Leben. Wir müssen dabei, so merkwürdig es in diesem Zusammenhang klingen mag und so schwer es in diesen Zeiten fällt, den Menschen lieben, wir müssen ein Bild von ihm haben, wie er sein sollte. Wir müssen es, und gerade die Gestaltenden, in uns tragen, um mit unserem Planen, unseren Entwürfen und mit unserem Bauen der erhofften Entfaltung des Menschen vorzuarbeiten. Wir müssen dem angemessenen Leben ein angemessenes Gehäuse vorbedenken. Mehr können wir vorerst nicht tun, aber es ist schon schwer genug, dem Menschlichen nirgends entgegen zu sein. Der Massenhaftigkeit werden wir nicht entgegenarbeiten durch massenhafte Anwendung traditioneller Detailformen. Wir können die Massenhaftigkeit nur eindämmen, indem wir erfassen, wie groß die Bezirke sind, die ein Mensch mit seinem Leben erfüllen kann, was er braucht zum äußeren und geistigen Leben. Ich brauche Ihnen hier nicht Einzelheiten der städtebaulichen Bemühungen darzulegen. Das Hauptanliegen des Städtebaues – darin sind wir uns, wie ich glaube, alle einig – ist, den gefährlichen Auswucherungen ins Ungemessene zu begegnen und im Überschaubaren und Fassbaren zu bleiben, damit das Stück Erde, das wir dem Menschen bebauen, wieder ein Wurzelboden sein kann.

Nun werden Sie fragen, wie es im Konkreten aussieht, Sie werden die Frage nach der formalen Durchführung stellen. Es ist heute vom Herrn Präsidenten dieser Tagung ein wenig mit Sorge die drohende «Amerikanisierung» unseres Lebens und Baubetriebs zitiert worden. Ich kenne Amerika nicht, aber ich glaube, dass es, wenn man die Amerikaner in ihrem Auftreten und in ihrer Unbefangenheit sieht, mit der Amerikanisierung bei uns schlimmer ist, als bei den Amerikanern. Diese haben nämlich schon wieder eine Art, die Technik zu betrachten, die unserer Betrachtung weit überlegen ist. Man kann das an dem Beispiel des Autofahrens, das ich in diesem Zusammenhang erwähnen darf, sehen. Ein deutscher Autofahrer liegt am Sonntag unterm Auto, ein Amerikaner sitzt im Auto und fährt spazieren, d.h. der Deutsche dient der Technik, diese ist für ihn ein absoluter Wert, den er opfervoll bewahren und erhalten muss. Für den Amerikaner dagegen sind die Produkte der Technik Gegenstände seines Wohlergehens, für die Verbesserung der Annehmlichkeit des Lebens, und wenn der Gebrauchsgegenstand erledigt ist, trennt er sich von ihm. Wir wollen dabei nicht vergessen, dass in dem Verhältnis des Menschen zu seinen dienstbaren Gegenständen etwas Gemüthaftes steckt und dass diese Beziehung nicht nur negativ zu betrachten ist. Doch kann sich dieser Wert leicht in sein Gegenteil wenden, sobald wir nämlich beginnen, die Gegenstände unseres Gebrauchs und unserer Umwelt zu bedienen. Die Amerikaner sind gemäß ihrer Betrachtungsweise der Technik davon überzeugt, dass man mit ihr viel machen kann, und vielleicht sind sie so naiv zu glauben, dass man alles damit machen kann. Die Art aber, wie sie die Technik benützen und gebrauchen, ohne dass sie deswegen eine Weltanschauung für sie ist, ist der unsrigen weit überlegen.

Wir kennen immer nur die Gegensätzlichkeit der Doktrinen. Wir haben auch in der Architektur, allerdings zu einem Teil nur, der Maschine und der Technik mit einer Unbedingtheit gedient, die uns heute den Vorwurf einbringt, dass wir ins Seelenlose ausgeglitten sind, und wir haben es kurz darauf erlebt, dass wir dem Handwerk in einer Unbedingtheit gedient haben, die schon gar nichts mehr mit dem zu tun hat, was uns aufgegeben ist.

Was die Technik an formalen positiven Werten zu bieten hat, ist die Präzision. Wenn sich jemand von Ihnen einmal mit technisierten Bauvorgängen und technisierter Gestaltung beschäftigt hat, dann weiß er ganz genau, dass das durchaus nicht eine seelenlose Arbeit ist. Unsere Aufgabe ist es, die Gefahr der Seelenlosigkeit einzudämmen. Diese Gefahr liegt heute unter anderem darin, dass wir die Technisierung den Fabriken und dem Stumpfsinn überlassen, statt dass wir als Architekten und Gestalter uns auf diese Aufgabe werfen, sie anpacken und damit fertig werden.

Bedenken wir dabei eins: Die Präzision ist durchaus ein gestalterischer Wert. Ich glaube, es ist gar keine Ketzerei, wenn man sagt, dass auch die alten Handwerker die Präzision sehr angestrebt haben.

In den kleinen Mängeln aber, die bezeugen, dass sie die Präzision nicht erreichten, liegt etwas, das uns menschlich ergreift, denn darin wird wirklich die menschliche Bemühung um den Gegenstand und die Arbeit sichtbar. Wir brauchen diese Präzision, die uns heute möglich ist, gar nicht als Gegenpol zur handwerklichen Arbeit anzusehen. Ich bin der Meinung, wir sollten es aufgeben, die Zufälligkeiten romantisch zu überhöhen, und wir sollten es auch unterlassen, die Präzision, die uns heute möglich ist, herabzusetzen. Wir werden uns nicht der Maschine verschreiben, und es ist der größte Unfug zu sagen, die Bezirke der Hand seien für uns ausgestorben. Wir werden sie bewahren für das Einmalige. Der Handwerker, wie wir ihn bräuchten, wenn wir eine handwerkliche Kultur aufbauen wollten, wie sie manchen vorschwebt, ist ausgestorben. Die Bauhütten, die wir notwendig zusammenbringen müssen, um gewisse einmalige große Werke zu retten, sind inmitten unserer heutigen Gegebenheiten Reservate. Ich habe dieser

Tage mit einem Kollegen gesprochen, der eine solche Bauhütte aufgebaut hat, um an einem bestimmten historischen Werk, das zur Hälfte zerstört war und sinngemäß nach dem alten Vorbild ergänzt werden musste, zu arbeiten.* Er hat mir erklärt, es sei ihm klar, dass in dem Augenblick, in dem er die Bauhütte verlasse, die Handwerker auseinanderlaufen und zweifelhafte Dinge machen wie vordem, denn das, was die Leute zusammenhalte, sei der geistige Motor, sei die Vorstellung von Handwerklichkeit, die er habe. Werden wir es aber fertig bringen, in dieser Welt, die auf eine bestimmte Art von Werkzeug angewiesen ist, eine ganze Gesinnung, eine ganze geistige Welt neu aufzubauen, die nicht mehr da ist? Ich glaube, dass wir den Handwerker immer brauchen werden, und zwar als einen geistigen, aristokratischen Typ, der die einmaligen und großen Dinge tut und für sie da sein wird. Ich könnte mir zum Beispiel nicht vorstellen, dass man einen Altar, einen Taufstein oder Tabernakel maschinell herstellt. Wir wollen unterscheiden zwischen den Dingen, die Einmaligkeit haben, und den Dingen, die wir einfach mit den besten uns zur Verfügung stehenden Mitteln bewältigen müssen. Dem Bedarf, der uns in Massen entgegentritt, können wir nicht anders begegnen als mit den Mitteln der Masse.

Es scheint mir auch in der Frage des Formalen viel wichtiger, auf die eigentlichen Dinge des Bauens und der Baukunst zu achten als darauf, ob das Detail handwerklich oder maschinell durchgeführt ist. Die nobelste Aufgabe, die uns gestellt ist, ist der Raum, die Bewältigung des Baukörpers und der Massen. In der großen Kunst sind es die großen Figuren, die uns fesseln, und für die wir wieder einen Blick gewinnen müssen, die uns vielfach gerade in den Trümmern in ihrer erschütternden Größe und Hoheit ansprechen. Ich möchte Sie bitten, mich nicht so zu verstehen, als wollte ich grundlegend die wertvollen Ausführungen von Herrn Prof. Esterer beiseitetun.** Ich halte es für eine ganz große Aufgabe, die alten Zeugnisse echten und großen geistigen Lebens zu hegen und zu bewahren, sie aber auch lebendig zu erhalten. Nur erscheint mir wesentlicher als das äußerliche Konservieren der Versuch, sie für unser eigenes Leben zu retten, wenn sie uns noch etwas zu sagen haben. Wenn uns zum Beispiel die Kirche noch etwas zu sagen hat, dann sollen wir uns ihr zuwenden und ihre Werte pflegen, aber nicht im Formalen, sondern in einer lebendigen Geistigkeit. Ich war vor wenigen Tagen in einer Stuckwerkstätte und sah dort einen merkwürdigen Gegenstand aus Stuckmarmor. Auf meine Frage, was das sei, sagte man mir, das sei ein Taufstein für die Kirche in Steinhausen von Dominikus Zimmermann. Ich sagte dem anwesenden Denkmalpfleger, ich hielte die Sache für eine Pervertierung, und zwar deshalb, weil es noch heute Menschen gibt und nicht einmal wenige, denen die Taufe als das wichtigste Sakrament des Christentums noch etwas bedeutet, der Vollzug der Taufe sei ein heute noch lebendiger Wert, und wenn die Kirche noch so schön und noch so barock sei, so müsste sich doch ein gesunder Handwerker und ein gesunder Gestalter finden, der für diese Kirche zum Vollzug einer immer noch aktuellen Aufgabe eine heutige Form gestaltet. Die rückwärtsblickende, rein formale Betrachtungsweise der Tradition halte ich für gefährlich. Ich glaube nicht, dass je eine gesunde Zeit auf einen so merkwürdigen Einfall kommen könnte. Nicht die Pflege ästhetischer Details, sondern die Bewahrung des Sinnes und das Offensein für die große Kunde, die uns die alten Werke zu geben haben, scheint mir der Auftrag der Überlieferung zu sein.

Wenn ich also noch einmal an den Anfang meiner Ausführungen anknüpfen darf, so möchte ich sagen, wir sollten unseren Blick von den Details, vom ewigen Streit um die Formalien weg zunächst einmal auf das Wesentliche, auf den Sinn für die Ordnung des Lebens lenken. Dann dürfen wir wohl auf die gültige Wahrheit vertrauen: «Sorget nicht ängstlich, das Übrige wird Euch hinzugegeben».

* Vergleiche den Beitrag von Rudolf Steinbach über die Alte Brücke in Heidelberg
** Vor dem hier wiedergegebenen Referat sprach Professor Esterer, München, als Denkmalpfleger über «Wiederaufbau und Überlieferung».

Franz Meunier

Illusion als Schicksal?

*Die deutschen «gebildeten Stände» und der Wiederaufbau.
Ein notwendiger Beitrag zur Goethe-Haus-Affaire*

Man muß den Filmleuten ein wenig dankbar sein; sie bieten wirklich die «Welt im Bild» und also bisweilen höchst seltsame Dinge. Sogar die Grundsteinlegung des neuen alten Goethe-Hauses am Großen Hirschgraben in Frankfurt am Main ist im Film festgehalten worden, und dem Normalkinobesucher mag das im vergangenen Spätsommer ein mehr als hinreichender Ersatz für den feierlichen Akt in den Trümmern der Frankfurter Altstadt gewesen sein.

Was zeigen die schnell vorbeihuschenden Aufnahmen?

Einen Stein, den «Grundstein» zweifellos, und einen sauber gewandeten Maurerpolier mit einem Hammer; ein massiges Stadtoberhaupt, dem im Bildstreifen jedoch keine besondere Gelegenheit zum Reden gegeben wurde; einen illustren Gast aus Frankreich, zur Zeit des Festaktes noch Anwärter auf den Nobelpreis für Literatur, der sich einer Geste der Courtoisie nicht entziehen zu können oder dem größeren Bruder in Apoll seine Reverenz mit ein paar symbolisch verbindlich-unverbindlichen Hammerschlägen erweisen zu müssen glaubte, eine charmante junge Frau, deren Miene weder von besonderem Ernst noch von der Goetheschen Ehrfurchts-Dreiheit geprägt schien; einen Balkanesen, einen Ostasiaten – die Kontinente; Deutschlands Alte und Junge vereint, mit sinnbildlichen Hammerschlägen auf einen Stein so etwas wie ein neues goldenes, vielleicht gar humanistisches Zeitalter einzuläuten.

Man muss, wie bereits gesagt, den Kameraleuten dankbar sein; sie zeigten nicht alles und gaben dem wenigen kaum die eigene Stimme, aber ihre Ausschnitte hielten sich an das Tatsächliche und blieben somit ziemlich bei der Wahrheit. Die Linse ist scharf, und hier enthüllte sie dem Auge, das seines Sehens noch sicher war, den szenischen Charakter dieser Feierlichkeit: eine nicht einmal mit Begabtheit gestellte Szenerie von unverkennbar kleinbürgerlichem Aspekt, so dass sich der aufmerksame Zuschauer des Gefühls nicht erwehren konnte, dieser Auftrieb der Goethe-Verehrer aus aller Welt entbehre ein wenig der dem Gegenstand, nein, dem Genius, um den es doch hier auch ging, angemessene Würde. Und es mochte ihn auch die unbehagliche Empfindung überkommen, in Frankfurt gingen am hellen Tage Gespenster um.

Es mag nun sein, dass diese zweifellos nicht genugsam kontrollierte Gemütsbewegung vorbereitet worden war und dann verstärkt wurde durch einen anderen Abschnitt der gleichen Wochenschau. Da sah man vor einem Militärtribunal einer westlichen Besatzungsmacht eine deutsche Frau, die in einem Konzentrationslager dem makabren Gelüst gehuldigt hat, die Haut erschlagener, zu Tode gemarterter Menschen zu Dingen ihres täglichen Bedarfs und Umgangs verarbeiten zu lassen. Das Lager, in dem man sie die «Kommandeuse» nannte, lag unweit der Stadt, in der ein anderes Goethe-Haus, das wichtigere, das eigentliche deutsche Goethe-Haus steht.

Filmreporter pflegen nicht wählerisch zu sein, es geht ihnen bei ihren Lichtbild-Tatsachenberichten auch nicht um Formprinzipien oder Sinndeutungen irgendwelcherArt. Und es kommt wohl nur selten vor, dass aus ihrer wahllosen Komposition nackter Fakten das Gleichnis aufzuckt, grell und drohend und atemversetzend wie ein Blitz, das Land bis an ferne Horizonte jäh belichtend, dem Auge seine Umrisse wie mit Messerschärfe einritzend.

So rissen die beiden Filmberichte, in ungeheurlicher Gegensätzlichkeit dicht nebeneinander stehend, von der deutschen Geisteslandschaft für einen Augenblick die Schleier, in die nicht nur das Deutschland der unteren und mittleren Geisteslage noch eng versponnen ist, Schleier, in die sich auch das, was man die deutsche Geistigkeit nennen möchte, so fest wie nur je wieder eingenebelt hat. Eine alte Abneigung, immer noch nicht ins Bewusstsein gehoben, doch verderblich wirksam seit Jahrhunderten, eine geheime Feindschaft gegen echte, letzte Klarheit, ein Erbe, das wie Schicksal ist, frisst sich wie eine unheilbare Krankheit fort. Und wie begierig man hinaufschaue zu den kurulischen Sesseln, auf den man Deutschlands geistigen Senat zu Rate sitzend wähnt, meint man nur wenige zu sehen die nicht wenigstens ein Auge, und viele, die beide Augen mit den dicken Binden der Selbsttäuschung und Selbstbeschwichtigung umwickelt tragen; Gespenster am hellen Mittag und zu allen Tageszeiten auch hier.

*

Die Angelegenheit «Frankfurter Goethe-Haus» – früher hätte man vielleicht die «Affäre» gesagt – hat einigen Staub in begrenzten Zirkeln aufgerührt und einiges, mehr oder minder ernsthaftes Für und Wider laut werden lassen. Fast alle, die sich an dieser Diskussion beteiligten, schienen geneigt, die Bedeutung des Objekts als solches zu überschätzen. Nicht ernst genug genommen wurde durchweg das hinter dem Fall hervorschimmernde Prinzipielle, wenn man es einmal so banal nennen darf, das mit der materiellen Frage kaum berührt wurde, das Wesentliche, auf das man doch stoßen müßte, wenn man nicht fürchtete, sich dabei die Finger ein bißchen zu versengen oder sich – und nicht sich allein – sonstwie wehe zu tun.

Es darf vorausgesetzt werden, wie wir an dieser Stelle zum Tatbestand als solchem, dem Frankfurter Wiederaufbau-Projekt, stehen. Im Grunde ist es unerheblich, ob sich die Geburtsstadt Goethes den unseriösen Luxus einer imitierten Attraktion leisten will und leisten wird. Es steht soviel baulich Lächerliches und Scheußliches in deutschen Städten herum, das noch lange Dauer zu haben verspricht, und das, durch Ähnlichgeartetes ergänzt und erweitert zu werden, begründete Aussicht hat, dass es auf ein bescheidenes Falsifikat am Hirschgraben in Frankfurt a.M. nicht mehr so sehr ankommt. Es wäre zwar ärgerlich, doppelt ärgerlich, weil es ohne Notwendigkeit, dazu mit einiger Mühe und doch nicht einmal im Äußerlichsten «richtig» hingebaut würde in einer Zeit, die Besseres zu tun hätte. Sicherlich, man würde sich nicht ewig darüber ärgern, vielleicht würde der Ärger bald nachlassen, um diskreteren Empfindungen oder rechter Nichtbeachtung Raum zu geben; denn wie sich die, denen redliches Bauen Sache des Geistes und des Herzens ist, nicht auf vernünftige Weise, aus Notwehr und Selbsterhaltungstrieb, gegen die dumpfen Ausstrahlungen des architektonisch Unsinnigen und Widernatürlichen abschirmen würden, wenn sie ohne Unterlass über das Falsche, Verlogene, Indiskutable in diesem Bereich wehklagen, sich entrüsten oder nur ärgern wollen, wären sie bis auf einige jüngere und sehr widerstandsfähige Individuen längst progressiver Melancholie erlegen. Nein, darum geht es nicht so sehr. In Deutschland, in «Europas Flachland», wie Nietzsche einmal böse sagte, werden Entscheidungen mit jener Unbedingtheit, die das Kriterium echter Entscheidung ist, im allgemeinen nur noch in jener Sphäre gefällt und erlitten, wo es um Macht geht, und wäre diese selbst evident in ihrer Banalität und Trivialität. Die eigentlichen geistigen Kämpfe, die wesentlich und grundlegend sind, wie leise subtil sie auch seien, die «wie auf Taubenfüßen» ins Land der Ideen einziehen, um die Welt zu wandeln, werden mit einem Maß von Unverbindlichkeit, mit einem Mangel an Radikalität, mit solcher Oberflächlichkeit und Leichtfertigkeit und zugleich solcher Illusions-Verliebtheit geführt, dass man darüber erschrecken müsste. Und sie werden nicht einmal mehr als die entscheidenden, die zukunftsträchtigen Auseinandersetzungen erkannt. Es geht nicht um ein Haus, das Goethe-Haus, in der Goethe-Haus-Affäre, es geht in Deutschland, und also auch in Frankfurt, um den Goethe-Geist, der immer noch eine deutsche Möglichkeit ist, der eine deutsche Hoffnung und ein deutsches Streben sein oder doch wieder werden sollte.

Der alte Geheimrat Goethe, der Weimaraner und Deutscher über Deutschland hinaus geworden war und sich seit Jahrzehnten nicht mehr um seine Heimatstadt kümmerte, und um den selbst sich damals, im achten Jahrzehnt seines Lebens, nicht mehr allzu viele Deutsche kümmerten, hat einmal zu Eckermann geäußert: «Meine Sachen können nie populär werden; wer daran denkt und dafür strebt, ist in einem Irrtum.» Es sah die Dinge, wie sie nun einmal lagen, ruhig und richtig an. Er hat Recht behalten; was unsere Gegenwart betrifft in einem freilich ihm unvorstellbaren Maße. Wer wollte heute so naiv sich gebärden, für eine Änderung dieses Zustandes in überschaubarer Zeit zu plädieren, wer so vermessen! Es ist auch niemand der Meinung, die Frankfurter Restaurationsabsicht könne da etwas nutzen, und wer hätte das auch, als Anreger oder Planer oder Befürworter, überhaupt ernsthaft erwogen oder ehrlich geglaubt? Denn, was hat sich da alles an heterogenen Elementen zusammengetan zum seltsamen Bunde, Goethes Geburtshaus wieder auf- und herzurichten!

Zunächst die Zunft der Enthusiasten: ein klassisches deutsches Gremium, seit anderthalb Jahrhunderten wie mit Stahlrossen im Boden des deutschen Geistes verankert und dort die freie Zirkulation erheblich und fatal störend. Sie lassen keine Gelegenheit passieren, begeistert zu sein oder sich in Begeisterung hineinzuspielen; sie wandeln immer wie mit vollgepumpter Brust einher und müssen um jeden Preis überall dabei sein, wo es um eine besondere Sache des «deutschen Geistes» zu gehen scheint, und wenn sich an der Oberfläche auch nur ein paar Wellen kräuseln. Sie sind stets wie außer Atem, als fürchteten sie, zu spät zu kommen.

Dann die Empfindsamen, die Nervenkrisen bekämen oder zu bekommen vorgäben, wären sie nicht dabei. Sie merken nicht, wie wenig lebendig mehr, nein, wie abgestorben Werte und Vorbild Johann Wolfgang Goethes in unserem Volke als Ganzem, die Schicht der «Gebildeten» nicht ausgenommen, heute sind. Und da ist es für sie freilich kein weiter Weg mehr, sich umso heftiger an Reliquien, und seien es auch nur nachgemachte, aus dem Umkreis des Erhabenen zu halten.

Die Feinsinnigen, die dem Genius durch einen Hofknicks ihre Reverenz erweisen und sich gleichzeitig selbst ein kleines Fest der Selbstgefälligkeit geben möchten.

Zu ihnen gesellten sich, in verwandtschaftlicher Gegensätzlichkeit, die Deutsch-Gründlichen, die echten, permanenten Pedanten, die moralische und vaterländische Verpflichtung, so recht preußisch-national im letzten Grunde, nicht ruhen lässt, und die sich dabei doch wissenschaftlich-tiefschürfend an das Äußere und Äußerlichste fadenscheiniger Exaktheit und langweiliger Akribie klammern.

Und dann des Olympiers Kollegen vom derzeitigen deutschen Parnass und jene, die sich dafür halten und gehalten werden möchten und es nicht lassen können, ein bißchen Anwärter auf den verwaisten Thron eines deutschen Dichterfürsten zu spielen. Sie alle, die ehrlichen wie die minderen Illusionisten, deren Schattierungen Legion sind, möchten sich ein gutes Gewissen machen – und einige wenige haben es sogar, man darf es ihnen nicht ohne weiteres absprechen –, indem Sie das Simili-Gehäuse, das da entstehen soll, gleichsam zu der Ehre säkularer und säkularisierter Altäre wieder zu erheben sich bemühen (mag sein, sie erinnern sich noch, dass einmal ein älterer Dichterfreund des großen Frankfurters wie in leiser Ironie, die seine Art war, von der casa santa am Großen Hirschgraben gesprochen hat). Wie erleichtert wären wohl diese beseelten Jasager, könnten sie, wäre der Haus-Nachbau erst einmal unter Dach und Fach, das Eigentliche, die Wiederbelebung der Gestalt und des Werkes, auf sich beruhen lassen wie bisher. Nein, man wird den Verdacht nicht los, dass in dieser Frage, die eine wirklich deutsche Geistes-Probe werden könnte, nach der Seite des geringsten Widerstandes ausgewichen wird.

Aber sie sind nicht allein, sie, die doch mehr oder minder zur deutschen «Intelligenz» gehören, die sich zumindest zur Bildungsschicht innerhalb unseres Volkes zählen lassen. Es hängt sich an sie, die Rotte der ganz und gar Unberufenen und wesentlich Geistfeindlichen: die Leute der Nützlichkeit, die Realpolitiker selbst im Lande des Schönen, Wahren, Guten;

die klaren kleinen Lügner, denen es um gar nichts anderes mehr geht als um sich selbst, ihre mesquine Wichtigkeit, ihren wie immer gearteten Vorteil und um das glatte Geschäft. Da wollen auch die Kleinbürger nicht zu Hause bleiben, die nach einem neuen Heiligtume lüstern sind, die so etwas wie einen Ersatz-Kult wittern, unfähig geworden, das Wirkend-Heilige, über die Zeiten Große zu fassen, nicht mehr imstande, die ewigen Stätten des Heils, die wahren Heiligtümer zu erkennen. Die Bürokraten sind mit von der Partie, die Mächtigen der Gegenwart, denen ein letzter Rest des Spürsinn einflüstert, es könne vom neu errichteten Tempel ein bißchen Licht auch auf ihre grauen Existenzen fallen und sie wohl gar mit in die Phalanx der geistig strebend Bemühten einschmelzen.

Wen entdeckt man nicht in diesem Kreuzzuge der Unzulänglichkeit, diesem Gemisch von Leuten, die wissen, was sie wollen, und solcher, die nicht wissen, was sie tun!

Die Wechsler und Händlertypen, die eine neue Einnahmequelle wittern, die mit dem Ehrwürdigen und seinem blassen Abklatsch noch verdienen möchten; die Ahnungslosen mannigfacher und gegensätzlicher Art, unter ihnen die Abgesandten der Wählermassen, die Vertreter der Parteien, stolz und glücklich, auf dem ihnen überantworteten, eng gesteckten Feld etwas beschließen und entscheiden zu dürfen, nicht ahnend, worum es eigentlich geht.

*

Es mag sein, dass die Menschheit über das Spiel, in dem Göttliches verkleidet sich den Sterblichen darbietet, zu großen Dingen gelangt ist; wie aber könnte sie über eine reflektierte Spielerei, die nur ein geistiger Trick ist, Täuschung und Selbsttäuschung der Seele, je wieder eigenen Besitz von Wert und Gewicht erwerben? Und doch wird auch das empfohlen eben in diesem Zusammenhang, und der es empfiehlt, müsste eigentlich wissen, dass es so nicht gehen kann und dass, wenn schon ziemlich alles wertlos geworden ist unter der Sonne des Abendlandes, Falschmünzerei nicht das rechte Mittel sein kann für eine neue Währung im geistigen Bezirk. Und mag der Punkt, aus dem da auf diese Weise kuriert werden soll, auch noch so geringfügig und nichtssagend im Grunde sein, es bleibt ein mehr als problematisches Remedium und mehr als ein Erdenrest zu tragen peinlich. Oder wäre es tatsächlich so, wie der 75jährige Goethe schrieb:

«Ist dem Gezücht Verdienst ein Titel?
Ein Falsum wird ein heilig Mittel;

Das schmeichelt ja, sie wissens schon,
Der frommen deutschen Nation,
Die sich erst recht erhaben fühlt,
Wenn all ihr Würdiges ist verspielt ... .»

Ja, um die Würde geht es auch in der Frankfurter Goethe-Haus-Affäre; einem Zug der Larven und Masken pflegt aber seit Menschengedenken nicht besondere Würde eigen zu sein, und so ist sie dem grotesken Verein der Goethe-Haus-Erneuerer auch nicht gegeben, und befänden sich noch zehnmal mehr illustre Schilder- und Transparentträger in diesem Aufmarsch buntverwirrter Elemente.

Die Vermummungen, denen sich einstmal das ganze Volk ergab, hatten ihren Sinn, ihre jahreszeitliche und gesellschaftliche, ja ihre geistige Ordnung. Sie waren wie ein Atemholen im schweren Jahr, man spottete seine Nöte und seines Ernstes und zugleich seiner selbst, und indem eine Welle alles in Unordnung geraten schien, bestätigte es die echte Ordnung. Das hatte seine Nützlichkeit, seine tiefere Bedeutung und seine Klarheit.

Wir sind nicht mehr so natürlich und aufrichtig miteinander, seit langem schon nicht mehr, wir sind anspruchsvoller geworden, aber der Verkleidungen kann man in Deutschland deshalb nicht entraten. Nur sind sie weniger harmlos, weniger kindlich und vor allem weniger ehrlich. Die Narren- und Maskenzüge, denen sich unser Volk gelegentlich in seiner Gesamtheit häufiger zu größerem oder geringerem Teile ergibt, haben an Gefährlichkeit gewonnen, was sie an Sinnfälligkeit und Durchschaubarkeit verloren.

Die Geschichte des inneren Lebens in Deutschland ist nicht erst seit heute und gestern durchgesetzt von Maskenzügen sehr viel unnaiverer Art; es scheint, als sei da eine eigentümliche Verschiebung ins Verkrampfte, ins Unwissend-Unwahrhaftige und vielleicht ins willentlich Gefälschte geschehen. Es liegt nur zu nahe immer dort, wo man sich vom Natur- und Sinnhaften löst und ins Rationale, wenn man so will: ins Geistige sich wendet und so mit dem höheren Anspruch zugleich dem volleren, eigentlichen Leben entsagt. Dies kann seine echte Folgerichtigkeit, seine Gesundheit und sein gutes Recht haben, und man könnte dann darin sogar eine höhere Stufe der Entwicklung sehen. Freilich kann und wird ein solches Weitergehen durchaus Angelegenheit einer wirklichen Elite sein, und sie muss den Weg, den sie gegangen ist und weiternimmt, bewusst und klar übersehen. Das gehört auch in das Kapitel von der geistigen Sauberkeit und dem Mut vor der Wirklichkeit.

Der sogenannten deutschen Elite, den deutschen Intellektuellen oder wie immer man jene Schicht heißen möge, die im Gegensatz zu anderen, glücklicheren Nationen unser Volk weder führt noch trägt, ihre in den letzten Generationen begangenen Todsünden vorzurechnen und vorzuhalten, ist nicht beabsichtigt; es wäre nicht schwer, doch es ist oft geschehen und ist immer nutzlos gewesen.

Das wahrhaft Erstaunliche und Erschreckende ist aber, dass auch ein halber Weltuntergang nicht genügt hat, sie in etwa zur Besinnung auf sich selbst zu bringen und damit auf das, was ihr zu tun obliegt. Die Goethe-Haus-Angelegenheit wäre kein Anlass, dies festzustellen? Sie wäre zu gering, läge zu sehr am Rande der großen welt- und geistesgeschichtlichen Ereignisse, der vielleicht größeren noch, die sich vorbereiten? Nein, Anlässe und Gegenstände sind in diesem Bereich, ob bescheiden oder bedeutend, stets einer so gut und recht wie der andere, jeder gleich geeignet, als Spiegel und Sieb zu dienen.

*

Die deutschen Intellektuellen, und beileibe nicht nur die unteren Grade bis zum Feldwebel-Studienrat einschließlich, haben sich in großer Zahl in der Frage des Goethe-Haus-Nachbaues bejahend geäußert, zum Teil wohl auch in der Annahme, das Volk Goethes begrüße diesen Plan, könne nicht anders denn begeistert über dieses Projekt sein. Das wäre ein erster Irrtum.

Das deutsche Volk in ungeheuerlicher Breite ist weder für noch gegen diesen Bau; es ist ihm völlig gleichgültig, und, vielleicht bis auf den Mann auf der Straße in Frankfurt und einige Meilen im Umkreis weiß niemand so recht, worum es da überhaupt geht. Das ist auch weder sehr schlimm noch sehr verwunderlich; wundern müßte man sich, wenn es anders wäre. Von der Masse unseres Volkes in seinem gegenwärtigen Zustand sich anregen, anweisen und bestätigen zu lassen, bewiese auch bei einem Mitglied der «gebildeten Stände», um einen wohlwollend charakterisierenden Ausdruck der Goethe-Zeit zu gebrauchen, ein Maß von Naivität, dass man an Gutgläubigkeit nicht mehr zu glauben vermöchte; und so hat man auch kaum gewagt, den «Willen des Volkes» in dieser Sache zu zitieren.

Befragt wurde eine ganze Menge Einzelner, Leute in den besten Stellungen und hohen Ämtern, und ohne Ansehen der Fakultät. Die Mehrzahl hat nicht lange gezögert mit ihrem Ja, und einige haben es sogar begründet, sie waren im allgemeinen in echt deutscher Jugendlichkeit schnell fertig mit dem Wort, und es schien auch so selbstverständlich. Man verbeugt sich ganz gern in Deutschland, wenn ein anderer Gruß nicht gerade vorgeschrieben ist. Und die Verneigung vor den Manen des höchsten deutschen Olympiers ist Pflicht, bleibt Pflicht, auch wenn oder gerade weil sie heutzutage sonst nicht zu eben viel mehr verpflichtet. Es kostet so wenig dieses Ja, kaum ein Nachdenken, kaum einen besinnlichen Augenblick, gerade lang genug, die gestellte Frage in ihrer dinglichen Stilisierung zu erfassen. Dass sie in tiefere Schichten der Wirklichkeit hineinführte, hineinzwingen musste, ist den allermeisten dieser eilig Zustimmenden nicht bewusst geworden. Sie blieben dem Gesetz der Trägheit gehorsam, versponnen in sich selbst oder von den Sorgen und Nöten der Zeit gewürgt, sie fanden nicht mehr die Kraft oder hatten nicht den guten Willen, zu sehen, dass nicht Recht und Raum zu Mahnmalen gegeben sein kann, wo keine lebendige Wirklichkeit mehr ist. Oder haben sie alle noch geglaubt, Johann Wolfgang Goethe sei noch so etwas wie eine deutsche Wirklichkeit?

*

Es ist eine ganz neue Gepflogenheit in Deutschland, dass man sich gern ein bisschen belügt und sich manches nicht ohne Erfolg vormacht; die lebenslängliche Beschäftigung mit geistigen Dingen scheint dagegen auch nicht zu schützen. Nietzsche hat mehr als einmal bitterböse Worte zu diesem Thema gesagt, und er hat doch einiges gewusst auch von speziell deutscher Psychologie; er meinte gar, die besondere Perfektion deutscher Lügenhaftigkeit bestehe gerade in der Ehrlichkeit, mit der sie sich gebe und auswirke. Ein gutes Paradoxon ist besser und mehr als eine mäßige Wahrheit; und bleibt Nietzsches Wort der Wahrheit gar so fern? Und wäre dann Unwahrhaftigkeit des Geistes, und läge sie unter Bergen von Idealen und Illusionen, von Gutgewilltem und Bestgemeintem versteckt und vergraben, so tief, dass sie sich ihrer gar nicht mehr selber bewusst werden könnte, auch nur um einen Deut besser in der Substanz, weniger gefährlich in der Wirkung als das wissentliche Unwahrsein?

In unserem konkreten Falle, der Angelegenheit des Goethe-Hauses, liegt der Selbstbetrug offen zu Tage. Oder wollen wir um den erdrückenden Tatbestand, dass hier etwas unwiederbringlich dahin ist, immer weiter zaghaft und kläglich herumlavieren? Wollen wir, verbohrt, wie nur Illusionisten sein können, nicht wahr haben, dass in unserem Lande nun einmal ganze zustände, Räume, Städte – hier ist nur ein Haus als Beispiel – verloren und vernichtet sind? Wollen wir uns nie und nimmer mit diesem

Spruch der Geschichte (vgl. hierzu die in diesem Hefte auszugsweise wiedergegebene Sinndeutung von Walter Dirks aus den «Frankfurter Heften» vom August 1947) in der rechten Weise abfinden?

Die Intellektuellen, die nicht ganz so oder nur sehr partiell Gebildeten, die noch Ärmeren und die ganzem Armen im Geiste, sie alle zeigen die gleiche Angst vor der Wirklichkeit, dieselbe krankhafte Scheu vor der Nüchternheit, die noch eine große Sache ist und vielleicht die letzte Probe echter, edler Geistigkeit; aber man lässt sich hierzulande auch von den Unberufenen erzählen, dass Deutschsein gleichbedeutend sei mit Klarsein. So verstricken sich fast alle immer eifriger und dichter um die Köpfe und tragen sie schließlich wie schimmernde Helme der Romantik und Sturmhauben des Idealismus, ein wenig auf die Art, wie der Ritter von der traurigen Gestalt das Barbierbecken trug. Nur dass nicht göttliche Narrheit darunter lebt und sie von innen her erleuchtet wie einen Don Quichotte. Sie fürchteten sich vor der Skepsis, die ein menschliches und redliches Anliegen ist und vielleicht eine Aufgabe, und die ein, wenn auch schmerzhaftes Heilmittel sein könnte; sie ergeben sich aber gern der großen Zweifelsucht, die unheilbar ist und nicht verziehen werden kann. Sie machen im Grund nie Ernst mit sich selbst, deshalb kommen sie nie zur Einheit, der wahren Einheit aus Denken, Traum und Leben. Sie sind ohne Brücken und Bindung in sich selbst, und so stehen sie hilflos vor der schönen Ganzheit des Daseins, im Großen und Geringen, im Mannigfaltigen und Schlichten.

Selbst an dem nicht sehr wichtigen Beispiel, von dem wir ausgingen, wird deutlich, dass eine Gewissenserforschung, die diesen Namen verdient, von der deutschen Intelligenz in ihrem gegenwärtigen Zustand, der ja bereits seine Tradition hat, nicht erwartet werden kann. Sie kämpft Entscheidungen, vor die sie gestellt wird – und auch der geringfügig scheinende Gegenstand kann im Bereich des Geistigen große und letzte Möglichkeiten in sich bergen – nicht mehr tapfer und schonungslos in sich zu Ende, zu einem bitteren Ende vielleicht, das wie eine Niederlage aussieht und das Neubeginnen in sich begreift, und also ein rechter Sieg sein könnte. Und man kann angesichts so vielfältigen Versagens nicht umhin zu fragen, ob da nicht ein geistiger Gewebefehler, ein mehr ererbter als selbstverschuldeter Defekt in der Struktur vorliege...

*

Von Homer sagt ein altes Wort, auch er habe zuweilen geschlafen; und die Sage berichtet, er, der helläugigste unter den Dichtern, sei blind gewesen.

Wenn sogar er aber manchmal in Schlummer fiel, warum sollte es um die Mitte des 20. Jahrhunderts deutschen Dichtern und Philosophen, Künstlern und Gelehrten von ruf und Rang nicht geschehen, dass sie einmal, wo es sozusagen nur ums Dekor ging, um eine Reverenz vor dem deutschen Genius schlechthin, lau und schläfrig dachten, weil sie im Grunde gar nicht dachten, sondern gleichsam nur mechanisch reagierten, da sie sich von einem symbolischen Anruf, nicht so unähnlich den Ulanengäulen von ehedem, wenn ein Signal erklang, in Reih und Glied dirigieren ließen. Dahin gehören sie aber nicht, und wenn ganz Deutschland widerhallte von dem Trompetengeschmetter zu Ehren des Fürsten des Geistes und des Symbols, das seiner nicht mehr besonders lebendigen Wertschätzung im Volke neuen Auftrieb geben soll.

Vor so viel Müdheit und Apathie verhüllt die Wahrheit, des Denkens ernste, strenge Tochter, todtraurig ihr Antlitz, wieder um eine Hoffnung und einen Trost ärmer; und sie hat schon viel Geduld haben müssen mit der «Intelligenz» in Deutschland. Angesichts dieser geistigen Lauheit, die weiterhin die befürwortenden Voten in diesem Falle prägte, gewinnt die hier und dort sichtbar gewordene unzweideutige Haltung derer, die sich in voller Klarheit für das Falsifikat als Mittel zum Zweck, als Umweg zu einem geradenwegs nicht erreichbaren Ziele aussprechen, beinahe Respekt hat. «Hab ich gelogen, wars zum guten Zweck», meint trotzig der Küchenjunge Leon bei Grillparzer, und ein weiser Bischof lächelt dazu und gibt ihm die Braut. Vor dem Angesicht der Ewigkeit wiegt das alles nicht so schwer, aber auch die Erde steht unter geistigen Gesetzen, Gesetzen eigener Art, und ihr Spruch dürfte in diesem Falle, wenn nicht auf ein Vergehen aus Tücke, so doch auf Fahrlässigleit erkennen. Oder sollte gerade unsere Gegenwart so begabt sein, den Teufel durch Beelzebub auszutreiben? Sie ist es zweifellos nicht. Schon vor der großen Zerstörung des letzten Krieges haben mannigfache Restaurierungen größeren und kleineren Stiles das anschaulich dargetan; weder in der Wiederbelebung der großen Form, des echten Geistesbildes vergangener Zeiten, hat sie bisher auch nur Erträgliches zustande gebracht, noch in der simpelsten Art von Rekonstruktion, der technisch-handwerklichen sich auch nur ausreichend bewährt. Wie vieles aber müsste sie an Kleinarbeit, imitierender, nachbildender, ergänzender und vortäuschender leisten, wie käme sie dabei nicht nur mir der Wahrheit und Wahrhaftigkeit, sondern auch mit der schlichten Wirklichkeit in Konflikt! Otto Bartning (S. 28 dieses Heftes) hat, als im vergangenen Jahr der Streit um das Goethe-Haus anhub, die ganze Problematik des Frankfurter Beispiels eben von dieser Seite aus überzeugend aufgezeigt.

Das Schicksal vieler, der meisten, ist man zu sagen versucht, sicher aber nicht der schlechtesten Deutschen ist es, mit dem Leben, der Wirklichkeit, der bitteren, reichen, schönen Wirklichkeit, nicht fertig zu werden. Sie sind unfähig zu seiner Bewältigung aus der Klarheit und dem Mut, aus der Bescheidung, der Wahrhaftigkeit und – wagen wir das Wort! – aus der Demut, die erst den rechten, tiefsten Dienst am Leben verbürgt. Die Verführung aus dem Geist der Selbstbetrügerei, den in sich wirkend zu erkennen weder die Kräfte vernünftiger Nüchternheit noch das Vermögen schlichter Einsicht ausreichen, die Verführung schließlich aus dem Geist platter Überheblichkeit, den, in sich aufzuspüren, das flach und verschwommen und unaufrichtig gewordene Fühlen nicht mehr willens und meist nicht mehr fähig ist, alles das wirkt zusammen, jenen Brei der Ideen, Ideale und Idole, der Vorstellungen und Phantasien, der Theorien und Theoreme anzurühren, an dem sich ein guter, wohl der größere Teil der geistig bemühten Deutschen dumpf und stumpf und krank gegessen hat.

Ein anderes Erbe wirkt da fort, ein Grundübel, allen Schichten unseres Volkes gemeinsam, nur ganz wenigen von der Gnade des Himmels erlassen: die fundamentale Ungeformtheit des deutschen Denkens und Dichtens, Träumen und Streben, jene geheime Formlosigkeit, die uns seit Jahrhunderten schon um die Einheit des Innen und Außen, um die erlaubte Freude des Daseins, um das dem Menschen angemessene Leben, um Gegenwart und Zukunft, um kleine und große Wirklichkeit schlechthin immer wieder betrogen hat und noch betrügt.

*

Stets ist die Form ein Geheimnis geblieben den Vielen auf der Erde, aber wo wäre selbst die Ahnung um dieses Geheimnis so verkümmert, wo wäre sie achtlos und missachtend übersehen worden wie bei uns zu Lande? Und dass dieser immanenten Formlosigkeit ein noch offener zu Tage tretender Mangel an wirklichem Formgefühl entspricht, dass sie einander bedingen, dass dieses aus jener resultiert, wie könnte es anders sein! Diese konstitutionelle Schwäche der natürlich-selbstverständlichen Empfindung für das Maß, die Schönheit und Richtigkeit der Dinge, die Einheit des Ganzen und die Gemäßheit des Teils wie des Schmückend-Zugetanen, verschärft durch die alte Diziplinlosigkeit im gesamten Bereich des Geistigen, heillos geworden durch eine erschreckende Verwilderung seit Generationen, sie offenbart sich vor den großen Inhalten und entschleiert sich in tausend Einzelfällen von geringerer Spannweite. Dass Götzendienste mancher Art in unserem Lande leicht heimisch werden, dass man in ihm an Ehrfurchtslosigkeit vor dem Genius das Menschenmögliche leistet, dass dem wesentlichen Kunstschaffen der Gegenwart mit der Geringschätzung des Fachmanns, der Anmaßung des Banausen, dem neidischen Misstrauen des Kleinbürgers begegnet wird, mit nicht mehr Verständnis und geringerem Respekt, als es unter Kongonegern möglich wäre, das alles ist leidige Realität, und immer und überall erkennen wir in ihr die kümmerlichen Triebe aus der gleichen dürren Wurzel. Wenn ein Volk bis auf sehr eng begrenzte Kreise schon physiognomisch so fürchterlich versagt, wie wir es in den letzten Jahrzehnten schauernd erlebten, wenn ihm das Antlitz des Menschen nichts aussagt über Licht und Dunkel, Fülle und Leere, Erhabenes und Lächerliches, Adel und Niedrigkeit, wo sähe es also klarer und sicherer die Kraft und die Schönheit des Geistigen in den geformten Dingen, seien diese sinnbildlicher oder festlicher, zierender oder alltäglicher Art!

Der alte Goethe sagte einmal zu Eckermann, er sei der Gegenständlichkeit seiner Poesie «großer Aufmerksamkeit und Übung des Auges schuldig geworden ...». Der Dichter, dem wie keinem die Gabe zu sehen verliehen war, schickte gleichwohl seine Augen bis an sein Lebensende in die Schule, Tag um Tag und Stunde um Stunde. Vor fast anderthalb Jahrhunderten schrieb Jean Paul in seiner «Levana» wie beschwörend: «Vor allem erzieht das deutsche Auge, das so weit dem deutschen Ohre nachbleibt ...».

Mit dieser ungleichen natürlichen Begabung der deutschen Sinne wird man sich nun wohl wie mit einem unabänderlichen Faktum abfinden müssen; und dass man in Deutschland seit Jahrhunderten, vielleicht gar seit Beginn des Weges zu höherer Gesinnung, den Künsten, die aus dem Auge ihre wirkende und schenkende Kraft schöpfen, stets eine so viel geringere Beachtung und Aufmerksamkeit und noch weniger Übung gewidmet hat, ist wohl eine Folge dieser Grundtatsache. Wie aber hat es so weit kommen können, dass nicht nur die «Kultur» des Sehens – es gibt so etwas wohl nicht in Deutschland, nicht oben und nicht unten, und die Ausnahme bestätigt hier wirklich die Regel – ärger im Argen liegt als je vorher und als irgendwo in der Welt, dass sogar der einfache Instinkt, die schlichte Fähigkeit, sehend zu erfassen, zu unterscheiden und sich zu entscheiden, so ganz und gar verkümmert ist?

Der Mensch lebt doch, seitdem er dem Zustand des Primitiven entwachsen ist, in seiner Welt, die er mehr und mehr als von Formgesetzen bestimmt erkennen lernte, in einer Um-Welt, die mehr und mehr «Form» annimmt, die er selbst nach tastenden Anfängen immer intensiver, immer liebevoller und schließlich immer selbstverständlicher durchformt. Da nimmt dann jedes Ding, das bescheidenste Gerät, die Waffe wie der Krug, die Spange wie das Kleid und endlich auch Haus und Kultstätte die Gestalt an, die nur so und nicht anders sein kann. Es hat mit alledem seine «Richtigkeit», seine Ordnung, seine Notwendigkeit; den Befehl des Bedürfnisses haben Vernunft und Seele gut, gleich gut verstanden, die Hand, vom Auge geleitet wie von einem Brudersinn, hat ihn ausgeführt, so sicher, als hätte sie nach einem genauen Plan gearbeitet. So war es in allen guten Zeiten im schlichten Handwerk und in der «großen» Kunst, die meist nicht mehr sein wollte; da ist kein Bruch zu spüren, der Zusammenhang bleibt gewahrt, in den Schaffenden und den Beschenkten, den Schöpferischen und den Genießenden. Die Welt der Formen, der geringen, alltäglichen wie der festlichen, weihevollen, war ganz und eins in sich, sie verstand sich von selbst.

Dieser Zusammenhang ist zerrissen worden, wir erleben es seit Generationen als ein schlimmes Schicksal, und nicht nur die Wissenden sind von ihm betroffen, wiewohl sie allein darunter zu leiden scheinen. Die es nicht wissen, wissen es deshalb nicht, empfinden es nicht mehr, eben aus dieser völligen Beziehungslosigkeit heraus, die Welt der Form und die Wirklichkeit sind in ihnen ganz und gar auseinandergefallen, sie haben sich so vollkommen voneinander gelöst, dass sie miteinander nichts mehr zu tun haben. Der Sinn für Geformtes ist nicht verschwunden, nicht erstorben – wie könnte es sein, da er noch immer voll Anspruch auftritt und sich fast ausschließlich auf das Falsche, das Schlechte richtet! –, nein, schlimmer, er ist, um einmal zeitnah zu reden, atomisiert.

Alle Erziehungsarbeit, die da getan wurde bis heute – ihr Maß ist nicht eben groß, zweifellos nicht –, hat kaum genutzt; wo sollte sie auch ansetzen, es scheint ein hoffnungsloses Unterfangen. Denn auch die Masse der Intellektuellen ist ja in diesem Bezirk der «breiten Masse», von der sie sich noch abheben möchte, durchaus nicht überlegen. Selbst in den höchsten Spitzen der deutschen Geistigkeit muss es da trübe aussehen; sie hat ja eine uralte Affinität zu Wolken und Nebeln. Das beweisen tausend Erlebnisse in diesem Bereich, unzählige Einzelzüge, immer erneutes, unbegreifliches Versagen. Und das beweist schließlich auch die Groteske um das Geburtshaus Goethes in Frankfurt, die auch eine Tragödie deutscher Schwachäugigkeit und Formlosigkeit ist, und damit eine Niederlage des Geistes nicht ohne Bitterkeit und nicht ohne Gefahr. Goethe, der sich Zeit seines Lebens wenig um sein Geburtshaus gesorgt und gekümmert hat, der es sich nicht im Traum hätte einfallen lasen, dass man so viel unernsten Wesens um einen nicht ohne letzten Sinn entstandenen Schutthaufen machen könnte, hätte heute vielleicht dazu gesagt, was er in hohem Alter aus anderem Anlass schrieb:

> Dummes Zeug kann man viel reden,
> Kann es auch schreiben,
> Wird weder Leib noch Seele töten,
> Es wird alles beim Alten bleiben.
> Dummes aber vors Auge gestellt,
> Hat ein magisches Recht,
> Weil es die Sinne gefesselt hält,
> Bleibt der Geist der Knecht.

Dabei machte sich Goethe vor 120 Jahren auch nur geringe Illusionen über die Deutschen; ihre «gebildeten Stände» nicht ausgenommen, aber er kannte nicht die Deutschen aus der Mitte des 20. Jahrhunderts und konnte nicht ahnen, dass denen gar nichts mehr geschehen konnte, dass sie, die Nachfahren, bis oben hinauf, in den Tiefen wo die Formen wohnen, nichts mehr angeht, auch sein Geburtshaus nicht, in der Zerstörung nicht und nicht in der Imitation.

Worte der Mahnung und Warnung

Walter Dirks: Mut zum Abschied

Das Haus am Hirschgarten ist nicht durch einen Bügeleisenbrand oder einen Blitzschlag oder durch Brandstiftung zerstört worden; es ist nicht «zufällig» zerstört worden, genauer gesagt: in einer Kausalkette, die keine Beziehung zu dem eigentümlichen Wesen dieses Hauses hätte und also ihm gegenüber äußerlich wäre. Sondern dieses Haus ist in einem geschichtlichen Ereignis zugrunde gegangen, das mit seinem Wesen sehr wohl etwas zu tun hat. Es gibt Zusammenhänge zwischen dem Geist des Goethehauses und dem Schicksal seiner Vernichtung. Einige von ihnen sind mit Händen zu greifen: wäre das Volk der Dichter und Denker (und mit ihm Europa) nicht vom Geiste Goethes abgefallen, vom Geist des Maßes und der Menschlichkeit, so hätte es diesen Krieg nicht unternommen und die Zerstörung dieses Hauses nicht provoziert. Die große Vernichtung steht folgerichtig am Ende eines Weges, der von Goethe weggeführt hat. Andere Zusammenhänge, positive, sind weniger leicht einzusehen, aber darum nicht weniger wahr und wirklich. Jenes deutsche Volk der Dichter und Denker hat unter dem Einfluss des Idealismus und der Klassik, unter dem Einfluss auch Goethes, die Wirtschaft und die Macht allzu sehr außer Kontrolle gelassen und dadurch den Mächtigsten überliefert, und es ist nun einmal so, dass diese Aufspaltung des deutschen Wesens und diese «trahison des clercs», dieser hochmütige und schwächliche Verrat der Geistigen an der «Welt», unmittelbar zu dem geführt hat, was über uns gekommen ist. Dass der große Realist Goethe nicht auch im Politischen ein gläubiger Realist war, sondern trotz großer Einsichten idealistisch und allzu klug vor ihm resignierte, gehört zu den Teilvoraussetzungen der Katastrophe, die sein Geburtshaus vernichtete. Hätten wir diese Schwäche Goethes und vieler guter Deutscher rechtzeitig überwunden, so wären wir derer Herr geworden, die seine Größe verraten haben. Mit anderen Worten: es hatte seine bittere Logik, dass das Goethehaus in Trümmer sank. Es war kein Versehen, das man zu berichtigen hätte, keine Panne, die der Geschichte unterlaufen wäre: es hat seine Richtigkeit mit diesem Untergang. Deshalb soll man ihn anerkennen. Die Zerstörung dieses Hauses gehört so gut zur deutschen und europäischen Geistesgeschichte wie seine Errichtung im Stil eines gotischen Bürgerhauses, wie sein Umbau im Geist neuer Zeiten, wie die Weihe, die es durch seine Bewohner vor zwei und anderthalb Jahrhunderten erhalten hat, und wie die etwas bedenkliche Apotheose, die es im bürgerlichen Jahrhundert erfuhr. Wir sollten dieses letzte Kapitel einer langen Geschichte, den Zusammenbruch, nicht wegwischen wollen, es ist außerordentlich beredt und wichtig, es ist die Pointe: wir könnten sonst die Nutzanwendung verfehlen. Nur eines ist hier angemessen und groß: den Spruch der Geschichte anzunehmen, er ist endgültig.

Wir müssen ohnehin den Mut aufbringen, vielerlei Abschied zu nehmen, nicht nur vom Hause Goethes. Und damit stünden wir beim Kern der Frage. So außerordentlich achtbar die Pietät ist, welche das persönliche Motiv der meisten Anhänger des Frankfurter Planes ist: der Wiederaufbau selbst wirkt als ein Sinnbild des Geistes der Restauration. Die Vorstellung, das geliebte Verlorene in die Wirklichkeit zurückzwingen zu können, ist entweder eine ohnmächtige Auflehnung gegen jenen Urteilsspruch oder sie ist sentimental. Beides aber ist bedenklich und gefährlich. Darum vor allem fordert der Plan zu einem grundsätzlichen Widerspruch heraus. Was von uns heute verlangt wird, ist ja das genaue Gegenteil einer trotzigen oder gefühligen Wiederherstellung des Vergangenen. Der erste Schritt aber heißt: Einverständnis.

Er ist nicht leicht. Es ist schrecklich und es scheint über alle Begriffe zu gehen, was wir erlebt haben; aber allmählich dürften wir einsehen können, dass diese Schicksale nicht ganz außerhalb aller Normen stehen, wie sehr das auch der bürgerliche Idealismus meinen mag, der seine kurze und zweifelhafte Idylle für die eigentliche Welt gehalten hat. Was wir erlebt haben, ist vielmehr in aller seiner Schrecklichkeit natürlich und menschlich, – gemäß den Schrecken, die in der menschlichen Natur verborgen sind. Der Mensch baut, und der Mensch zerstört. Kein Werk, das dem ersten Teil dieses Gesetzes sein Dasein verdankt, ist gegen den zweiten Teil gefeit. Wer den Plan Frankfurts, den Merian 1628 geschnitten hat, mit dem Zustand der Stadt vor dem letzten Krieg und dann wiederum mit dem heutigen vergleicht, erkennt zu seinem Erstaunen, dass die beispiellose Vernichtung von 1944 kaum mehr hat niederwerfen können, als die zehn Generationen vorher auch ohne Sprengbomben und Phosphor in zäher Kleinarbeit beseitigt haben. Der Mensch baut, und der Mensch zerstört.

Wir müssen uns damit abfinden, ja wir müssen damit in einem tieferen Sinne einverstanden sein. Es war ein schwerer Schock für uns, die Altstadt Frankfurts (das heilige Köln, die geliebten Städte des Nordens und Südens, Münster und Freiburg, Paderborn und Würzburg) vernichtet zu wissen. Es fiel ein dunkler Schatten auf uns herab; es schien, dass das Leben seinen Sinn oder doch seinen Glanz verloren hatte. Mag sein, dass manche sich von diesem Schlag nicht erholen können. Respekt vor ihnen! Aber Ilion sank in Asche, die alexandrinische Bibliothek, der Kaiserpalast in Peking mit den Zeugnissen einer sechstausendjährigen Kultur; es ist erlaubt, noch heute darum zu trauern, man kann nicht darüber «zur Tagesordnung übergehen», aber dürfen uns diese unwiderruflichen Geschehnisse daran hindern, weiter zu tun, was uns aufgetragen ist? Der Mensch zerstört, und der Mensch baut. Aufgetragen ist uns: zu bauen. Es gibt aber keine hartnäckigeren Bekenntnisse zum Gewesenen als die Restaurationen.

Freilich muss man eine Zukunft haben, um so zu empfinden. Man darf unter Geschichte nicht nur das verstehen, woraus wir kommen, sondern auch das, wohin wir gehen, in Zeit und Ewigkeit. Es ist zuzugeben, dass heute ein angespannter Glaube dazu gehört, seine Entscheidungen auf eine sinnvolle Zukunft dieser Menschheit abzustellen, echte Hoffnung zu haben. Man macht sich fast lächerlich damit, wenn man im Ernst aus dieser Hoffnung wirkt und arbeitet. Aber alle wahre Produktivität hängt daran. Auch unsere Vorstellung von einem wahrhaft neuen Frankfurt, von den menschlichen Stätten unserer Kinder und Enkel, hängt daran. Dem Mut zur Zukunft entspricht die Entschlossenheit, Abschied zu nehmen von dem, was unwiderruflich vorbei ist. Noch einmal: es kommt nicht auf die Motive der Handelnden an, die Sprache der Bauten ist beredter als die Denkschriften der Bauenden: es ist ein Versagen vor der Zukunft, was jenes Gespenst des Goethehauses in der Sprache des steinernen Symbols aussagen wird.

Der Stadt Frankfurt aber stehen Siedlungspläne besser an. Zu bedauern ist jener Entschluss auch um ihretwillen, die sich in ihm falsch entscheidet, indem sie eine ihrer bedeutungsvollsten Überlieferungen nicht im Geist und in der Wahrheit weiterführt – und was ließe sich nicht alles aus Goethes gewandeltem Geist in dieser Stadt für die Zukunft fruchtbar machen –, sondern in einer schwächlichen und trügerischen Illusion.

Otto Bartning: Entscheidung zwischen Wahrheit und Lüge

Bei der Frage des zerstörten Goethehauses in Frankfurt schien zunächst Einigkeit der Meinung, ja der Weltmeinung zu bestehen in dem Wunsche nach Wiederherstellung, getreuer Wiederherstellung – während nun bei näherer Betrachtung des Problems ein heftiger Streit der Meinungen sich erhoben hat. Dadurch ist das Problem tief in den Bereich der Worte und Begriffe und Gefühle geraten. Versuchen wir also zunächst, diese Worte und Begriffe und Gefühle ein wenig zu klären:

Tatbestand: Das Elternhaus Goethes am Hirschgraben in Frankfurt wurde am 22. März 1944 durch Fliegerbomben bis auf die Grundmauern zerstört. Die Möbel, Geräte und Bilder, dazu einige Bauteile, aus der Wand geschnittene Musterstücke der Tapeten waren zuvor schon geborgen worden. Photos, auch der Stuckdecken, Pläne und Maße sind vorhanden.

Plan des «Freien Deutschen Hochstift»: Das Goethehaus soll naturgetreu wieder hergestellt werden durch Verwendung alles Vorhandenen und durch Kopie oder Imitation alles Fehlenden.

Das klingt so einfach, und ohne viel Zögern und Besinnen hat die Welt mit Ja auf diesen Plan geantwortet. Spenden und Stiftungen fließen. Die Kostendeckung ist gesichert. Man ist sogar schon ans Werk gegangen, um 1949 der überraschten Welt zeigen zu können, dass das Goethehaus wieder dasteht – als sei gar nichts passiert, als sei es nicht zerstört worden.

Darf man ein so erfreuliches Zeichen des Aufbauwillens und in- und ausländischer Hilfsbereitschaft hindern oder auch nur hemmen? –

Von Kunstwerken können Nachahmungen einen gewissen, wenn auch nur bedingten Teil des Wertes und der Wirkung vermitteln.

Der Wert des Goethehauses lag ja nicht in seiner baukünstlerischen oder stilistischen Form, die also durch Nachbildung, bedingt, vermittelt werden könnte. Der Wert des Goethehauses war doch, wie Reinhold Schneider sagt, «ein Geheimnis, die letzten Spuren geistigen Lebens in seinen Räumen».

Der Wert des Goethehauses war ein tiefster Gefühlswert, wie er ausschließlich den echten Dingen selbst innewohnt. Die wahrhaftige Atmosphäre der Räume und die Gewissheit, eben jene Schwellen zu überschreiten, die Goethes Fuß betreten hat, das machte den Ort einer Wallfahrt wert. Im Rahmen dieser Wahrheit und im Vertrauen auf diese Gewissheit war es dann ergreifend und zugleich belehrend, die Möbel, Geräte, Farben und Formen zu betrachten, in denen das Leben der Goetheschen Familie und ihrer Zeit sich spiegelte. Kurzum: das «Milieu».

Eben dieses Milieu naturgetreu, fast hätte ich gesagt: täuschend echt wieder herzustellen, das ist nun der Plan des Freien Hochstifts.

Denken wir uns ein wenig in die Durchführung dieses Planes hinein: Man wird den Bau nach Plänen und Photos wiederherstellen. Da wo er durch Alter etwas schief war, wieder schief. Oder etwa lot- und waagerecht?

Man wird nach dem herausgeschnittenen Stück der Tapeten die Wände nachmalen, samt allen Spuren der Verblichenheit, wobei man die verschiedene Stellung der Wände zum Licht berücksichtigen muss.

Man wird an Hand der Photographien die Stuckformen der Decke modellieren, abgießen und ankleben. (Die frühere Stuckdecke freilich war von Hand angetragen mit allen lebendigen Reizen der Handarbeit.) Danach wird der Anstreicher die unbequeme Frage stellen, ob er die Stuckdecke weiß lassen soll, wie zu Vater Goethes Zeiten, oder ein wenig angestaubt, etwa den Zustand 1832, oder stärker angestaubt, etwa 1932? Aber wenn man mit den Farbtöpfen auf dem Gerüst steht, muss man sich entscheiden. Entscheidung zwischen Wahrheit und Lüge. Ein Fenstergitter ist gerettet. Man wird die andern nachschmieden, auch die Reize des Hammerschlags wird man imitieren.

Man wird die erhaltene Zimmertür einsetzen. Dazu eine neue Schwelle; scharfkantig. Oder doch ein wenig ausgehobelt, als sei sie ausgetreten? Die übrigen Türen wird man kopieren, möglichst genau in Form und Farbe und Schnitzerei. Aber für die damals schnitzende Hand waren es lebendige und also wechselnde Formen. Wird der heute nachschnitzenden Hand das Lebendige gelingen? Es gibt ja Tausendkünstler, die solche Nachahmungen täuschend echt zuwege bringen und die wir im Kunst- und Antiquitätenhandel unbedenklich Fälscher nennen.

Solchen Leuten müssten wir also die teuren Relikte des Goethehauses zur Imitation anvertrauen, um das Milieu mit seinem ganzen Caché (hier stellen nur Fremdworte sich ein) hervorzuzaubern, das heißt, um das zu erfüllen was das «Freie Hochstift» verspricht und wozu die Welt unbedenklich Ja gesagt hat.

Unbedenklich, darin liegt die volle Entscheidung. Denn sicherlich hat weder das Freie Hochstift noch die Welt solches je beabsichtigt, noch solche Konsequenzen bedacht – in die aber der einen solchen Plan im einzelnen verwirklichende Bauherr, Architekt und Handwerker unweigerlich und unausweichlich geraten würde.

Und das wäre das Ergebnis dieser Bemühung? Ein Goethehaus? Ein Pseudo-Goethehaus, in dem man nicht mehr unterscheiden könnte, was echt und was «echt-imitiert» ist, in dem man nicht mehr wüsste, ob man Dinge berührt, die auch Goethes Hand berührt hat, oder ob es die täuschend ähnliche Kopie ist. Man würde sich vexiert, gefoppt, in seinen keuschesten Gefühlen beleidigt fühlen und entfliehen. – Der genius loci ist schon lang entflohen.

...Es geht nicht um ästhetische Bedenken, stilistische Streitereien, museale Spitzfindigkeiten, sondern es geht um die ganz einfache Frage:

Wie können und dürfen wir dieses aus dem Goethehaus gerettete Erbe, das heißt den Teil der Möbel, Geräte und Bilder und Bauteile seines Geburtshauses, die wirklich erhalten sind, so aufstellen, dass wir daraus den Teil der Erinnerung und des Eindrucks gewinnen, der wirklich erhalten und echt ist? Nicht mehr, aber auch nicht weniger.

Unser einfacher Vorschlag lautet, auf den Fundamenten des Goethehauses schlichte Räume herzustellen, die genau den Proportionen und Lichtverhältnissen der gewesenen Räume entsprechen, so dass darin die geretteten Möbel, Geräte und Bilder zur rechten Wirkung kommen. Alle wirklich erhaltenen Bauteile werden darin an ihre Stelle gesetzt. Die Wände aber und alle fehlenden Bauteile werden schlicht und neutral sein.

Alle weiteren für die Archive oder Lehrpläne oder sonstigen kulturellen Aufgaben des Hochstifts nötigen Räume werden auf dem anschließenden Gelände in einfachen, bescheidenen Formen an dies Herzstück anwachsen. Ja, das Leben des Hochstifts, wenn es lebendig und also goethisch ist, soll zu besonderen Anlässen auch jene Räume des Herzstückes einbeziehen und so in einem besonderen Sinn erfüllen.

Damit tun wir das, war wir können und in ehrlicher Weise dürfen. Und damit schenken wir unseren Kindern soviel des Erbes, wie uns geblieben ist und wie wir mit neuem Leben zu erfüllen vermögen.

Hier verlassen wir das Gebiet der Worte. Hier beginnt die schöpferische Arbeit. Wir haben Heinrich Tessenow vorgeschlagen und halten ihn, wie keinen anderen, für den gegebenen Meister einer Aufgabe, die ebensoviel Sicherheit wie Behutsamkeit, ebensoviel Klarheit wie Feinheit jeder Linie erfordert. Hierin aber liegt gerade die Meisterschaft Tessenows, der ja auch für das Goethehaus in Weimar schon herangezogen wurde.

Karl Wilhelm Ochs: Der zeitgebundene Zauber der Erscheinung kann nicht wiederholt werden

Der Wunsch, das Zerstörte zu ersetzen, ist als Rückwirkung auf die unfassbare Katastrophe wohl zu begreifen, und wir begegnen ihm an allen Stätten der Vernichtung. Wer einen glücklichen Zustand bewusst erlebt hat, will gewiss in seinem Innersten lieber ihn an Stelle der fragwürdigen Gestaltlosigkeit wissen. Aber auch mit einem Haus, dem umgebenden Haus des Lebens, kann es gehen wie mit dem Lebendigen selbst. Beim Verlust eines Nahestehenden bedarf es langer Zeit, um zu erkennen, dass er nur in uns, unserem Geist und der Erinnerung fortlebt, dass aber keine Symbolhandlung, kein Verklammern in Bildern mehr bewirken kann als ein Wachhalten dieser Erinnerungen an das Erlebte...

Aber es handelt sich ja nicht um das Goethehaus allein. Es ist nicht aus seiner Umgebung, dem alten Frankfurt, zu lösen; von beidem ist nun fast nichts mehr übrig geblieben. Man sollte sich nicht darauf berufen, dass die Stadt sich seit Goethes Tod in vielem von Grund auf verwandelt habe, also auch nicht mehr die alte gewesen wäre. Sie war im Kern, wie auch Goethes Haus, ihrer Eigenart und Gestalt soweit treu geblieben, dass wir in Wirklichkeit noch immer die gleichen Wege gehen konnten, die Goethe selbst gegangen war. Noch immer eröffneten sich uns die gleichen Blicke, wenn auch auf den Straßen Asphalt lag und manche der alten Häuser umgebaut oder durch neue ersetzt waren.

Gewiss, die Stadt hatte sich verändert. Seit dem Mittelalter bis zu Goethes Tod hat ihre geprägte Form sich lebend entwickelt. Dass diese Entwicklung um die vorige Jahrhundertmitte eine Wende erfahren würde, hat er vorausgesehen, und für uns hat es sich bis zum Ende fürchterlich bestätigt, dass jene «Facilitäten der Kommunikation», wie er die grundlegenden Neuerungen der Technik nannte, wohl nur eine Vergrößerung des äußeren Reichtums brachten.

Doch weder hierin, noch in den sinnfälligen Versäumnissen in der Pflege des Goetheschen Erbes erkannte man die Anzeichen: noch vor nicht langer Zeit wurde das Grab der Eltern verlegt, der Kirchhof von einer Straße durchschnitten und aufgelöst, die «schlimme Mauer» hat man abgebrochen, der Garten im Hirschgraben wurde mit hohen Häusern ringsum zugebaut und der lieblichen Mainuferlandschaft mit der Gerbermühle bei der Erschließung des Industriehafens zu wenig Beachtung geschenkt.

Aber dagegen hat man mit unsäglicher Mühe den alten Eibenbaum am Eschenheimer Tor mit seinen Wurzeln und der Erde ausgehoben, ihn quer durch die Stadt gewalzt und dann als einen Fremdling beziehungslos im Norden wieder eingepflanzt, wo er in Wirklichkeit bald vergessen war. Allein in «Dichtung und Wahrheit» lebt er weiter. Mutwillig hat man damals schon, der Vergleich drängt sich auf, eigentlich das Haus zerstört und nur den Klingelzug aufbewahrt...

Jede Kunstform ist der Ausdruck ihrer Zeit, und so müssen wir uns damit abfinden, dass überall da, wo diese altüberkommene Form mit dem zerstörten Bauwerk und mit seiner Umgebung ganz zugrund ging, sie für uns verloren ist. Der zeitgebundene Zauber ihrer Erscheinung kann nicht wiederholt werden.

Wo so viel Reste blieben, dass Form und Wesen noch von ihnen bestimmt werden, mag deren Verwendung leichter denkbar sein. Dass man zum Beispiel von den neun Bögen der Heidelberg-Brücke die drei gesprengten jetzt mit aller Hingebung dem Bisherigen getreu nachgebildet, also die Brücke geflickt hat, ist wohl selbstverständlich. Dennoch gab es auch da Stimmen, die einen Ersatz in moderner Konstruktionsform wünschten. Allerdings hätten sie damit nur allzu programmatisch eine Methodik des Bauens der naturgegebenen Form des Bauwerks vorgezogen. Aber auch ein so unvergleichliches Monument, wie etwa die Dresdener Frauenkirche – und gewiss nicht sie allein – ist für immer verloren. Die gewohnte Silhouette, so sagt man, fehlt dem Stadtbild, doch das Stadtbild fehlt ebenso der Silhouette. Im neuen Dresden kann einmal eine neue Kirche an den Platz treten, vielleicht der alten im Wesen ebenbürtig. Aber sie muss anders werden, wenn sie wahrhaftig aus dem lebendigen Willen der Zeit geboren ist und wenn dieser lebendige Wille aus der Tiefe die Kraft spürt, mit dem Geist dieser Zeit die Form zu erfüllen.

Bedenken wir das einzig Fruchtbare, das in der äußeren Not liegt: es wird uns Zeit gegeben, aus der inneren Not zur Besinnung zu gelangen. Wir können mit Bedacht und gegenseitiger Duldung dem, was dauerhaft bleiben soll, die gültige Gestalt geben. Und sie kann nicht entweder Tradition oder Moderne sein, sondern muss aus beider gesunder Wurzel das Gemeinsame suchen.

So sollten wir beim Goethehaus und bei allen seinen Schicksalsverwandten nichts übereilen. Die Sorge, dass das Haus nie mehr aufgebaut würde, wenn es nicht sogleich geschehe, beweist nur, dass der zu nahe Verlust noch nicht überwunden ist. Erhält der Wunsch nach der getreuen

Kopie sich unverändert über Jahre, so könnte er noch immer seine Erfüllung finden, wird er aber verblassen, so hat man sich schon jetzt über seine innere Kraft getäuscht.

Es wäre das Beste, einige Jahre zu warten, also die Grundsteinlegung nur als Gelöbnis zu betrachten, ohne die umstrittene Form des Bauens zum Gegenstand einer dramatischen Entscheidung werden zu lassen. Diese Entscheidung ist auch wahrhaftig nicht vordringlich; sie würde so wenig wie die Verwirklichung des Wiederaufbaues für unser Dasein Einfluss gewinnen, als Beispiel aber in ähnlichen Gegebenheiten könnte sie gefährlich werden.

Walter Muschg, Basel:
Eine Sehenswürdigkeit für reisende Kuriositätensammler?

Je treuer die Kopie ausfällt, desto unechter muss sie unfehlbar als Ganzes wirken, einfach deshalb, weil sie nicht mehr das Original ist. Ein bis in alle Einzelheiten nachgebildetes Geburtshaus Goethes kann eine Sehenswürdigkeit für reisende Kuriositätensammler werden. In meinen Augen wäre sie ein Gespenst.

Im Hinblick auf die deutsche Literaturwissenschaft frage ich mich, ob die auch in ihr dringend notwendige Erneuerung mit einer solchen Rekonstruktion beginnen soll. Wäre sie wirklich das Bekenntnis zu Goethe, zur größten Tradition des deutschen Geistes?

Ernst Beutler, der Leiter des zerstörten Museums, hat in seiner Rede zum 28. August 1945 selber auf die tragische Verkennung hingewiesen, die Goethe im deutschen Volk erfahren habe. Waren aber alle diese Museen, in denen sein Andenken gehütet wurde, nicht auch wider ihre ursprüngliche Absicht Werkzeuge dieser Entfremdung? Goethe ist wie kein anderer Dichter zum Gegenstand der Forschung, der Archivierung und Glorifizierung gemacht worden. Er war zuletzt der Mittelpunkt eines Kultus, der allzu oft nicht der lebendigen Wirkung seines Geistes, sondern der Geltung ihm wesenfremder Gedanken diente. Seine besten Verehrer haben das schon immer beklagt, es bestand ein verhängnisvoller Widerspruch zwischen seinem staatsoffiziellen Ruhm und seiner tatsächlichen geistigen Autorität.

Deshalb wundert es mich, dass die Fassade seines Ansehens jetzt ohne weiteres aufgerichtet werden soll, nachdem sie zusammengestürzt ist. Für die lebendige Wirkung Goethes, der großen deutschen Dichtung überhaupt halte ich das nicht für nötig, ich halte es vielmehr für gefährlich. Dass Kirchen aus dem Schutt zuerst wieder aufgebaut werden, liegt im Wesen der Religion. Ein inmitten der Ruinen rekonstruiertes Goethehaus würde diesen Dichter mehr als je zum Träger eines Kultes machen. Als unechte Kulisse müsste es zudem für Viele – ich zähle mich zu ihnen – das Symbol einer unfruchtbaren Romantik sein. Das grausame Verschwinden dieser Denkmäler würde damit als ein reparierbarer Zufall hingestellt. Das einzige Mögliche scheint mir gerade hier die Anerkennung des Geschehenen und der Wille, aus ihm die Konsequenzen zu ziehen.

Ich habe diese Ruine am Großen Hirschgraben gesehen. Sie scheint mir erschütternder als jener Rekonstruktionsversuch. Sie könnte einst ein echtes Heiligtum werden, das vom Geist Goethes vernehmlicher spricht als alle Tapetenmuster und Treppengeländer.

Hermann Hampe: Wiederaufbau-Erfahrungen aus dem Unzerstörten

Heidelberg, die «unzerstörte Stadt» in diesem fürchterlichen Kriege, hat gleichwohl das Schicksal der totalen Vernichtung, wenn auch 250 Jahre früher als seine Schwestern von heute, einmal über sich ergehen lassen. So mag es vielleicht jetzt nicht ohne Interesse sein, sich daran zu erinnern, dass hier Probleme unserer heutigen Trümmerstädte schon als historische Erfahrung lebendig sind, und zwar nicht nur in der Rückschau auf den mit heutigen Ergebnissen durchaus als parallel vergleichbaren Verlauf des damaligen Wiederaufbaues, sondern ebenso in der immer wieder mit größter Anteilnahme und sogar Leidenschaftlichkeit in breitester Öffentlichkeit geführten Diskussion über das Thema des Wiederaufbaus historisch wertvoller Gebäude.

Von der mittelalterlichen Stadt sind bei der angeordneten totalen Zerstörung von 1693 keine 10 Gebäude erhalten geblieben, auch diese mit einer einzigen Ausnahme in schwerbeschädigtem Zustande. Wenn trotzdem die selbstverständliche Forderung einer Regulierung der Stadtanlage nach den damals modernsten Gesichtspunkten, vom Kurfürsten gefordert und von ersten Architekten geplant, nicht verwirklicht werden konnte, so lag der Grund hierzu nicht nur in dem bekannten Konfessionsstreit der Bürgerschaft mit dem neuen Landesherren, der zur Verlegung der Residenz nach Mannheim führte. Hauptgrund war vielmehr, wie wir aus unseren heutigen Parallelerfahrungen wohl schließen dürfen, die Langsamkeit, mit der nach der völligen planmäßigen Zerstörung des ganzen Landes im orleanschen Kriege der Wiederaufbau erst nach etwa sieben Jahren in stärkerem Maße in Angriff genommen werden konnte. Während dieser ersten Zeit sind wohl oft nur behelfsmäßige Reparaturen vorgenommen worden. Die Sicherung der abgebrannten Heiliggeistkirche, deren Gewölbe glücklich standgehalten hatten, durch das heutige mächtige Mansarddach stammt aus diesen Jahren.

Erst um 1700 setzte eine lebhafte Neubautätigkeit ein, und in den folgenden 30 Jahren war die Stadt trotz der allerhöchsten Ungnade im wesentlichen im alten Umfange wiederaufgebaut. Aber wir können es heute nachfühlen, dass insbesondere die wertvollen und oft tiefen Keller und die vermutlich zahlreichen kleinen Provisorien, mit denen die allmählich zurückkehrende Bevölkerung sich in den Ruinen inzwischen eingerichtet hatte, eine planmäßige Neugestaltung der städtebaulichen Anlage glatt verhinderten. So blieb die Folge schöngeformter Plätze, die anstelle der zerstörten Klöster ausgespart werden konnten, der einzige städtebauliche Gewinn jener «einmaligen» Chance in dem mit barocken Formen neu hochwachsenden mittelalterlichen Stadtgefüge, dessen maßstäblich so feine und anheimelnde Enge uns heute manche Sorge in verkehrs- und gesundheitstechnischer Beziehung bereitet.

Hat sich in der Stadt so die Drohung des Kurfürsten, dass man auf dem Gras ihrer Gassen werde das Vieh weiden lassen, in einem heute fast beängstigenden Maße nicht erfüllt, so traf das umsomehr für die riesigen Ruinen des Schlosses zu, deren weit vorgeschrittener Wiederaufbau 1764 durch ein Schadenfeuer infolge Blitzeinschlages erneut und endgültig vernichtet wurde. Wenn wir unsere nach zwei Jahren schon von Weiderich, Büschen und sogar Baumwuchs überwucherten Ruinenfelder betrachten, werden wir uns leicht eine Vorstellung machen können von dem märchenhaft verzauberten Zustand, in dem die Heidelberger frühen Romantiker nach einem halben Jahrhundert die Schlossruine neu «entdeckten», unter ihnen besonders Charles de Grainberg, der es sich zur Lebensaufgabe machte, in immer zahlreicheren Kupfern und Lithographien gerade diesen in die Natur zurückgesunkenen Zustand menschlichen Bauschaffens darzustellen und zu preisen, während nur wenige seiner Blätter rekonstruierend den früheren Zustand daraus wieder ins Gedächtnis rufen. Er hat recht eigentlich den Blick seiner Zeitgenossen für die besondere Schönheit geöffnet, der hier aus Menschenwerk und Natur gewachsen war – als Schlosskastellan hütete er sie auf das sorgfältigste vor der Gefahr, als Steinbruch für die wachsende Stadt verloren zu gehen. An einen Wiederaufbau dagegen hat weder er noch sonst wohl jemand gedacht in einer Zeit, als man sogar ehrwürdige Dome oder Klosterkirchen der jüngsten Zeit auf Abbruch verkaufte, um die Unterhaltungskosten zu sparen, und künstliche Ruinen in den Gärten errichtete. Erst als Nationalismus und Historismus sich zu der romantischen Grundstimmung mischten, begann man mehr und mehr, sich der Rekonstruktion unfertiger oder zerstörter Bauten in der Reihenfolge der Stilmoden zuzuwenden, und von dieser Sucht, die zunächst besonders im Rheinland allenthalben schlimme Ergebnisse zeitigte, konnte eine so berühmte Ruine wie das Heidelberger Schloß schließlich auch nicht bewahrt bleiben.

Eine an sich harmlose denkmalpflegerische Aufgabe gab den willkommenen Anstoß. Die Fassade des Friedrichsbaues, deren prächtig überladene Knorpelrenaissance dem Zeitgeschmack besonders nahe stand und der die frühere Zerstörung verhältnismäßig am besten überdauert hatte, zeigte Verwitterungsschäden, die die Bergung des wertvollen Figurenschmuckes und die Auswechslung der Werksteine erforderlich machten. Ob es wirklich nicht möglich war, wenigstens Teilstücke der alten Prunkfront unberührt zu bewahren, lässt sich heute kaum mehr nachweisen. Sicher ist, dass Karl Schäfer, dem als Architekt die Durchführung dieser Arbeit übertragen war, einer der besten Kenner der handwerklichen Grundlagen der Baukunst war und durch seine großartige Lehrbegabung gerade für dieses Gebiet einer ganzen Generation von bedeutenden Architekten den Blick geöffnet hat. So dürfen wir annehmen, dass der rein denkmalpflegerisch konservatorische Teil der Aufgabe zu jener Zeit kaum besser gelingen konnte.

Leider brachte aber der neue, von allen Spuren seiner geschichtlichen Vergangenheit gesäuberte Stein der Palastfront in Verbindung mit dem nationalistischen Geltungsbedürfnis des jungen Kaiserreiches 1897-1900 (vermutlich schon in der Konzeption) die Versuchung hervor, bei dieser einfach-selbstlosen Aufgabe nicht stehen zu bleiben. Zunächst «genügte» das schlichte Notdach nicht mehr, mit dem die Barockzeit den Bau nach dem Brande geschützt hatte. Zwischen zwei neu hochgeführten Brandgiebeln wurde das Dach «mittels eines eisernen Dachstuhles auf die ursprüngliche Höhe gebracht»* und mit allem Zubehör versehen von Wasserspeierdrachen, Spitzhauben mit Butzenscheiben und mächtigen

Kaminattrappen, denen unten im Gebäude die dazugehörigen Rauchzüge fehlen.

In den leeren Raum über den Gewölben der erhaltenen, nur durch die allzu grellbunte Leimfarbenbemalung beeinträchtigten Kapelle im Erdgeschoss wurden neue Zwischendecken eingezogen,, «um das Obergeschoss für die Städtischen Sammlungen in Benutzung nehmen zu können». Die Räume erhielten eine «prunkvolle Ausstattung in Formen und Farben des beginnenden 17. Jahrhunderts. Da in diesen neuen Prachträumen die städtischen Sammlungen nunmehr keine Unterkunft finden konnten, wurde seitens der Stadt das jetzige Sammlungsgebäude erworben».

Die hohle Prunksucht, der das Gebäude zum Opfer gefallen ist – in dieser Form noch heute das «Prachtstück» der Heidelberger Schlossführung, aus deren Erlös bis zum Kriege die Bauunterhaltung der badischen Schlösser weitgehend bestritten werden konnte – kann kaum besser charakterisiert werden, als durch den zitierten nüchternen Tatsachenbericht aus dem Band Heidelberg der «Kunstdenkmäler des Großherzogtums Baden». Kaum nötig, hinzuzufügen, dass Formen, Farben und Materialwahl dieser Prunkausstattung ebenso wie die, den oben erwähnten Kaminköpfen auf dem Dach entsprechenden riesigen Kachelofenattrappen in allen unheizbaren Räumen selbst bei der heutigen Raumnot jedem Versuch einer Zweckbenützung Hohn sprechen.

Diese groteske Übersteigerung des Rekonstruktionsgedankens hat allerdings – was man positiv bewerten mag, - die Heidelberger Schlossruine gerettet; und ein halbes Jahrhundert hat über die geschichtslos glatte Exaktheit der erneuerten Palastfronten Moos und Ranken gezogen. Zunächst aber hatte die Härte des neuen Bauwerks in Verbindung mit der Monstrosität des sinnlosen Innenprunks radikalen Widerstand hervorgerufen. In langen Kämpfen wurde endlich, insbesondere durch die unermüdliche Arbeit Henry Thodes, wenigstens eine Fortführung derartiger Rekonstruktionen am Heidelberger Schloss abgeschlagen. Die dabei gewonnenen Erkenntnisse von der Eigenart dieser denkmalpflegerischen Aufgabe waren auch zu Beginn der dreißiger Jahre noch lebendig und überzeugend genug, um die Ausgestaltung des Schlosses zu einer Großgaststätte zu verhindern, die im Zusammenhang mit der leider etwas zu komfortabel geratenen Herrichtung des Königsaales als Konzert- und Festspielraum beabsichtigt war.

Die grundsätzliche Problematik dieses in breiter Öffentlichkeit ausgetragenen Meinungsstreites wird uns heute wieder lebendig in der Vielfalt gegensätzlicher Anschauungen über die ungeheuren Aufgaben der Denkmalpflege, die heute nach dem Kriege vor uns stehen. Wo für lebendig gebliebene Überlieferung oder jetzige Aufgabenstellung eine wertvolle Ruine neu gewonnen werden soll, werden wir die heute gemäße Lösung aus dem Erhaltenen zu erschauen suchen, wie das beispielsweise in der Paulskirche in Frankfurt geschieht. Ebenso kann die rein konservierende Sicherung von praktisch nicht mehr oder noch nicht verwertbaren Resten als Gegenextrem vielleicht bald über die Thematik des Einzelfalls hinaus zu generell verwandten Lösungen führen, die das zu bewahrende Kulturdenkmal zugleich zu einer ernsten Mahnung an die Geschichte seiner Zerstörung werden lassen und so unser eigenes Erleben seinem Eigenleben verbinden.

Aus den zahlreichen Mittelstufen zwischen dieser Polarität will mir der Aufbau des Goethehauses fast als reziproker Fall des Heidelberger Friedrichsbaues erscheinen. Hatte hier großsprecherische Prunksucht in eine historische Schale von unleugbar ähnlicher Tendenz einen seelenlosen Augenzauber hineinretouchiert, so soll nun in Frankfurt für ein bewahrtes Inventar ein neues Behältnis gefunden werden. Sollten wir für diese Aufgabe nicht aus der Geschichte des Heidelberger Schlosses lernen können, uns nicht unter vorgefassten Meinungen auf einen höchst zweifelhaften Weg festzulegen?

* Die Kunstdenkmäler des Großherzogtums Baden, Bd. 8, Heidelberg 1913, S. 476

Die von Rudolf Steinbach mit eigens gegründeter Bauhütte wiederhergestellte Alte Brücke in Heidelberg. Baukunst und Werkform fragt: *Ein gelungenes Erneuerungswerk in alten Formen – ein Beispiel zur Nachahmung?*

Rudolf Steinbach

Die Alte Brücke in Heidelberg
und
Die Problematik des Wiederaufbaus

Am 26. Juli 1947 wurde die «Alte Heidelberger Brücke» erneut dem Verkehr übergeben. Wir sagen es mit einem gewissen Stolze. Wieder schwingt sich die Brücke über den Fluss, verbindet Ufer mit Ufer, wie ein Diesseits mit einem Jenseits. Diese Brücke ist «wiederaufgebaut», sagen wir und hoffen dabei, dass die von der Sprengung gerissene Lücke so nahtlos geschlossen ist, als sei hier nie etwas geschehen. Aber indem wir das denken und wollen, vertuschen wir die Wirklichkeit. Wir tun so, als sei wirklich nichts geschehen. Hier an dieser Stelle ist Heidelberg allen Zerstörungen nun endgültig ferngerückt. Altgewohntes steht unverändert vor uns. Und «da nichts geschehen ist», brauchen wir auch keine neue Einstellung zu einem neuen Leben zu finden. Ohnehin zu antiquarischem Leben neigend, könnten wir nun um so ruhiger unser antiquarisches Leben fortsetzen.

Mit diesem Gedanken hat sich aber die ganze Fragwürdigkeit des Begriffes «Wiederaufbau» vor uns aufgerichtet. Was gibt uns die Gewähr, dass diese Brücke nicht das schlimme Beispiel wird, auf das man hinweist, wenn man in Frankfurt das Goethehaus, in Stuttgart den Königsbau, in Ulm die Altstadt und in München das Hofbräuhaus wieder heraufzaubern will?

In den folgenden Überlegungen soll deshalb untersucht werden, wann und unter welchen Umständen und Voraussetzungen eine Erneuerung möglich und aufrichtig vertretbar ist. Folgender Entwurf soll uns leiten:

I. a) Wie wurde das Problem des Wiederaufbaues früher angefasst?
b) Was lernen wir daraus? –
II. Welchen Problemen stehen wir heute, gegenüber?
a) Totalzerstörung, b) Teilzerstörung, c) Einzelzerstörung. –
III. Die Antriebe des «Wiederaufbaus».
a) Die dumpfe Gewohnheit, b) Die liebe Erinnerung, c) Der seelische Gefühlswert und die kulturelle Verankerung. –

IV. Welche Voraussetzungen und Bedingungen berechtigen zum Wiederaufbau? –
V. Wo lehnen wir den Wiederaufbau ab und fordern den Neuaufbau?

I

Die Krankheit des Erneuerns liegt uns seit mehr als einem Jahrhundert im Blute. Als nach der französischen Revolution der künstlerische Schwung gebrochen war, sich die Romantik der Vergangenheit zuwandte und die Wissenschaft im Gewand der Historie ins Haus der Künste eintrat, begann der natürliche Quell des Schöpferischen zu versiegen. An die Stelle, an der seither die neue Form der eigenen Epoche ausgetreten war, schob sich das Gestaltvorbild früherer Zeiten. Das Barock hatte zwar die Schönheit der Ruine erkannt und konnte sie spielerisch in seine Gartenarchitekturen einbauen, aber selbst diese Ruinen waren immer Neubauten. In die künstlich geformte Natur, den Garten, wird das schon wieder naturgewordene Kunstwerk, die Ruine, organisch eingefügt.

Die Klassizisten nun bauten griechische und römische Tempel, die Romantizisten gotische Dome, ihre Nachfolger wiederholen die Baugeschichte der ganzen bekannten Welt. Immer noch handelt es sich aber um Neubauten. Noch war niemand auf die Idee gekommen, alte Ruinen zu flicken oder wiederaufzubauen. Aber die Entwicklung blieb nicht stehen.

Jetzt werden das Ulmer Münster und der Kölner Dom «vollendet», das Heidelberger Schloss «wiederaufgebaut», die Saalburg, der Hohenzollern und der Lichtenstein «heraufgezaubert».

Dieser Gedankengang erzwingt geradezu die Erkenntnis, dass das Verlangen nach Wiederaufbau der Ausdruck mangelnder Gestaltungskraft ist.

Für den Fall, in dem wir uns dennoch zum Wiederaufbau entschließen (was wir nachher begründen), begreifen wir nach diesen Vorüberlegungen:

1. Dass die Neugestaltung alter Formen ohne vorhandene Restformen zur Formenattrappe führt (alt: der Hohenzollern; neu: «zum Wiederaufbau der Stuttgarter Altstadt» von Prof. Rudolf Lempp, «Baumeister», Heft 7/8, Jahrgang 44, Juli-August 1947).

2. Die Verwendung vergangener Bauformen ist nicht erlaubt, wenn sie über die Erhaltung des Vorhandenen hinausgeht, d.h. wenn nicht wesentliche Teile des Bauwerkes erhalten sind, die uns als sicheres Vorbild für die ehemalige Form dienen. Gegenbeispiel: die Hochkönigsburg; Beispiel: die Alte Brücke in Heidelberg.

3. Nur was vom Bestande durchseelt werden kann, gewinnt den Geist und das Gesicht seiner Zeit, doch auch hier setzt Erhaltung peinlichstes und eingehendstes Studium voraus. Nicht vom Bestande durchseelt ist z.b. die Erneuerung des Schwabentores in Freiburg, während die Burg in Nürnberg oder die Marienburg in Würzburg diese Forderung erfüllten.

4. In jedem Falle bedeutet eine solche Art des Wiederaufbaues einen starken Verzicht auf die eigene Schaffenskraft, ja, sie ist im Grunde einer Entselbstung gleichzusetzen. (Wer diese Entselbstung leisten kann, muss das in strenger Prüfung entscheiden. Auch sie kann, wie wir das bei den nachschaffenden Künstlern der Musik sehen, eine volle künstlerische Befriedigung geben.)

II

So formulierten sich die Probleme bis zu den Zerstörungen dieses Krieges. Die Quantität dieser Zerstörungen zwingt uns heute unter dem Gesichtspunkt des Ausmaßes folgende Unterscheidungen zu treffen:

Ein «Wiederaufbau» im Sinne einer getreuen Wiederherstellung total zerstörter Städte ist rein materiell unmöglich und braucht deshalb nicht diskutiert zu werden. Ich nenne hier nur mir bekannte Beispiele: Darmstadt, Mannheim oder die Städte des rheinischen Industriegebietes.

So weh dies auch den Bewohnern dieser Städte tun muss, und so schmerzlich das ganze deutsche Volk, ja die kunstliebende Menschheit, von dem Gedanken, auf Nürnberg verzichten zu müssen, berührt wird, dürfen wir uns hier doch keinen Illusionen hingeben.

Bei teilweise zerstörten Städten kann unter noch zu besprechenden Voraussetzungen und Bedingungen die Diskussion aufgenommen werden. Dennoch will mir selbst ein so günstig gelagertes Beispiel wie Rothenburg ob der Tauber höchst fragwürdig erscheinen. Hier handelt es sich um eine kleine Stadt, die kaum zu einem Viertel zerstört ist, geliebt von einem ganzen Lande, was das Aufbringen der Mittel möglicher erscheinen lässt, in unendlich vielen Bildern und Fotografien festgehalten und in seiner mittelalterlichen Atmosphäre von Millionen erkannt und erfasst... Und dennoch geht es nicht an, vor ein modern gebautes Geschäfts- oder Bauernhaus eine «täuschend echte» alte Fassade zu kleben. Denn keiner dieser heute lebenden Rothenburger Bürger denkt daran, sein modernes Leben wieder in die alten Formen zu pressen, die sich nur dadurch mit ihrem Inhalt vertrugen, dass er in Jahrzehnten in sie hineingewachsen war. Ein echter Wiederaufbau würde eine exakte Übernahme der alten Grundrisse ebenso wie der Fassaden erfordern. Dem stehen die Bedürfnisse der Bewohner entgegen.

Die Heidelberger Alte Brücke erfüllt die Bedürfnisse der Jetztzeit, abgesehen von ihrer Breite, fast genau so wie zur Zeit ihrer Erbauung.

Handelt es sich also bei dem wiederaufzubauenden Kunstwerk um einen Zweckbau, so muss er den modernen Bedürfnissen voll entsprechen, d.h., diese dürfen nicht der zivilisatorischen Entwicklung im Wesentlichen unterworfen sein wie ein Wohnhaus.

Wir gehen und fahren heute über die Brücke wie vor 200 Jahren (eine Straßenbahn kommt hier lagemäßig nicht in Frage). Jedoch sind Hygiene und Kultur des modernen Wohnens ganz andere wie die vergangener Zeiten.

Bei einer Einzelzerstörung wie der Alten Brücke in Heidelberg möchten wir den Wiederaufbau bejahen.

III

Die bis jetzt entwickelten Gedanken, d.h., die Bejahung des Wiederaufbaues in ganz seltenen Fällen, erscheint uns zwingend. Wie kommt es nun, dass die Wünsche der Allgemeinheit dem so völlig entgegenstehen?

Bei der Antwort auf diese Frage sehen wir uns gezwungen, das Gebiet der Logik zu verlassen und uns mit Gefühlswerten zu beschäftigen. Den Versuch, vor der metaphysischen Entscheidung auszuweichen, mit der jüngsten Vergangenheit, die zur Katastrophe führte, zu brechen, uns die Kulisse aufzubauen, vor der wir weiterspielen könnten, als ob nichts geschehen wäre, haben wir oben schon erwähnt.

Hinzu kommt das Widerstreben der Menschheit, die zivilisatorische, d.h. technische Entwicklung hinzunehmen und ihre Konsequenzen in der Bauform zu tragen. (Auch hier ist die Reaktion des dritten Reiches auf die moderne Architektur typisch.)

Handelt es sich hier noch eher um geistige Entscheidungen, so herrscht das nur Gefühlsmäßige in folgenden Punkten vor:

Nur als Ausfluss der dumpfen Gewohnheit müsste man es bezeichnen, wenn die Münchener ihr Hofbräuhaus oder die Stuttgarter den Königsbau wiederhaben wollten. Das hieße München um eine Scheußlichkeit der Gründerzeit und Stuttgart um eine aufwändige Säulenattrappe vor schlecht belichteten Läden bereichern. Sollte der Gedanke als absurd erscheinen, so wäre er allerdings überflüssig, jedoch... wir fürchten das Gegenteil.

Eher verständlich wäre ein Aufbauwunsch, wenn er der lieben Erinnerung entspränge. Man denke an die schönen Häuser am Markt in Stuttgart, unter denen eines Mörike zu seinem Märchen vom Hutzelmännlein begeisterte. Jedoch, der Gedanke, diesen ganzen Altstadtkern wiederaufzubauen, ist nicht zu verwirklichen, und was würden drei oder vier mittelalterliche Häuser in getreuer Rekonstruktion zwischen oberflächlich der alten Bauweise angenäherten modernen Fassaden bedeuten.

Viel schwerer fällt die Entscheidung, wenn es sich um Bauwerke handelt, bei denen ihr Kunstwert sich mit dem seelischen Gefühlswert paart, den sie durch die Verankerung in unserer Kultur erlangt haben, oder bei denen diese so stark ist, dass sie allein genügt, um sie zu einem Tempel des Geistes zu machen. Hier denken wir an die Brücke in Heidelberg, die Paulskirche und das Goethehaus in Frankfurt.

Die Heidelberger Brücke, von Goethe als die schönste der Welt genannt, von den Romantikern umschmeichelt, von Hölderlin unsterblich besungen, als Bestandteil der Stadt, die jetzt – durch ihre Unversehrtheit – kostbares Kleinod Deutschlands geworden, nicht wegzudenken, der einzige von Zerstörung berührte Bau und dies nur zu einem Drittel, diese Brücke erfüllt alles von uns zum Wideraufbau geforderte. Denn nur diese tiefe und breite gefühlsmäßige Verankerung erscheint als genügende Voraussetzung.

Die Paulskirche, Symbol der deutschen Demokratie, Denk- und Mahnmal des, abgesehen von den Bauernkriegen, einzigen geistigen Volksaufstandes der Deutschen, einer Forderung, die immer noch der Erfüllung harrt, wollen wir uns nicht für immer als Träger europäischer Humanität als unfähig erweisen, diese Kirche steht nun, als Ruine geradezu in reinerer Schönheit enthüllt, von Prof. Rudolf Schwarz in großartigem Wurf ausgestaltet, vor uns (s. «Baukunst und Werkform» 1).

Wie sehr das Goethehaus auch in diese Rubrik gehört, hat die Diskussion in der deutschen Presse gezeigt. Die Voraussetzungen zum Wiederaufbau im reinen Geist scheinen uns hier nicht gegeben, ganz abgesehen davon, dass das Haus selbst nur der grobe Träger einer höchst subtilen geistigen Gestalt wäre. Unseres Erachtens wäre es würdiger, den ausgesparten Platz des alten Hauses von einem lebendigen Goethearchiv umgeben zu sehen. Museal müsste das «neu» errichtete Haus – alle Voraussetzungen sind ja gegeben – deswegen erscheinen, da es sich hier nicht um ein Kunstwerk handelt, sondern einen Gegenstand, durch die Berührung Goethes geweiht. Die Entscheidung ist gefallen, das Problem bleibt bestehen.

Unter den psychologischen Gründen für den Wunsch zum Wiederaufbau, oder das Wiederstreben gegen den Neubau, haben wir also den seelischen Gefühlswert und die kulturelle Verankerung als Voraussetzung, einen Wiederaufbau zu bejahen, als gültig erkannt.

IV

Als weitere Voraussetzung fordern wir, wenn wir das vorher Gesagte als innere Notwendigkeit bezeichnen wollen: die äußere Notwendigkeit.

Zu ihr ist vonnöten, dass es sich a) um ein wirtschaftlich gesundes Projekt handelt (wir brauchen die Heidelberger Brücke für den Verkehr, der Großteil ist unversehrt – wir brauchen die Paulskirche für das Parlament, die Grundform ist, von modischen Details befreit, erhalten),

b) das Geld zum Bau vorhanden ist,

c) alle wesentlichen Bauformen erhalten sind, so dass es sich nicht um eine «Erfindung», sondern um die «Ergänzung» eines Bestandes handelt.

Diese letzte Voraussetzung stellt folgende Bedingungen, die sich nun speziell an den Architekten wenden.

Die geistigen Bedingungen:

Diese sind noch nicht erfüllt durch das bis ins Kleinste gehende Studium der Bauformen, sondern erst, wenn wir zu einer Erkenntnis des Kunstwerkes an sich vorzudringen vermögen. Dies ist ein geistig-künstlerischer Prozess, der intuitiv geleistet werden muss, wobei der Leistungswille noch nicht das Erreichen des Zieles garantiert.

(Wie es zum Beispiel Geigenbauer gibt, die prächtig klingende moderne Instrumente schaffen, aber unfähig sind, edle alte Geigen aus Trümmern erstehen zu lassen, während die gerade hierzu Begabten oft beim Bau neuer Geigen die Qualität der erstgenannten nicht erreichen, so dürfte es auch unter unseren besten modernen Architekten Künstler geben, die nur im wirklichen Neubau aus unserem Geiste zu voller Leistung gelangen.)

Als Vollzug des geistig-künstlerischen Prozesses kann das Erfassen der Bauidee zusammen mit der Einsicht in die Wesenheit des Materials gelten. Diese Einsicht in die Wesenheit der Gestaltungsmittel führt dann wie selbstverständlich die sinngemäße Konstruktion mit herauf.

Dies ist der Weg von den geistigen in die praktischen Bedingungen.

Dass dem wirklich so ist, wird an einer Arbeit wie der Alten Brücke in Heidelberg bewusst.

Unser Auge, so wollen wir uns einmal vorstellen, sieht von fern die Brücke. Auf drei Bögen steigt die Straße von der Stadt her hoch über den Fluß empor, verweilt drei Bögen lang in ebener Höhe und senkt sich dann über drei Bögen gegen das ländliche Nordufer des Neckars. Zwei der mittleren ebenen Bögen und der erste nach Norden abfallende sind herausgesprengt. Das die Lücke schließende Auge empfindet die Brücke als einen Bogen, der über die Sehne des Flusses gespannt ist, im Schwunge ohne Unterbrechung auf- und absteigend, ein irdischer Regenbogen. Und tatsächlich steigen alle Bögen dem mittleren zu, nicht nur die Aufstiege, sondern auch die eben scheinenden Begleiter der Mittelöffnung, die auf 27 Metern sich 6 cm heben, eher dem fühlenden als dem sehenden Auge sichtbar. Wenn wir uns nun der Brücke nähern, löst sich der Gesamtbau in seine Einzelwerkstücke auf, Stein an Stein gefügt, jeder in seiner freien, ihm natürlichen Form, geblockt, selten mit spitzen Winkeln unter 60 Grad (die bei der handwerklichen Bearbeitung so leicht beschädigt werden), nie von starr abgezirkelter Länge, sondern im gesunden Spiel ausgehend von natürlicher Bruchkante und Bruchlänge des Steines. Auch die Bogensteine der Gewölbe ohne gezirkelten Abschlussbogen, den stumpfwinkligen Anschluss an alle Schichtensteine suchend, schwierige spitze Ausschnitte durch den Hakenstein in die Senkrechte vermittelnd. Jeder Stein selbständig und gesichthaft dem Beschauer zugewandt, eine unendliche Menge von Steingesichtern. Aber alle vereinigt und eingefangen in dem Netz der Fugen, das ebenso sehr abtrennt wie zusammenfasst. Das heißt, jeder Stein wird einerseits auf sich selbst beschränkt, seiner Eigenkraft und Eigenfarbe wird eine Grenze gesetzt. (Wie sehr das der Fall ist, zeigt, dass im Moment der Verfugung allgemeine Flächenverschmutzungen unterteilt werden und nur noch als Farbwirkungen am einzelnen Stein, nicht mehr in der Fläche, wirken.) Neben dieser Abtrennung aber hat die Verfugung auch noch eine andere Kraftwirkung: die vielen Einzelnen zusammenzufassen, also gewissermaßen in einem Netz einzufangen.

Und wenn wir nun näher an dieses Netz herantreten, dann zeigt sich uns der einzelne Stein. Wir sehen und unterscheiden seine Farbe, seine Wachstumsart und seine Baustruktur und haben drei Arbeiten vor uns:
Die Auswahl der Steine nach Farbe und Struktur,
die Suche nach dem Lagerort der Steine,
die Aufgabe der handwerklichen Herstellung.

Das aufmerksame, vergleichende Auge des Architekten wird leicht Bruchlage und Farbwahl zu klären wissen, geleitet von dem Instinkt, der den ernsthaft Suchenden führt. Schwerer, aber auch lohnender (weil voll innerer Bestätigungen) ist die handwerkliche Aufgabe der Steinbehandlung. Die Gründung der Bauhütte am Bauort ist unerlässlich, weil nicht nur der Architekt mit dem Bau und in den Bau hineinleben muss, sondern jeder einzelne Handwerker. Denn hier führt nicht die Zeichnung das große und letzte Wort, sondern der Stein selbst. Hier, vor diesen alten Steinwänden, wird der Arbeitende nicht nur geschult, nein, die Steinwände überzeugen ihn selbst immer wieder und schlichten die Fragen über das so oder anders. Hier lernt er die lebendige Struktur sehen, beobachten und erkennen. Auch er, der Handwerkende, ohne es zu wissen oder ausdrücken zu können, fühlt innerst, was es bedeutet, einen Stein aus seiner «zu nichts gedrängten Ruhe» herauszunehmen und in den menschlichen Bereich einzubeziehen. In der Natur lag dieser Stein still und glücklich, seiner Wesensart gemäß da. Nun nimmt ihn der Mensch auf, holt ihn in seine Welt hinein, stellt ihn zu seinen Gestaltungen, gibt ihm zu seinem ruhenden ein neues Gesicht. Welche Verantwortung, ein Gesicht zu machen! (Das scheint hier wie etwas Ästhetisches gesagt, aber jeder Steinhauer sagt so. Er schafft dem Stein ein «Gesicht». Er stößt ihn übers «Haupt». Begriffe, in denen sich das Antlitzhafte ganz und gar ausdrückt.)

Hier beginnt, weil fast alles verschüttet ist an handwerklicher Kultur, die Arbeit des langen Lernens; der ausdauernde Einfluss auf jedes und jedes Werkstück – nicht im bildend zeichnerischen, einzig im handwerklichen und geistigen Sinn. Der seiner Ruhe entrückte Stein zeige die einzelnen Stufen seiner Wandlung vom Natur- zum Kunstding. Die Arbeit der Vorbossierung, zusammengefasst durch die Arbeit von Zweispitz und Spitzeisen atmet noch durch die ausgleichende Wirkung des Stockhammers durch, und die Struktur des Flächbeiles oder Scharniereisens töte und verdränge nicht ganz die Struktur der Vorarbeiten. «Die Bauern», die tiefen Löcher, die Spitzeisen oder Zweispitz gerissen haben, erhöhen eher die Kraft der Steinwirkung, da man sieht, so schwer musste ihn das Eisen treffen, um ihn zu gestalten. Sie sollen ruhig durch die Flächung durchschauen. Denn in Stein bauen heißt ja im Charakter des Steines bauen, und ein Stein ist durchaus ein Charakter. Sein Antlitz zeige darum wie ein menschliches Antlitz den Werdegang seines Aufbaues, von der groben Urform des Knochenbaus, vermittelt durch Muskeln, gezeichnet durch Adern, zusammengefasst durch die glättende Haut. Und dennoch alle Formen übereinander zeigend. So, fühlbar vibrierend, müssen auch die Arbeitsschichten im «Gesicht» des Steines übereinander gelegt sein. Wie die gute innere Stimme muss der Architekt am Werkplatz unermüdlich diese Gesichtswerdung des Steines überwachen und leiten bis zu dem Augenblick, wo jeder fühlt und weiß, so muss es gemacht werden. Aber, dass das nicht mehr ganz selbstverständlich ist, dass die Grundgesetze des Handwerklichen nicht mehr im Handwerker lebendig sind, das widerlegt in einem gewissen Grade die Allgemeingültigkeit eines solchen (wiederherstellenden) Handelns.

Für das Einzelwerk mag die Kraft des Architekten noch ausreichen, aber man täusche sich nicht, ein gemeinsamer, verpflichtender Geist aller am Stein Schaffenden wird durch Kraft und Willen eines Einzelnen nicht mehr erzeugt. Was bleibt? Ein einzelnes Ding kann durch eine einzelne Kraft dem Geist seiner Entstehungszeit nachgeschaffen werden. Als erinnerndes Zeichen mag dieses Einzelding Gültigkeit haben. Erinnerungen haben einen großen Grad von Süßigkeit in sich. Aber sehen wir klar: Erinnerungsaufbau würde das «Museum Europa» bedeuten, und das Buch «Lost treasures of Europe» ist bereits gedruckt.

V

Sagen wir es also klar: Die Heidelberger Alte Brücke ist einer der wenigen Sonderfälle, von dem wir hoffen, dass seine Ausführung geglückt ist. Die Zeit vermittelt noch Farbpatina und Schattigkeit des Steines und schließe ein liebgewordenes Bild, das der Erinnerung der Welt angehört. Aber schürzen wir nach dem Abschluss dieses, den Einzelfall bestätigenden, Werkes noch einmal den Knoten der Grundfrage und versuchen klar zu entscheiden: Wo lehnen wir den Wiederaufbau ab und fordern den Neubau? 1. bei allen total zerstörten Städten, 2. bei teilzerstörten Städten. Auch hier gestatten wir uns nur den Aufbau des künstlerisch belegten Einzelbauwerks. 3. bei Einzelzerstörungen, wenn der Zerstörungsgrad keine sichere Gewähr mehr für eine vollkommene Aufbautreue liefert oder es sich um Werke künstlerischer Epochen wie Gotik, Renaissance und Barock handelt, für deren Wiederherstellung eine Steinmetzzunft im Sinne jener Zeiten notwendig wäre. Wollten sie auch ganze Generationen von Bildhauern solch einem Werke zur Verfügung stellen (was uns beim individuellen Typ des modernen Künstlers und Menschen undenkbar ist), so fehlte doch der ungeheuere, geistige Strom, der wie die Idee des Christentums oder die Begeisterung für das wiederentdeckte Altertum als ein großer gemeinsamer Odem durch die Brust fast aller Menschen dieser Zeit ging.

Emil Steffann

Bewahrung aus Ehrfurcht

Die Versuchung, Sentimentalität und Ehrfurcht miteinander zu verwechseln, ist groß; der echte Städtebauer wird ihr jedoch nicht erliegen. Er arbeitet in einer lebendigen, unablässig werdenden Wirklichkeit. Er weiß um das Gewachsensein der Dinge und ihr immerwährendes, geheimes, selbstverständliches Wachsen; und so ist ihm auch das Alte, im Vergangenen Gewordene wie wirkende Gegenwart, die er hütet und pfleglich betreut, wo immer er ihrer unzerstörten Schönheit – ihrer geformten Wahrhaftigkeit, ihrer geprägten Gültigkeit – gegenübertritt. Er weiß, dass es seine unabdingbare Pflicht ist zu erhalten, was der Bewahrung wert ist, ist sich aber der Fragwürdigkeit des Wiederherstellens aus romantisch-musealer Gesinnung nicht minder klar bewusst. Er wird sich stets, wo immer sein Planen, das vor dem Heute und vor der Zukunft sich bewähren muss, es ihm erlaubt, für das Nichtantasten des über die Jahrhunderte Geretteten, uns als Erbe zu treuen Händen Überantworteten, entscheiden, er wird ihm sein Recht lassen und es ihm nach bestem Vermögen dort zurückgeben, wo es ihm genommen oder geschmälert war. Solche «Denkmalpflege» orientiert sich an lebendig gebliebener Gestalt, an wirkender Substanz, nicht am manchmal schon unmäßig gewordenen «historischen» Sinn, nicht am erstarrten archivalischen Wissen und Bewusstsein, nicht an der Selbstgefälligkeit des nur Ästhetischen. Sie bewahrt vor fataler Unzeitgemäßheit und retrospektiven Seltsamkeiten so gut wie vor aktueller Einseitigkeit und Enge. Denn oft genug entstammt auch sein Festgelegtsein auf die Ansprüche und Forderungen unserer der Technik allzu hingebend und zuversichtlich vertrauenden Epoche nur einer lebensfernen Ideologie. Die gleiche Gesinnung, die es verbietet, an der Stelle, wo ein großer, wahrhaft unersetzlicher kultureller Wert verloren ging, eine bauliche Szene aufzuführen, eine Kulisse hinzustellen, wie es eben jetzt am Hirschgraben in Frankfurt geschehen soll, zwingt den verantwortungsbewussten Städtebauer andererseits, von der Katastrophe nicht verschlungene Kostbarkeiten unserer Städte zu hüten, ja, wo es in seine Macht gegeben ist, ihnen größere Geltung und volleren Raum zu geben, als alle mit Empfindsamkeit beladene Gründlichkeit es bisher vermocht hat.

Die vor einiger Zeit stark diskutierte Verkehrsplanung für einen unserer ehrwürdigsten, im wesentlichen vom Krieg verschonten Stadtkerne, für die Altstadt Lübecks, möge als Beispiel dartun, wie der Städtebauer, indem er respektvoll bewahrt, dem schönen Alten seine Stille lässt und wiedergibt, also rechten Denkmalschutz am rechten Orte treibt, dadurch auch dem Heute und dem Morgen eben dort, wo sie am besorgtesten um ihre ökonomischen Belange und ihre technischen Errungenschaften sind, in Gelassenheit und Nüchternheit am besten dient.

*

Der erste Grundsatz der Planimetrie, dass die Gerade die nächste Verbindung zwischen zwei Punkten ist, gilt auch für den modernen motorisierten Verkehr. Sein Ideal ist die Gerade, und seine Vokabel lautet: Begradigung. Eine mittelalterliche Stadt aber baut sich nach anderen Gesetzen auf. Ihre Struktur ist nicht das Ergebnis mathematischer Konstruktion. Sie folgt den Kräften eines geheimnisvollen, nicht errechenbaren, lebendigen Wachstums. Diese beiden verschiedenen Prinzipien des Erdachten und des Gewachsenen gehören zwei entgegengesetzten Ordnungsbereichen des Lebens an. Ihre Formen können sich nicht decken, da sie verschiedener Natur sind. Wenn wir sie miteinander in Einklang bringen wollen – und dies ist ja unsere Aufgabe –, so ergibt sich die Frage, ob wir dem Wuchs unserer Altstädte zuliebe dem Verkehr gewisse Zumutungen stellen dürfen, oder ob der Verkehr das Recht für sich in Anspruch nehmen kann, seinem ihm innewohnenden Gesetz unter allen Umständen zu folgen. Hier liegt die Entscheidung, und sie muss für die Stadt fallen, deren organisches Gewachsensein uns als echtes Abbild menschlichen Gemeinlebens so viel näher steht als der Verkehr, der im Grunde nicht mehr als eine Hilfe, nur ein Werkzeug des Menschen ist und sein darf.

An einem der wichtigsten uns noch erhaltenen Denkmälern deutscher Kunst, an Lübeck, aufzuzeigen, wie eine Verkehrsplanung in die vorhandene Struktur der Altstadt ohne wesentliche Eingriffe so eingefügt werden kann, dass auch der Verkehr zu seinem Rechte kommt, soll hier versucht werden. Eine Auseinandersetzung, die um Lübeck und seine Altstadt seit einiger Zeit im Gange ist, lässt jene Gesichtspunkte, um die es in manchen deutschen Städten geht, klar hervortreten. Zwei Verkehrspläne machen

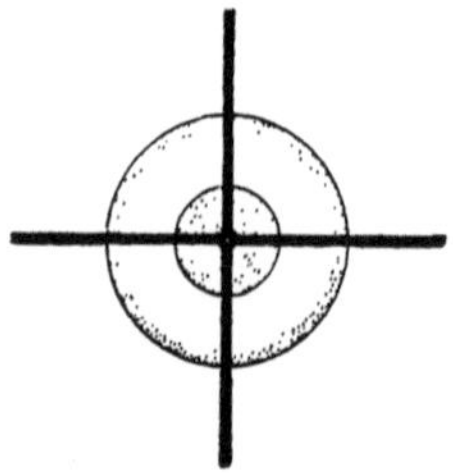

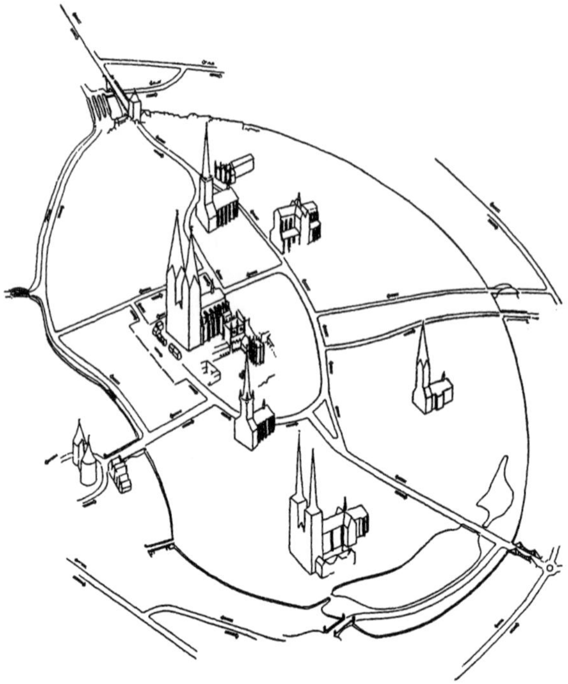

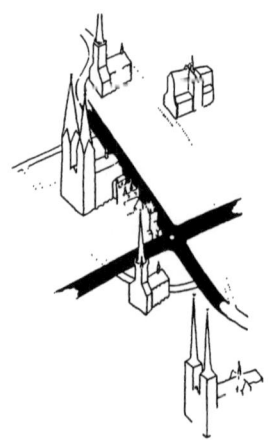

Emil Steffann: Planung für eine verkehrsfreie Mitte der Lübecker Altstadt

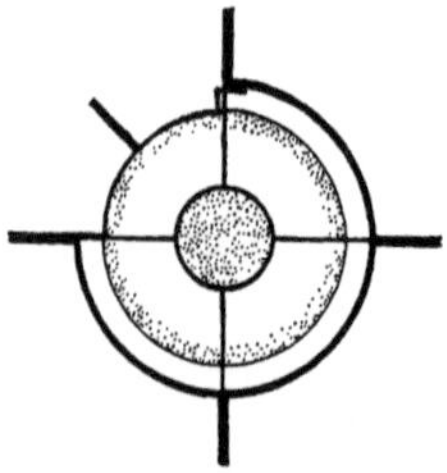

A Der Verkehr zerschneidet die Stadt

B Vorschlag der Verkehrs-Umleitung, die Stadtmitte ist dem Fußgänger vorbehalten

hier deutlich, welche grundsätzlichen Entscheidungen für einen Wiederaufbau getroffen werden können.

Der erste Plan (Pieper-Mühlempfort) fasst den Gesamtverkehr in einem Achsenkreuz zusammen. Er macht dadurch mehrere heute noch bestehende Kreuzungen der Hauptverkehrswege in der Lübecker Altstadt entbehrlich und reduziert sie auf eine in der Stadtmitte (siehe Skizze A). Dieses Konzentrieren auf zwei Hauptachsen erfordert, da die heutigen Einbahnstraßen fortfallen, gegenläufigen Verkehr. Um die Gesamtbelastung einschließlich der Straßenbahn aufnehmen zu können, sind beträchtliche Straßenverbreiterungen von 16 auf 22 Meter mit Abbruch und Wiederaufbau der anliegenden Häuserfronten nicht zu vermeiden, es sei denn, man entschlösse sich, die Straßenbahn unter die Erde zu verlegen. Die Berechnungen ergaben etwa die gleichen Kosten wie eine Straßenverbreiterung. Ob Lübeck allerdings der geeignete Ort für eine Untergrundbahn ist, scheint bei der geringen Größe der Altstadt und ihrem Charakter mehr als fraglich.

Der zweite Plan (Steffann) macht jede Kreuzung der Hauptverkehrswege unnötig (s. Skizze B). Da das Einbahnstraßensystem beibehalten wird, verteilt sich der Verkehr. Es erübrigen sich Straßenverbreiterungen, der Abbruch von Häuserfronten und ihr Wiederaufbau, der sehr kostspielig, grundrissmäßig schwer zu lösen ist und den Geschäftshäusern einen Raum von etwa sechs Metern entzieht. Der motorisierte Verkehr bewegt sich respektvoll um eine verkehrsfreie Stadtmitte, die nur zu Fuß begangen wird. Er beschreibt im engen Kreis gegebener Straßenführungen eine Figur, wie sie auch dem Tangentialverkehr als dem äußeren Ring für den Fernverkehr durch die natürliche Beschaffenheit der Stadt mit ihren Wällen teilweise vorgezeichnet ist.

Das Rathaus bildet den Mittel- und Schwerpunkt des Altstadtkerns. Nach Abbruch des heute nutzlos gewordenen, späten Anbaues mit der ungemein hässlichen Brandmauer und nach Durchbruch der Arkaden an der Stirnseite des Rathauses südwärts wird die volle Schönheit des alten Bauwerkes zu der Geltung kommen, die ihm gebührt. Von der Unruhe des motorisierten Verkehrs befreit, ragt der Kubus mit den zierlichen Türmchen über das Getriebe der Passanten in den Raum eines Marktes, der uns durch die – an sich bedauerliche – Zerstörung der alten Häuser im Bombenkrieg neu geschenkt ist (siehe Skizze). Nun bedeutet die Befreiung wichtiger Stadträume von Autogewühl, wie analoge Beispiele und Versuche bereits dargetan haben, keineswegs das Versinken dieser

Stadtteile in einen Dornröschenschlaf. Der verkehrsfreie Raum bietet den Fußgängern als breite, sichere Promenade die Möglichkeit, ohne Störung ihren Geschäften nachzugehen, und die Muße, sich dem Anschauen der Auslagen und überhaupt sich dem Genuss der schönen Stadt als solcher hinzugeben. An Parkplätzen ist in erreichbarer Nähe kein Mangel; die Waren- und Kohlenanfuhr kann für die Geschäfte der Verkehrsinsel von der Rückseite her oder in den frühen Morgenstunden erfolgen, wenn die Stadt noch nicht von Leben erfüllt ist. Aus Sparsamkeitsgründen dürfte es sich wohl empfehlen, die Straßenbahnen vorerst so zu belassen, wie sie sind.

Die hier dargelegte Vorschlag geht von neuen, ungewohnten Voraussetzungen aus. Er stellt grundsätzlich nicht die Technik, nicht den Verkehr in die Mitte der Stadt und unseres Lebens, sondern den Menschen. Das verlangt eine innere Umstellung, die heute zwar allgemein ersehnt, aber schwer begriffen wird, da man es anders gewohnt ist. Denn, bewusst oder unbewusst, fühlt heute jeder, dass unkontrollierte Technik zur Maßlosigkeit verführt, die Menschen aber an ein Maß gebunden sind und verkommen, wenn sie es gänzlich verlieren. Lübeck ist noch heute trotz Zerstörungen und Vergewaltigungen ein echtes Abbild dieses menschlichen Maßes. Darin liegt ein großer Wert. Wenn ich vorschlage, im Gegensatz zu einer achsialen Straßenführung mit einer Verkehrshöchststeigerung in der Stadtmitte, gerade diesen Raum als einen Ort gesammelter Ruhe für den Fußgänger zu bewahren, so mag die unterschiedliche Wertordnung hierin deutlich werden. Denn Bauen ist letzten Endes ein Vollziehen von geistigen Entscheidungen. Wieweit solche Entscheidungen einen Einfluss auf das soziale Gefüge haben werden, wieweit eine Strukturänderung die Folge sein könnte – auf dieses wichtige Problem kann hier nur andeutend hingewiesen werden. Auf jeden Fall scheint mir durch zentralisierte Straßenerweiterungen eine Aufspaltung des Gesamtgefüges unserer Altstädte unvermeidbar. Im Zuge einer weiteren Entwicklung in dieser Richtung würde der freigelegte Raum den Fernverkehr – selbst wenn man dies nicht wünschte – verlocken, durch die Stadt hindurchzufahren. Auch natürliche Verkehrsschleusen, wie das Burgtor in Lübeck, würden im Wege sein und fallen müssen.

Es würde sich verwirklichen, was auf Grund einer stetig wachsenden Steigerung des Kraftwagenverkehrs bereits ernsthaft vorgeschlagen wurde: Die Innenräume der Quartiere zwischen den Straßenzügen mit ihren «Gängen» und den letzten, uns noch gebliebenen Oasen der Ruhe in der Altstadt «auszukernen», um dadurch den fehlenden Garagen Platz zu schaffen. Dann überließe der Mensch dem Verkehr den Raum, den er sich, kapitulierend vor seinem Geschöpf, selbst entzöge. Uns scheint aber in erster Linie die Stadt für den Menschen, dann erst für die Wirtschaft und den Verkehr bestimmt. Der Gedanke einer reinen Wirtschafts- und Verkehrsstadt, der «city», ist nicht unterscheidungslos auf unsere historischen Städte zu übertragen. Ist in der Altstadt nicht genügend Platz, so muss zunächst der Verkehr sich beschränken und mit all seinen uns heute noch unabdingbar erscheinenden Forderungen auf die Außenräume verwiesen werden. Wir glauben übrigens nicht einmal, dass die Wirtschaft dadurch irgendwelchen Schaden erleidet. Eine Ordnung, die Wirtschaft und Verkehr höher bewertet als den Menschen, können wir nicht als verpflichtend anerkennen. Selbst zwingende Berechnungen können da nicht überzeugen, wenn sie von der falschen Voraussetzung einer verkehrten Rangordnung der Werte ausgehen und deshalb die Unbestrittenheit ihrer kausalen Zusammenhänge uns in diesem Falle besonders verdächtig erscheint. Dem gesunden menschlichen Verhalten ist, Gott sei dank, immer noch ein gut Teil Unlogik geblieben, die es davor bewahrt, sich in seinen Berechnungen allzusehr zu verstricken. Wir Menschen richten uns im Grunde nicht nach unseren Rechnungen über die Dinge, sondern nach einem Bilde in unserem Innern. Dieses kann die Dinge verzeichnen und unglaubwürdig machen. Es kann sie aber auch in ihrem natürlichen Wuchs aus der Taufe heben. Die Realitäten stellen nur Rohmaterial dar. Entscheidend ist allein die Glaubwürdigkeit des geistigen Bildes, das die Materie in einer dem Glauben würdigen Art ordnet. An den Kern praktischer Verwirklichungsschwierigkeiten rührt allerdings Karl Oskar Jatho in seinem Dialog «Urbanität». «Wer glaubt heute an Gott? Die Zurückgebliebenen und die Vorausgeeilten. Der Rest glaubt an Autos. Und darum hatten wir in unseren Städten die Wüste schon vor der Verwüstung.»

Rudolf Schwarz

Was eigentlich ist der Gegenstand des Städtebaus?

Aus «Gedanken zum Wiederaufbau von Köln»

Wir hatten auf der Schule gelernt, dass der Städtebauer seine Aufgabe vorfindet, und man hat uns auch allerhand Winke gegeben, wie man sie kunstvoll formt, wie man Straßen und Plätze in ein gutes Verhältnis und öffentliche Gebäude als «Dominante» in den Blick bringt, aber dabei war eben immer vorausgesetzt worden, dass uns irgendjemand sagte, was denn eigentlich getan werden sollte. Die Stadt selbst, ihr «Was» war eine ausgemachte Angelegenheit, was man uns lehrte, war reine Ästhetik. So war es damals, als ich lernte auf den Hochschulen, und ich denke, es wird noch immer so sein.

In Wirklichkeit ist aber gar nicht ausgemacht, was eigentlich der Gegenstand des Städtebaus ist; was das ist, eine Straße, ein Platz, ein öffentliches Gebäude, ein Wohnhaus, und was es in Zukunft wohl sein mag, aus welchem Grunde überhaupt eine Stadt ersteht, welche Gewalten sie hochbringen und erhalten, welchen Mächten sie dient, welche Übungen sie heil halten und woran ihr Volk stirbt; das alles sagt uns niemand, und wir wissen aus der Geschichte des Städtebaus, wie schnell die Städte sich ändern, wie in Jahrhunderten, oftmals noch schneller, aus der Kathedralstadt, deren Inhalt die Anbetung war, die Fürstenstadt wurde, die Inbild staatlicher Hoheit war, dann aus dieser die Bürgerstadt, die recht eigentlich eine Stätte der Bildung und der Menschlichkeit war, und daraus wieder die Wirtschaftsstadt, die Gerät und Ausdruck undurchschaubarer und nicht immer lichter Gewalten wurde, und wie darüber jedesmal diese Stadt, die ihren alten Namen behielt, eine andere wurde. Das heilige Köln hat mit New York beinahe gar nichts gemeinsam, außer, dass man beide eine Stadt nennt, also einen Ort auf der Erde. Im Stillen und Undurchschauten verwandelt sich der Inhalt der Stadt, und am anderen Tage ist sie ein anderes Geschöpf, das kein Städtebauer erwartete, da er noch den früheren Mächten dienen zu müssen vermeinte. Auch hier bei uns hat man in den allerletzten Jahren am wirklich neuen Bedarf vorbei geplant, weil man ihn nicht erkannte. Das ist unsere Schwierigkeit: Was wir tun sollen, sagt uns kein Auftraggeber, das müssen wir selbst wissen und sagen. Man hat Regeln gelehrt, wie man eine Stadt baut, wenn sie schön gebaut werden soll, aber man hat uns nicht über das Was, das sie zu sein hat und noch viel weniger über das Was, das sie sein werde, aufgeklärt, die Lehre war damals erblindet, so wie die Tat blind war. Das gilt nicht nur für den Städtebauer, sondern wohl für alle Schaffenden dieser Zeit, und uns scheint, sie müssen alle umdenken. Der Städtebauer muss sich gleichsam selbst überschreiten und auf einen Standpunkt erheben, von dem aus er einsieht, was er tun soll. Hier scheint sich mir eine Umwandlung anzukündigen, die nicht nur für den Städtebauer bezeichnend ist. Wir werden nicht mehr so sehr nach dem Wie und mehr nach dem Was unseres Tuns fragen. Der Städtebauer muss sozusagen einen neuen Städtebauer gebären, sich über sich selbst hinausstellen und sich selbst als Bauherrn hervorbringen, um sich angeben zu können, was er eigentlich planen soll. Weiß er das, dann ergibt sich das Wie beinahe von selbst.

Die Inhalte einer Stadt wechseln schnell, aber der durchgängige Städtebauer nimmt an, bisher sei alles so verlaufen und also werde es nächstens noch viel mehr so verlaufen. Die Statistiker etwa erzählen ihm, wie die Wirtschaftstadt bisher hemmungslos gewachsen ist, also wird sie das auch weiter tun; wir haben in New York Hochhäuser, also werden wir später noch höhere Hochhäuser haben, die noch einmal so hoch sind. Unsere lieben Nachbarn, die Statistiker, haben ihre Kurven und Tabellen, aus denen sich deutlich ergibt, wie alles weiter verlaufen wird, weil es bisher so verlief, während man in Wirklichkeit daraus, dass es nur bisher ziemlich lange so lief, nur schließen kann, dass es also jetzt bald ganz anders kommen wird.

Hätte man vor fünfzig Jahren Städte geplant, die den Umfang haben würden, wie sie ihn heute tatsächlich haben, wäre man größenwahnsinnig gewesen. Die Stadt streckte damals gerade vorsichtig ihre Vororte aus, und auch der klügste Städtebauer hat nicht an eine so unförmige Aufblähung gedacht. Oder wenn man Anlagen für Leibesübungen, Freibäder und dergleichen geplant hätte, wie sie fortschrittliche Städte heute tatsächlich haben, wäre man ein verirrter Träumer gewesen, denn damals bestiegen eben einige verwegene Jünglinge in Ringelstrümpfen das erste Veloziped, um die Landstraße unsicher zu mache, und andere vertrauten sich, verborgen durch Plankenzäune, dem gefährlichen Wasser der Flüsse an. Es ist alles ganz anders gekommen, als zu erwarten war, aber es kam im Stillen und ohne viel Aufsehen, und wenn ich jetzt zu sagen wagte, dass vielleicht in weiteren fünfzig Jahren dieses Ding, das wir Sport nennen, nicht mehr sein wird, diese tobende Masse von vierzig- oder fünfzigtausend Menschen um zwei Dutzend Athleten, dass es unsicher ist, ob wir dann noch die neue Errungenschaft der Strandbäder haben, wo Hunderttausende ihren geölten Körper in der Sonne braten, dann wäre ich kein moderner Mann mehr, und trotzdem wird alles anders kommen, als man erwartet. Darum ist Städtebau, gerade wenn er sein eigenes Wesen richtig versteht, ein Spiel mit Utopien. Wir genügen unserm Beruf nur, wenn wir prophezeihen und weissagen, das ist aber schwer. Es ist gar nichts Schlechtes dabei, wenn man einem Städtebauer sagt, er handle nach Utopien, sondern eher ein Lob. Es fragt sich nur, ob das schöpferische Utopien sind, echte Wunschbilder des Künftigen. Das Formale, das noch die Arbeiten von Camillo Sitte, Theodor Fischer und auch so manchen Modernen leitete, ist eine Frage zweiten Ranges geworden, unsere städtebauliche Auseinandersetzung geht heute von Wunschbild zu Wunschbild, wobei man dann raten mag, ob die künftige Großstadt wieder eine Stätte der Bildung sein wird, Bildung aber tiefer verstanden als ein Selbstwerden, ein Menschwerden, ein Werkwerden, ein Dingwerden, ein unbehelligtes und unbeängstigtes Sichdarstellen in einer gebildeten Form, oder, wie man uns neulich einreden wollte, eine Äußerung staatlicher Allmacht, oder vielleicht ein Zeichen eines neuen Sozialismus, oder was weiß ich, man gerät ins Raten und, fügen wir hinzu, ins Glauben. Wir kommen ins Schwimmen, und das ist gut so, denn wir saßen zu lange fest.

Wir Leute vom Bau sind auf der Suche nach unserm Bauherrn, und da er nicht da ist, müssen wir uns diesen Bauherrn selber entwerfen, wir müssen gleichsam erst unsern eigenen Bauherrn hervorbringen.

Was ist überhaupt eine Stadt?

Wir fanden schon eine Antwort: Die andere Landschaft. Landschaft ist doppelt da, einmal draußen ausgebreitet und dann, ins Enge zusammengefasst, Haupt und Antlitz geworden, als Stadt. Die geheimnisvollen Kräfte, die aus dem Leib das Haupt hervorbringen, bringen aus der Landschaft die Stadt hervor. Die Stadt ist der Sieg der landschaftsformenden Kräfte, die sich selber strahlend im Haupte bekrönen. Doch diese Stadt selbst ist wiederum doppelt, ausgebreitet und verheimlicht in der unabsehbaren

Menge der Heime, ins Heimliche, Sittige, ins Gewohnte und Verborgene gebracht, und dann wieder als öffentliches Werk, das sie zur großen Form zusammenfasst und ins Sichtbare stellt, so wie auch die Menschheit selbst als Frau da ist, die das Heim, und als Mann, der das öffentliche Werk zu leisten hat. Aber ganz schließlich kann die Stadt doch wieder Frau sein, die alle die strahlenden Werke in ihren Mauerring heimbringt.

Sie kennen den Begriff der Dominante von der Schule her, und man hat ihn Ihnen als Blickpunkt erklärt: Irgendein Turm, eine Schauseite oder sonst etwas wird groß hingestellt, damit die Stadt sich daran ordne. Aber man hat vergessen, diese Lehre zu erklären. Was heißt es denn schließlich, dass ein Werk herrschte, anders, als dass es jetzt Herr ist und diese Weltzeit regiert? Ein einzelnes Werk und in ihm ein einziges Anliegen macht sich auf und wird groß, die Stadt, und das heißt die Erde, zu beherrschen und ihre Sinnmitte zu werden. In diesem Werk schlägt die Stadt ihr Auge auf, das sich in den Heimen geschlossen hatte, oder aber die ganze Stadt ist ein Auge, in dessen Brennpunkt das Eine jetzt steht. Tiefer sind diese Dinge, als man an den Schulen gesagt hat. Das öffentliche Werk ist ein Haus, in dem alle Bürger dicht geschart beieinander sind, sie gehen dorthin aus den Heimen ins Öffentliche, aus der Zerstreuung in die Versammlung.

Was sollen wir in dieser Stunde der sinkenden Wirtschaft nun tun? Was ist jetzt am Steigen? Verirrt man sich nicht, so fragend, in die unendliche Menge des Möglichen? Und kann man dem Möglichen anders als in Unverbindlichkeit dienen, die alles offen lässt, oder soll man auf all dieses Unsichere verzichten und hinter den Dingen herlaufen? Die Inhalte der Stadt wechseln, aber ich glaube, sie sind nicht unzählig. Ist es nicht immer beim Lebendigen so, dass zwar die Spielarten unabsehbar sind, dass sie aber nur wenigen Grundgestalten verdankt werden? Unzählige Kristalle beruhen auf wenigen Grundformen, unendliche Melodien auf der Folge von wenigen Tönen, die Farbenpracht der Welt auf der einfachen Ordnung des Prismas. So, scheint mir, lässt sich auch die Anzahl der Städte auf ganz wenige Ursachen zurückführen, und zwar auf nur vier, Wirtschaft, Bildung, Hoheit und Anbetung. Sie sind in ihrer Art ewig und müssen heimlich alle vier immer da sein. Einer muss herrschen, aber alle anderen müssen ihm beistehen, und in seltenen erfüllten Zeiten wie denen der griechischen Antike oder des deutschen Mittelalters stehen alle nebeneinander im Sichtbaren. Sonst aber tritt nur eines hervor und die Stadt liegt ihm zu Füßen und alles andere liegt nebenan.

Es gibt Städte, die aus einem einzigen Grund entstanden und mit ihm starben. Die Goldgräberstadt verödet mit der Erschöpfung des Vorkommens, die Handelsstadt stirbt an ihrem versandenden Hafen, die Kathedralstadt schläft ein, wenn die Zeit der Dome vorbei ist. Aber es gibt auch Städte, die den Wandel der Zeit überstehen. Sie leben im anderen Zeitraum, der um alle Zeitalter herum ist. Das sind die eigentlichen alten Städte. Ein Inhalt wird groß und bringt ein Werk hervor, das bleibt bestehen. Die Zeit wechselt darüber und bringt andere Werke hoch, doch eine kleine Gemeinde der Unzeitgemäßen pflegt das immer noch vorhandene Frühere und sorgt, dass sein Dienst nicht ausstirbt. So tritt ein Werk zum andern und die Stadt wird alt darüber. Sie durchsteht den Wandel der Zeiten und wächst allmählich ins Überzeitliche. Das ist die eigentliche unvergleichbare Aufgabe der alten Stadt: zu überdauern, die Dominanten der Jahrtausende in sich zu versammeln, sie alle am Leben zu erhalten, sie nicht als Denkmale und Erinnerungen zu konservieren, sondern ihren lebendigen Dienst zu erneuern und ihnen die Gemeinde der Unzeitgemäßen beizubehalten. Das sind die eigentlichen abendländischen Städte, und das ist auch die Aufgabe und Leistung von Köln. Darin unterscheidet es sich von Gelsenkirchen, Gladbeck oder Bielefeld und allen diesen neuen Städten, die so groß in die Zahl geschossen sind, dass es das Ganze zu leisten hat und die vier großen städtebauenden Mächte lebendig erhält. Es scheint mir seine unvergleichliche Verpflichtung zu sein, die große Geschichte des Abendlandes, seine ganze Gemeintheit am Leben zu erhalten. Das heißt auch, dass wir nicht daran denken können, Köln neu zu erbauen, denn diese Stadt muss bleiben, und was in ihr wiederherzustellen ist, darf nicht das Werk eines Zeitalters sein und auch nicht des unsern, ihre Seele lebt jederzeit über den Zeiten. Das macht unseren Wiederaufbau zu einer großen abendländischen Tat und verpflichtet auch das Abendland, uns dabei zu helfen.

Louis Schoberth

Deutsche Architektur seit 1945
Zu einer Ausstellung moderner Baukunst

Mancherlei Gründe lassen sich nennen, will man die Spannung erklären, mit der ein aufmerksamer Beobachter die Ausstellung «Deutsche Architektur seit 1945» betrat. Hier wurde seit über 16 Jahren zum ersten Male wieder in einer geschlossenen Schau eine Begegnung mit den Kräften ermöglicht, die sich – jahrzehntelang schon – um die Erneuerung des Bauens bemüht hatten und dann vom ersten Tage der braunen Diktatur an unterdrückt worden waren. Die bange oder auch höhnische Frage: ist überhaupt etwas übrig geblieben und wenn, wieviel und was taugt es? – wurde durch den Umfang und das Niveau dieser Ausstellung eindeutig beantwortet: Das Neue Bauen (wie es früher genannt wurde) ist da. Es sind ihrer, der dem Neuen Bauen Verschworenen, viel mehr, als man wusste und vermuten konnte, und ihre Leistungen sind nicht Reste von ehedem, sondern aller Unterdrückung zum Trotz eine höchst erstaunliche Fortentwicklung der tragenden Gedanken aus der Zeit vor 1933. Es zeigt sich, dass der Rückzug in die Verborgenheit keine Erschlaffung, vielmehr eine Klärung und Intensivierung bewirkt hat, und es ist nunmehr klar geworden, dass es sich nicht um eine «Richtung» unter anderen, sondern um das einzig gültige Bauen unserer Zeit handelt, neben dem alles andere bedauerliche Ausflucht oder belanglose Mode ist.

Die ausgestellten Arbeiten wurden von der Redaktion und dem Mitarbeiterkreis dieser Zeitschrift zusammengetragen; damit ist bereits gesagt, dass es sich nicht um einen Querschnitt durch das gesamte Bauschaffen der letzten Jahre handelt (den zu zeigen, bleibt der BDA-Ausstellung 1950 überlassen), sondern um eine Auswahl der besten Arbeiten derjenigen Baumeister, die den Spürsinn für das Zeitgemäße und Notwendige, die den Mut zur richtigen Entscheidung besitzen.

Wenn wir im folgenden betrachtend, berichtend und charakterisierend die Ausstellung durchwandern, so geht unser Interesse dabei nicht auf das

DEUTSCHE ARCHITEKTUR SEIT 1945

ERSTE UMFASSENDE AUSSTELLUNG MODERNER BAUKUNST IN DEUTSCHLAND

Im Auftrag der Stadt Köln zusammengestellt von Redaktion und Mitarbeiterkreis der Zeitschrift »Baukunst und Werkform«

STÄDTEBAU

WOHNUNGSBAU
verbunden mit der Werkbund-Ausstellung NEUES WOHNEN

KIRCHEN, SCHULEN

SCHÖPFERISCHE DENKMALPFLEGE

GESCHÄFTSHAUSBAU

INDUSTRIEBAU

BAUTEN DER KULTUR UND ERHOLUNG

KÖLN · AUSSTELLUNGSHALLEN DES MESSEGELÄNDES · 14. MAI - 30. JUNI 1949

Formale als angeblich getrennt existierendem Wert, sondern auf den Bau als Ganzes, als die aus der gerechten und klugen Meisterung aller Forderungen, Bindungen und Möglichkeiten hervorgegangene Gestalt. Wir sind vor allem begierig zu sehen, wieviel im Bereich des Planens und Bauens geleistet worden ist, das heilend, ordnend, helfend oder wegweisend im Trümmerfeld unserer Zeit wirksam werden kann.

*

Der Wohnbau ist in fast allen Variationen vertreten, und das Feld seiner möglichen Formen ist sehr weit. Doch scheint es, dass bestimmte typische Grundformen sich herauszuschälen beginnen, denen man aus vielen Gründen eine kräftige Zukunft voraussagen möchte. Dabei bleibt es natürlich der Erprobung im größeren Maßstab und der Bewährung in längerer Zeitspanne überlassen, ob sie sich wirklich behaupten, ob sie dem Leben das Gehäuse sein können, in dem es sich entfalten, zum mindesten ohne Schaden aushalten kann. Und das heißt wiederum: wird sich unsere soziale Struktur soweit festigen, dass sie deutlich erkennbare Gesellschaftsgruppen ausformt, deren Bedürfnisse und Ansprüche klar umrissen werden können? In diesem Fluss der sozialen Strukturbildung spielt der Architekt in planender Voraussicht und vermöge seiner Einfühlungsgabe eine wichtige Rolle, die heute, vermutlich stärker als jemals in früheren Zeiten, einen ausgesprochen dialektischen Charakter besitzt. Je ausgeprägter der Bauherr in seiner persönlichen Lebenshaltung und seiner sozialen Stellung ist, umso klarer ist die Aufgabe für den Baumeister. Dieser Fall ist am deutlichsten sichtbar in den Zeiten, die wir als große Kulturepochen ansprechen. Heute ist es aber so, wie Leitl es formulierte, dass der Architekt meist gezwungen ist, erst den Bauherrn zu entwerfen, ehe er darangehen kann, den Bauplan auszuarbeiten.

Man könnte nun sagen, das Leben sei heute viel differenzierter als früher; berechtigter scheint uns die Aussage, es sei, bis an die Grenzen des Erträglichen, formloser und verworrener als früher, und aus dem zähen Brei des Einzel- und Gemeinlebens erheben sich nur hier und dort mit unsagbarer Mühe einzelne Gebilde, von denen wir die scheue Hoffnung haben, sie könnten der Beginn einer Neuformung des Lebens werden. Der Baumeister, eingebunden in den Dienst an der Gestaltwerdung menschlichen Lebens, kann gültig nur da schaffen, wo das Leben selbst seine jeweilige Gestalt wenigstens in Umrissen zu zeigen versucht, und er muss sich in diesen Prozess mit Herz und Geist hineingeben, so lange, bis das

Leben kräftig genug ist, sich selbständig weiter zu entfalten, und bis es sein ihm eigentümliches Gesicht klar erkennen lässt; dann kann der Baumeister es eindeutig umsetzen in wesensgemäßes Werk. In Zeiten jedoch wie der unsrigen ist der Architekt, will er sich nicht mit belanglosem und unverbindlichem Formenspiel begnügen, gezwungen, in erkennendem Bemühen (und das heißt nun einmal: verstandesmäßig) seinem gesamten Werk eine geistige Ordnung zugrundezulegen, um es fruchtbringend in die Gesamtwirklichkeit einzubinden.

Das scheint uns die eigentliche und tiefste Aufgabe der letzten und der nächsten Architektengenerationen zu sein: so tief ansetzend, als es seinem Können und seiner Einsicht gegeben ist, muss der Baumeister, im Bewusstsein seiner Verantwortung für die Gestaltwerdung der Menschenwelt, in demütigem Hinhorchen auf das Echte, das da werden will, in liebendem Erkennen der wirklichen (nicht nur der tatsächlich vorhandenen) Zusammenhänge auf den verschiedenen Ebenen und der gegebenen Möglichkeiten, die Dinge und das Leben selbst und die Einheit beider gestaltgebend in die Wirklichkeit des Hier und Heute emporheben. In diesem Bemühen steht der Beruf des echten Baumeisters neben anderen Berufen, aber an hervorragender Stelle, und vom Gedeihen oder Verderben seines Werkes hängt Wesentliches ab. Hierin scheint uns auch der eigentliche Unterschied zwischen den echten und unechten Baumeistern zu liegen; deutlicher ausgedrückt: zwischen denen, die mit dem Ernst der Verantwortung um das immer neue Bauen bemüht sind, und denen, die in irgend etwas «machen und sich mit Tradition, Gemüt und sonstigen blumigen Redensarten ein Alibi zu verschaffen suchen.

Es ist dies nicht notwendig ein Unterschied des Könnens: hier wie dort gibt es hohe Formbegabungen; auch ist es nicht primär ein Unterschied im Formalen (oberflächlich gesehen; dem durchdringenden Blick verrät die Form auch das Wesen): es hat sich herumgesprochen, dass z.B. die Dachform kein architektonisches Parteiabzeichen ist. Wohl aber liegt der Unterschied in der persönlichen Entscheidung: entweder in einer Scheinwelt leben zu wollen., in geistiger Unverbindlichkeit, und das heißt für das Schaffen des Architekten: letztlich auf bloße Wirkung aus sein, Form als Genussmittel handhaben, echtes Leben durch künstlich erzeugte «Atmosphäre» ersetzen – oder aber zuerst und aus einer ganz innerlichen Leidenschaft heraus die Wirklichkeit, die ganze, echte Wirklichkeit im Geiste, im Leben, in den Dingen zu suchen, zu wollen und gestaltend neu auszusprechen, so, dass unser Leben und unsere Dingwelt eine sinngefüllte Ganzheit bilden.

*

Am Ausgangspunkt unseres Umweges über Betrachtungen allgemeiner Art hatte die Bemerkung gestanden, dass einige bestimmte Wohnformen Aussicht hätten, in Zukunft typisch zu werden, weil sie Grundweisen des Wohnens und Zusammenlebens am ausgeprägtesten darstellen. Reden wir aber vorweg von dem freistehenden Einfamilienhaus, das in mehreren beachtlichen Exemplaren auf der Ausstellung vertreten war: kleinere und mittelgroße Häuser, meist für Bauherren mit besonderen Anliegen, z.B. Kunsthändler und Verleger, die ein bescheidenes Mehr an Raum und damit an differenzierter Gestaltungsmöglichkeit zulassen, alle auf ihre Weise bemüht Innenraum, Garten und Landschaft in ein möglichst reiches und intimes Wechselspiel treten zu lassen, vom streng in seinem Grundrechteck befangenen «Haus», das durch kluge Anordnung und kräftige Unterschiede in der Größe seiner Maueröffnungen die Wohnräume nur optisch teilnehmen lässt an den Raumbildern der Landschaft, bis zu den sich stufenweise ganz ins Freie auflösenden Bauten, für die das Haus in Feldkirchen/Oberbayern von Sep Ruf und das offenbar von Mies inspirierte Haus in Essen-Heidhausen von Günter Conrad schöne Beispiele der offenen, raumgreifenden Art sind.

Wo auf städtischem Boden der Flachbau möglich, das Einzelgrundstück jedoch ziemlich knapp bemessen ist, gibt es neben dem Einfamilienreihenhaus mit Garten als zweite Grundmöglichkeit das Erdgeschosshaus mit Wohnhof, wie Eduard Ludwig es zeigte und wie es in einigen bezaubernden, allerdings auch üppigeren Beispielen aus den USA bekannt geworden ist. Dieser Wohntyp zwischen dem freistehenden und dem Reihenhaus, in seiner glücklichen Verbindung von Offenheit und bergender Abgeschlossenheit, in der entschlossenen Abkehr von der Straße und jeglicher Fassade, scheint ein Höchstmaß von Menschlichkeit zu gewähren, wie es dem echten Familienleben (aber auch dem Einzelnen) in der Stadt noch möglich ist und wie wir es in früheren Zeiten und anderen Ländern in ähnlicher Art antreffen. Die Ludwigsche Arbeit zeigt, dass es mit sehr knappen Maßen zu verwirklichen ist. Gerhard Siegmann gelingt es, aus wenigen Funktionselementen des Wohnens eine Fülle von Varianten des erdgeschossigen Wohnhauses zu entfalten, mit denen alle Wohnbedürfnisse befriedigt werden können, und dadurch auf eindringliche Weise zu zeigen, welcher Reichtum an Möglichkeiten hier im Flachbau gegeben ist, ohne diesen mit kleinlichen Mitteln wie Vorbauten, Anbauten und Erkerchen aller Art vorzutäuschen. Aus der Idee der nachbarlichen Gemeinsamkeit im Selbsthilfe- und Gemeinschaftsbau der Siedlung, als dem Anfang dauerhaften Zusammenlebens, entwickelt Emil Steffann ein Siedlerhaus, das mit dem simpelsten, leicht zu erstellenden Obdach anfängt. Im fertigen Zustand bilden mehrere Siedlerbauten jeweils eine geschlossene Gruppe, auch diese reichlich variabel: ein Schulbeispiel für das Bauen aus der Situation heraus mit dem Ergebnis (nicht eines verewigten Provisoriums, sondern) dass aus der Meisterung der kargen Gegebenheiten ein lebensfähiges und würdiges Stück Menschenwelt entstanden ist. Aus den Arbeiten der Preisträger des vorjährigen Grundrisswettbewerbes werden von der Abteilung Planung des Wiederaufbauministeriums von Nordrhein/Westfalen in sorgfältiger Systematisierung sog. Leitgrundrisse ausgefiltert. Es ist dies eine volkswirtschaftlich hoch zu bewertende Leistung für die Sicherstellung eines Qualitätsdurchschnittes, besonders beim sozialen Wohnbau und für die Auskristallisierung von echten Wohntypen. Das Ergebnis für Kleinsiedlungen wurde auf Grundrisstafeln gezeigt.

Der mit einiger Spannung erwartete soziale Wohnbau wird in seiner Masse das Einfamilien-Reihenhaus und das mehrgeschossige Miethaus verwirklichen. Allerorten ist man in den letzten Jahren darangegangen, hierfür Grundrisse zu entwickeln, die bei knapp bemessener Fläche gute Wohnlichkeit bieten. In Köln war eine ganze Reihe ausgezeichneter Lösungen zu sehen: Otto Völckers« ein- und anderthalbgeschossige Zeilen, sehr klar und ausgewogen; die Kleinhausgruppe von Wilhelm Riphahn, ineinanderverzahnte Einheiten mit in breiter Front nach innen verlegten Nebenräumen; dann das alte Reihenhaus mit Tiefenentwicklung, tragenden Wänden senkrecht zur Front, diese konsequent aufgelöst, um Licht in die Tiefe zu lassen: die Zeilenhäuser von Gottwald-Michel und Hebebrand-Freiwald-Schlempp, aus den zurzeit brauchbarsten Verfahren für Großbaustellen entwickelt und vorbildlich nicht nur wegen ihrer Wirtschaftlichkeit, sondern auch für ihren Wohnwert, der noch reichlichen Spielraum für notwendige Varianten lässt. Das zweigeschossige Familien-Reihenhaus ist wiederum eine Hausform, die alle Voraussetzungen zu enthalten scheint, um ein echter Typ zu werden. Wo diese Form bisher angewandt wurde (und sie tritt häufig auf), wirkte sie fast immer miekrig mit ihrem verquetschten Grundriss. In ausgereifter Durchformung haftet ihr nichts mehr von dem Geruch eines für arme Leute zusammengedrückten Normalhauses an. Es ist wirklich wohnenswert geworden. Zudem besitzt die zweigeschossige Zeile offenbar den menschlichsten Maßstab unter allen Gemein-Wohnformen. Das Reihenhaus mit zwei Geschossen ist in weiteren Beispielen von Sep Ruf und Alfons Leitl vertreten. Letzterer zeigt in verschiedenen Entwürfen, wie durch ein verhältnismäßig geringes Mehr an Grundfläche, bei aller Straffheit, ein erhebliches Mehr an Raumwirkung zu erzielen ist, weitab von üblichen und bekannten Grundriss-Lösungen. Wie die fast verzweifelte Lage eines Nordost-Hanges für eine Wohnsiedlung in gemischter Bauweise doch gemeistert werden kann, beweist die Siedlung von Walter Schwagenscheidt in Gevelsberg.

Das mehrgeschossige Miethaus wird wohl nie ganz zu entbehren sein für eine Stadt, doch ist sein etwas unausgesprochener Charakter bei 3-6 Geschossen nicht sehr erfreulich. Immerhin gibt es auch hier noch gute Möglichkeiten, wie Weber-Gottwald in ihrem vorzüglichen Entwurf für ein viergeschossiges Reihenhaus beweisen. Dort sind in jeder Einheit zwei zweigeschossige Wohnungen übereinander angeordnet und für verschiedene Ansprüche differenziert. – Das Thema Laubenganghaus, das von Zeit zu Zeit wieder auftaucht und doch nicht restlos zu überzeugen vermag, obwohl man ihm keineswegs die Existenzberechtigung abstreiten möchte, wird von Riphahn wieder aufgegriffen, und Völckers bringt als Variante dazu das zweihüftige Innenganghaus. Wesentlich überzeugender dagegen, wiederum im Sinne des Typs, wirkt der neungeschossige Wohnbaublock in Frankfurt/Main von Hebebrand-Freiwald, und damit sind wir beim Wohnhochhaus angekommen, beispielhaft dargestellt in den Bauten des bekannten Hamburg-Projektes. Leider sind nur die ursprünglichen Geschossgrundrisse gezeigt, die für die Angehörigen der Militärregierung entworfen waren, d.h. die Wohnungen sind für uns unerlaubt groß. Wenn nunmehr einige dieser Bauten zurzeit fertiggestellt werden, zugeschnitten auf deutsche Erlaubtheit, so begrüßen wir das sehr, allein schon um das läppische Gerede von der Menschenunwürdigkeit des Wohnhochhauses endlich durch konkrete beispiele gegenstandslos machen zu können.

Rückschauend nun die Frage: ist im Wohnbau ein Fortschritt zu sehen? Wir meinen angesichts der ausgestellten Arbeiten, dass planerisch sogar Erhebliches geleistet wurde; wohlgemerkt: von einem Gutteil der, gemessen an der Gesamtzahl der in Deutschland existierenden Architekten, winzigen Schar, die auf der Kölner Ausstellung vertreten war. (Ob das von ihnen in den letzten Jahren Erarbeitete in die Breite wirken wird, als Vorbild oder wenigstens als Anstoß, insbesondere für den sozialen

Wohnungsbau, der es so bitter nötig haben wird, müssen wir freilich einigermaßen bezweifeln, wenn wir uns die geistige Verfassung derjenigen Institute und Körperschaften vor Augen halten, denen voraussichtlich die Durchführung der Großaktion mitsamt den dazugehörigen Geldmitteln anvertraut werden soll.) Der Fortschritt, den wir meinen, wird deutlich, wenn man die fortschrittlichen Leistungen im Wohnbau der 20er und 30er Jahre in die Erinnerung zurückruft. Damals wurden immer wieder grundlegend neuartige Lösungen vorgetragen, überraschende Möglichkeiten ausgedacht, oftmals bestechende Gedanken, von denen sich nur wenige bewährt haben (ihre anregende Wirkung bleibt unbestritten), während die Weiterentwicklung der noch brauchbaren Wohntypen herkömmlicher Art nicht sehr fruchtbringend war. Angesichts der in Köln gezeigten Arbeiten lässt sich dagegen sagen, dass unter Verzicht auf jegliche Sensation die Fortentwicklung der wesentlichen Wohnformen vielfach eine Reife erlangt hat, die nahe daran ist, den gültigen Typ hervorzubringen; nicht das taube Schema, sondern den lebensfähigen Typ, der geschmeidig genug ist, um sich vielfältig anpassen zu können.

Die gestalterischen Mittel, die das Aussehen der gezeigten Wohnbauten bestimmen, sind so verschieden, wie die angewandten Bauweisen und Materialien es sind. Doch scheinen uns die Ergebnisse in der Gestaltung der Baukörper und ihrer Fronten stärkere Qualitätsunterschiede aufzuweisen als die Grundrisse. Nirgendwo aber tauchen auch nur versteckt jene blumigen Spielereien und Formperversitäten auf, die heute noch gefragter sind als ehedem. Selbst wenn man gelegentliche Verspieltheiten bei Innenräumen (bei zwei Architektenwohnungen etwa) nicht gutheißen möchte, so liegen auch diese Dinge noch hoch über dem Tagesniveau. Um zu einem Abschluss zu kommen: unter den ausgehängten Wohnhausentwürfen ist eine ganze Reihe von Arbeiten, die auch in der formalen Durchbildung dieselbe Kühnheit und Sicherheit aufweisen, wie die Gestaltung der Grundrisse sie zeigt – wirkliche Meisterleistungen. Diese sind es, die das Herz erfreuen.

*

Beinahe überraschte es, bei den ausgestellten Arbeiten der großen Gruppe von Baulichkeiten, die nicht zum Sakralbau und nicht zum Wohnbau gehören, also bei allen Gebäudearten vom Parlament über Schulen und Geschäftshäuser bis zum Industriebau, eine verhältnismäßig einheitliche Grundauffassung der architektonischen Formensprache festzustellen. Das könnte an der Auswahl der Arbeiten liegen; weiter an der Tatsache, dass ein erheblicher Teil der Entwürfe von jüngeren Architekten stammt, die sich in den letzten 15 Jahren in hervorragender Weise im Industriebau geschult haben; aber auch die älteren, schon lange bekannten Baumeister liegen durchaus auf dieser Linie. Ist es der Ausdruck einer bewussten oder unbewussten Gesinnungsgemeinschaft? Oder hat diese Feststellung allgemeine Gültigkeit dahingehend, dass eine Grundauffassung unbestritten als die einzige uns gemäße und fruchtbare sich durchsetzen und behaupten konnte? Wir neigen sehr stark zu dieser letzten Annahme. Es ist also die aus dem Material, der Konstruktion, der Funktion und dem Charakter des Gebäudes und seiner Umgebung präzise entwickelte Form, die allmählich zu einer deutlichen Reife gekommen ist. Vergleicht man die aus derselben Baugesinnung entstandenen Werke von vor 1930, so zeigen die besten Arbeiten von heute ein klares Gesicht, größere Differenziertheit und größere Sicherheit, einen reineren Klang der Form. Und es zeigt sich, dass die aus dieser Einstellung entwickelte Formensprache wirklich imstande ist, ohne Krampf die verschiedensten Dinge glaubhaft auszudrücken und dass sie außerdem der individuellen Art reichlich Spielraum lässt.

Vielleicht ist es nicht müßig, in diesem Zusammenhang auf die Tatsache hinzuweisen, dass unter den gezeigten Arbeiten nicht eine einzige ist, die den Baukörper in der «plastischen» Weise behandelt, wie es etwa Frank Lloyd Wright bei der Mehrzahl seiner Bauten und Dudok beim Rathaus in Hilversum getan haben. Es ist dies eine andere Grundkonzeption des Bauens, die große Möglichkeiten enthält, aber in einem tiefen Sinne uns heute nicht mehr gemäß ist und auf längere Zeit hin nicht erreichbar bleiben wird. Das Ausbleiben der Arbeiten dieser Art sei also nur als zeitgeschichtliche Tatsache und ohne eigentliches Bedauern vermerkt. Die große Gefahr bei dieser Art des Bauens, dass es mangels hoher Inhalte nur aus allgemeinverbindlicher geistiger Wirklichkeit stammend, zum hohlen Pathos oder einfach zum schlechten Kunstgewerbe hin entartet, erkennen wir allzu deutlich an dem, was bei uns davon noch stehengeblieben ist. Das, was heute in dieser Art zum Schutze einer vorgetäuschten Tradition und besonders der deutschen Seele produziert wird, ist ein grässlicher Missbrauch unserer Zeitkrankheit, nämlich der Flucht vor der Aufgabe, die der geschichtliche Augenblick uns stellt.

Die preisgekrönten Arbeiten der großen Wettbewerbe für die Flugzentrale in Frankfurt/Main – Giefer und Mäckler, Hermkes, Hebebrand –, für den Gebäudekomplex des Stuttgarter Rundfunks, – besonders der meisterhafte Entwurf von Egon Eiermann – und des NWDR Hannover – Kraemer, Oesterlen – sind hervorragende Beweise für das oben Gesagte. Die zahlreichen Bauten und Entwürfe von Wilhelm Riphahn: Theater, Kinos, Gaststätten, Geschäftshäuser zeigen die sichere Hand eines reifen Baumeisters, der ohne (wie manche meinen, die der Ansicht sind, ein Bau sei erst dann etwas wert, wenn er sensationell Neues bringt) Schablone jeder Gattung das gibt, was ihr zukommt. Die Entwürfe für das Kaufhaus Springob von Rudolf Schwarz (mit Josef Bernard) und für ein Bürohochhaus in Frankfurt von Johannes Krahn sind am unmissverständlichsten und präzisesten aus dem Konstruktionstyp entwickelt: Eduard Ludwigs Ladenbauten für Schwarzlose in Berlin sind von einer zauberhaften Vornehmheit: beste Mies'sche Abstammung. Vom selben Stammbaum, zu eigenem Wuchs gediehen, ist der Ausbauentwurf für die pädagogische Akademie in Frankfurt/Main von Gerhard Weber. Sein großartiger Rundbau für ein Parlament als gläserner Zylinder mit vier massiven Treppentürmen setzt an dem vorhandenen großzügigen Haupteingang an und führt diese Großzügigkeit unvermindert durch den ganzen Bau in sehr noblen Proportionen fort bis hinauf zu dem Amphitheater des Parlamentssaales mit hohem, umlaufendem Oberlicht. Das empfindliche Raumprogramm scheint uns hier in jedem Punkte mustergültig gelöst zu sein. Mit seinem Verwaltungsgebäude in einem alten Park demonstriert Hans Schwippert in sehr glücklicher Weise, wie ein vielfältiger Verwaltungsapparat mit bescheidenen repräsentativen Pflichten mit einem Schlage das abstreifen kann, was ihm bisher an schlechtem Odium anhing, um alles zu gewinnen, was Natur und Technik einem menschlichen Hause, diesmal der Arbeit, an Leichtigkeit und Liebenswürdigkeit der Atmosphäre verschaffen können. Zweigeschossig schiebt sich der elegante Bau unter die alten Baumriesen, spart Höfe aus, um ihnen Platz zu machen, öffnet sich nach drei Seiten hin und bleibt doch streng seinem Grundquadrat verhaftet. Das ausgesprochen Kapriziöse ist bei Krahns Dach-Café auf dem Pariser Hof erreicht, wobei er diese Wirkung nur durch unerwartete Kombinationen der Grundelemente des Raumes erreicht: der massiven und der gläsernen Wand, gerade und geschwungen, dem offenen und geschlossenen Dach. Riphahns Ladenbauten an der Hahnenstraße und Hebebrands Caféterrassen- und Kinoprojekt für den Frankfurter Hauptbahnhof besitzen jene Leichtigkeit, mit der wir unsere Großstädte reichlich durchsetzt sehen möchten, um sie vom Stumpfsinn und Getue zur Menschlichkeit zurückzubringen. Dieselbe Lebensauffassung hat die alte Schulkaserne

Dieter Oesterlen, Café Kröpke in Hannover in neuer Gestalt

umgewandelt in ein aufgegliedertes, mehr oder weniger lose zusammenhängendes erdgeschossiges Raumsystem, das auf der Ausstellung in zwei guten Beispielen vertreten ist: die Schulen von Rudolf Büchner und Ernst Gondrom. – Der Industriebau, meist flache Werkstatthallen, zeigt seine (man möchte sagen: altbewährte) gut durchgeformte, strenge Zurückhaltung, die uns besonders geglückt erscheint bei den Arbeiten von Eiermann, Krahn, Bernhard Pfau und Rudolf Steinbach.

*

Was es mit der Arbeit des Stadtplaners auf sich hat, möchten vor allem die großen farbigen Tafeln der Planung für die Stadt Köln anschaulich machen, die in statistischer Akrobatik einen Teil der soziographischen Bestandsaufnahme zur Darstellung bringen. Aber Statistik interessiert auf einer Ausstellung eigentlich nur die Betroffenen und bleibt trockene Feststellung einzelner Gegebenheiten zu einem bestimmten Zeitpunkt. Das mühsame und verantwortungsvolle Planen, das aus einem verfilzten, meist schwerkranken Stadtgebilde einen lebensfähigen Körper mit gesunden Organismen machen soll, das Wägen, Ringen und Entscheiden, die zahllosen Fußangeln und Selbstschüsse auf dem ohnehin steinigen Weg der Kommunalpolitik bleiben unsichtbar. Selbst auf den fertigen Plänen ist das Wie und Warum nur für den, der mit dem Leben der verarzteten Stadt verbunden ist, erkennbar. Ein Außenstehender wird dieses so und jenes anders finden, kann sich aber beim bloßen Überblicken kein eigentliches Urteil bilden. Denn auch der intelligenteste Plan muss realisierbar sein, und was nun (selbst für den gewiegtesten Städtebauer) realisierbar ist, offenbart ein Aperçu der Strukturbilder noch lange nicht. Das ins Auge Springende, wie elegante oder gebrochene Verkehrskurven, eckige oder gekurvte, strenge oder spielerische Bebauungsformen, erlaubt noch kein Urteil: die Bedingungen sind dem Beschauer fremd. Trotz alledem ist es wichtig, dem Publikum, wie es hier geschehen ist, in Ausschnitten die Vorarbeiten zur Stadtplanung groß vor Augen zu führen, um der Öffentlichkeit eine Ahnung von der Komplexität der Arbeit und etwas mehr Achtung vor dem Werk des Planers einzuflößen. Leichter ist es, über Teilbebauungspläne, besonders für neuanzulegende Viertel oder Siedlungen, ein Urteil zu fällen; aber auch hier ist die Gefahr groß, sich vom optischen Ungefähr verleiten zu lassen.

Bei der Betrachtung der Bebauungspläne kam uns wieder zum Bewusstsein, wie grobe Maßnahmen dem Planer am Ende nur zur Verfügung stehen: z.B. die zum Gesetz erhobenen Fluchtlinien und Traufhöhen. Gewiss die Bürgerschaft will ganz klare Anweisungen haben, und die Verwaltung kann ohne Bestimmungen nicht existieren. Aber, da wir die menschliche Siedlung wieder als ein in Raum und Zeit lebendiges Gebilde zu begreifen beginnen, das dem Gesetz der Veränderung – Wachstum, Verfall und Erneuerung – unterworfen ist, wird es sinnlos, den Quasi-Idealplan für die Ewigkeit, gegründet auf die Bedingungen eines bestimmten Zeitpunktes, aufzustellen und mit Gesetzeskraft auszustatten, – statt sich mit den notwendigen Ordnungsmaßnahmen zu begnügen, alles Weitere aber der lenkenden Verwaltung zu überlassen, die im Maße, wie die Bauten hinzuwachsen, im Zusammenspiel mit den jeweils entwerfenden Architekten die konkrete Form der Teilbebauung erarbeitet. Aus der heutigen Praxis des Städtebauers gesehen, mag dies der sicherste und kürzeste Weg zum Chaos sein, da er ein Übermaß an Fähigkeit bei der Bauverwaltung und ein ebensolches an Disziplin bei den Bauherren und Architekten voraussetzt. Aber warum im voraus kapitulieren? Andere Zeiten haben es in ähnlicher Weise gekonnt, und es ist wohl kein Geheimnis, dass wir ein Erkleckliches mehr an Initiative auf der einen und an Disziplin zugunsten der gemeinen Sache auf der anderen Seite ernsthaft anstreben müssen, wenn wir Demokratie wirklich meinen. Die Enge und Ausführlichkeit der Bauvorschriften entspricht so ziemlich dem bürgerlichen Stumpfsinn.

«Rund um den Berliner Zoo» formieren sich die dicken Brocken: in Marschkolonne, in Linie angetreten, in Stoßformation, je nach Wunsch oder Befehl. Wenn dem Architekten keine wesentlicheren Verpflichtungen auferlegt sind, als x Menschen pro Hektar unterzubringen, dann kann es ihm leicht passieren, dass er seine sog. Baumassen sucht, wie der Feldwebel seine Masse Mensch. Das ist zunächst nicht so sehr als Vorwurf gegen die Entwerfer zu verstehen, als vielmehr gegen diejenigen, die solcherart Wettbewerbe ausschreiben. Dabei kann nicht mehr herauskommen als sehr unverbindliche Massenskizzen, die beliebig variiert werden können, ohne einen Beitrag zur Lösung des konkreten Problems zu leisten. Darüber, wie man städtebauliche Wettbewerbe vorzubereiten hat, um fruchtbringende Vorschläge überhaupt zu ermöglichen, ist bereits von berufener Seite mehrmals geschrieben worden.

*

Wenn es für die Baukunst in all ihren Bereichen gilt, dass sie sich von ihren Wurzeln her erneuern muss und sich auch darum bemüht, indem sie in

Demut das Wesen der Dinge, das Wesen der Menschen zu erfassen sucht und den Reichtum der Wechselbeziehungen zwischen Mensch, Gemeinschaft und Umwelt in der rechten Ordnung und in der unverfälschten Sprache unserer Zeit ehrlich ausspricht, so ist es klar, dass die Schwierigkeiten, die sich dabei einstellen, im Bereich des Sakralbaues, deutlicher gesprochen des Kirchenbaues und des Denkmals (im erhabenen Sinne) am sichtbarsten werden müssen. Denn hier ist der «Sinn» der Bauform der stärkere Teil, so dass mit einer virtuosen Erfüllung der funktionellen Bedingungen (die keineswegs eindeutig sind) oder eines Bauprogrammes recht wenig getan ist (obwohl auch dies getan werden muss), aber auch wiederum nicht etwa die Bahn frei ist für irgendwelche noch so großartigen Expressionen im modernen Kunstverstande. Für den Nichtgläubigen ergibt sich mit Notwendigkeit ein Rattenschwanz von Missverständnissen.

Christlicher Kirchenbau kann nur wirklich werden aus dem Glauben und der Formensprache unserer Zeit. Letzteres betrifft das Wie. Was aber ausgesprochen werden soll, das ist völlig eingebunden in das innere Wachstum der lebendigen Kirche. Hier zeigt sich nun am deutlichsten der dialektische Charakter der Arbeit des Architekten heute. Ganz selten ist der Fall gegeben, wo die Gemeinde, für die es zu bauen gilt, ihre geistliche Gestalt so deutlich im Bewusstsein trägt, dass sie nur noch des Mannes bedarf, der diese «Gestalt» baulich auszudrücken vermag. Fast immer ist es so, dass der Baumeister jenes Was miterarbeiten muss und auf diese Weise am geistlichen Weg der Kirche wesentlich beteiligt ist. Sein Tun ist ein Planen der nächsten Schritte auf diesem Weg, ein Öffnen und Bereithalten der naheliegenden Möglichkeiten; er ist Wegbereiter, ohne je sagen zu können, ob die Kirche dieses Stück Weg auch gehen wird. Die nächsten vollzogenen Schritte erst werden ihn belehren, und dann wird er neue Entwürfe tun können. Seine Arbeit wird für lange Zeit erzieherischen Charakter behalten. Die Gemeinden leben sich in einem tiefen Sinne in den ihnen gebotenen neuen Raum ein; sie empfangen von ihm eine mögliche Sinndeutung ihres Stehens und Handelns vor Gott, und im Verlaufe des geistlichen Wachstumsprozesses bildet sich allmählich die innere «Gestalt» heraus, die dann wiederum die eindeutige und zeitgemäße (im Sinne der Heilsgeschichte) Baugestalt hervorbringt. Das ist unsere Hoffnung. – Die seit Beginn der kirchlichen Erneuerung zurückgelegte Wegstrecke ist noch nicht lang, und daher kann es nicht verwundern, dass das Feld der Möglichkeiten in seiner ganzen Breite abgetastet wurde, sichtbar an der Fülle der Grundrisslösungen in den vergangenen 30 Jahren. Doch schälen sich langsam einige Grundformen heraus, die sich zu bewähren versprechen. Die auf der hier besprochenen Ausstellung gezeigten Entwürfe der letzten Jahre befassten sich zum großen Teil mit dem Aufbau zerstörter und der Erweiterung oder Erneuerung bestehender Kirchen. An vielen Beispielen wird, manchmal in beglückender Weise, sichtbar, wie der lebendige Geist die Hemmungen des alten Bestandes meistert zu einer umso reicheren Ausformung des neuen Gedankens. Am deutlichsten, so scheint uns, bei einzelnen Arbeiten von Alfons Leitl und Fritz Thoma. Die zweihäuptige Anlage der Dortmunder Bonifatiuskirche von Rudolf Schwarz steht als Beispiel für eine neu sich herausbildende Form. Seine kleine Gnadenkapelle in Köln-Kalk, deren Offenheit den «Weg» mit großer Geste aufnimmt, zum Heiligtum führt und ihn wieder zurückschickt, setzt die alten offenen Wegkapellen in eine deutliche große Form und ans Ziel. Hans Schwipperts Skizzenreihe für die Ergänzung des bis auf einen Stumpf zerschossenen Turmes der kleinen romanischen Kirche in Mündelheim zeigt das Bemühen, die Wunde, die das geschichtliche Ereignis dem Bau zugefügt hat, nicht einfach zu ignorieren. Nach Versuchen, deren denkmalartige Wirkung Maßstab und Charakter des Bauwerks übertönen könnten, gelingt ihm eine schlichte, starke, geschlossene Form, die über der sichtbar bleibenden Vernarbung der Wunde mit überzeugender Selbstverständlichkeit emporgewachsen zu sein scheint.

Das Ringen um die Ausformung des Neuen konzentriert sich naturgemäß auf die Gestaltung des Grundrisses und zeitigt auch dort seine besten Früchte. Die entsprechende Ausformung des Innenraumes und des Baukörpers folgt etwas zögernd nach. Dieser Werdegang ist in allen Bereichen zu beobachten, aber im Kirchenbau wiederum am deutlichsten zu verfolgen. Es anders zu erwarten, ist einfach ein Missverständnis. Die meisten hochkünstlerischen Kirchenbauten der letzten Jahrzehnte stellen sich im Grunde als genialischer Bluff heraus, und wären sie noch so «gekonnt», wie man zu sagen pflegt. Nur die einfachsten, strengsten, nüchternsten Bauten, die so reichlichen Spott hervorgerufen haben, halten Stand. Sie sagen nicht mehr aus, als wir sagen können, und damit behalten sie Recht und wirken befruchtend. Das wirkliche Leben der Kirche weiß sich in ihren Räumen geborgen. Und im Maße, wie es sich kräftigt und entfaltet, werden auch die Räume und die Bauten reicher werden, aber in innerster Übereinstimmung mit dem Geist und dem Leben, das sie hervorbrachte. Nüchternheit aus dem Geiste echten Anfangs und eifersüchtige Wachsamkeit über jene

Übereinstimmung von Form und Leben stehen uns heute an. Jedes Mehr an Reichtum der Formen, dem wir im Kirchenbau begegnen und das nur Kunst im landläufigen Sinne ist, will uns in den meisten Fällen als fragwürdig erscheinen. Deshalb spricht die große Schlichtheit der beiden Kirchen von Emil Steffann so unmittelbar an: sie «stimmen» ganz einfach. Und ebenso empfinden wir die herbe Strenge z.b. der Leitlschen Kirchen als richtig in einem tieferen Sinne. Der Vorwurf des mangelnden Gemüts (meist ist Gemütlichkeit und Gefühlsseligkeit gemeint), der den modernen Kirchen gemacht wird, gehört zu den oben erwähnten Missverständnissen. (Siehe auch die Bemerkung über die Sucht nach «Atmosphäre» am Anfang dieses Aufsatzes.) Durch die Veröffentlichung der Frankfurter Paulskirche in diesen Heften und ihrer Würdigung als Kirche durch Otto Bartning erübrigt sich ein weiterer Kommentar zu diesem Bau. Der Vorschlag von Gottfried Böhm für St. Columba in Köln ist in seiner Grundidee wohl gut, doch vermag uns die Skizze für den Endzustand in dieser Fassung noch nicht zu überzeugen. Zum Grenzgebiet zwischen dem Kultischen und Profanen, wo der Sinn und die ihn ausdrückende Form noch überwiegen, gehören die Friedhöfe und die Denkmäler. Die letzteren waren in zwei sehr guten beispielen vertreten. Die Gedenkstätte der großen Sozialisten von Eduard Ludwig und das Denkmal für die Opfer nationalsozialistischer Verfolgung von Hans Jürgen Ruscheweyh. Beide erhaben, klar und stark, würdige und echte Male der Mahnung und des Gedenkens. Angesichts dieser gelungenen Würfe denkt man mit Beklemmung an eine neue, in einigen Jahren mögliche Inflation von Denkmälern, die Form und Idee gleichermaßen verderben wird. Die Gebäudegruppe für den Friedhof Köln-Melaten von Rudolf Schwarz entfaltet sich von der Anlage bis zur Gestalt der Kapelle aus dem Vorgang des christlichen Trauerzuges, der feierlichen Rast und dem Geleit zur Grabstätte. Wiederum ein Bauwerk, welches das Ereignis, dem es Raum und Weg schafft, in seiner Wirklichkeit ernst nimmt und dadurch befähigt wird, ihm sichtbaren und gemäßen Ausdruck zu verleihen.

Noch im Winter 1955/56 bedeckte der Schnee die von den Bombennächten verbliebenen Reste des Anhalter Bahnhofs in Berlin wie ein Leichentuch. Photo von Kurt Schraudenbach. Aus: Denk ich an Deutschland, Verlag Kurt Desch, München/Wien/Basel 1956

Die Autoren

Otto Bartning. *1883 in Kartsruhe, †1959 in Darmstadt. Entwickelte als Direktor der Bauhochschule Weimar zusammen mit Walter Gropius nach dem Ersten Weltkrieg das Programm des Bauhauses. Später mehrere Jahre Freier Architekt in Berlin, vor allem als Baumeister protestantischer Kirchen tätig. Nach 1943 in Neckarsteinach und Darmstadt Arbeit an kirchlichen und sozialen Aufgaben. Projekte für «Notkirchen». Ehrenpräsident des nach dem Krieg wiedererstandenen Deutschen Werkbundes.

Eugen Blanck. Architekt. *1901 in Köln, †1980 in Köln. Vorwiegend als Städtebauer tätig. Übernimmt nach dem Zweiten Weltkrieg zusammen mit Wilhelm Riphahn die Leitung der Kölner Wiederaufbaugesellschaft. Ende 1946 als Stadtrat für das Bauwesen nach Frankfurt am Main berufen.

Walter Dirks. Theologe und Schriftsteller. *1901 in Hoerde/Dortmund, †1991 in Wittnau/Freiburg, Br. Mit Eugen Kogon zusammen Herausgeber der «Frankfurter Hefte». Dem Augustheft dieser Zeitschrift ist – in stark gekürzter Form – der mit «Mut zum Abschied» überschriebene Beitrag in Baukunst und Werkform übernommen.

Egon Eiermann. Architekt. *1903 in Babelsberg/Potsdam, †1970 in Baden-Baden. Studierte bei Hans Poelzig und wird sehr bald einer der erfolgreichsten Architekten der jüngeren Generation, bis seine Bauten bei den Nazis Anstoß erregen. Hat gleichwohl bis etwa 1937 seine Entwürfe für Einfamilienhäuser kompromisslos durchsetzen können. Sein erster Nachkriegsbau, die Textilfabrik in Blumberg, erlangt nachhaltige Aufmerksamkeit. 1947 Berufung an die TH Karlsruhe.

Hugo Häring. Architekt. *1882 in Biberach an der Riß, †1958 in Göppingen. Ist in den Zwanziger Jahren in Berlin tätig. Zeitweise Sekretär des

Zusammenschlusses «Der Ring» und der deutschen Sektion der CIAM. Vorkämpfer und Theoretiker eines organhaften Bauens.

Hermann Hampe. Architekt. *1904 in Heidelberg, †1970. Nach jahrelanger Tätigkeit als Freier Architekt nach 1945 Leiter des Bauamtes der Ev. Kirche Baden und Stadtrat in seiner Heimatstadt.

Alfons Leitl. Fachjournalist und Architekt. *1909 in Berlin, †1975 in Trier. Vor dem letzten Krieg Redakteur der «Bauwelt» in Berlin. Im Krieg u.a. im Büro Rimpl der Organisation Todt, in dem viele der mit Berufsverbot oder anderen Einschränkungen belegten Architekten Unterschlupf fanden. Nach dem Krieg Planer für den Wiederaufbau von Mönchengladbach-Rheydt, dann Stadtbaurat von Trier. 1948 Initiator und bis 1954, dann erneut von 1957 an bis zur Einstellung der Zeitschrift Herausgeber von Baukunst und Werkform.

Rudolf Lodders. Architekt. *1901 in Altona, †1978 in Hamburg. Zuerst Mitarbeiter von Oelsner in Altona, dann Freier Architekt in Hamburg. 1930 Staatspreis für Architektur der Preußischen Akademie der bildenden Künste. Nach dem Krieg Vorsitzender des neu gegründeten Werkbundes Hamburg.

Franz Meunier. Redakteur. *1899 in Köln, Sterbedatum nicht bekannt. Vor dem Zweiten Weltkrieg Kunst-, Literatur- und Theaterkritiker in Berlin. Bis Mitte 1952 Redakteur von Baukunst und Werkform.

Walter Muschg. Literarhistoriker und Schriftsteller. *1898 in Witikon/Zürich, †1965 in Basel. Muschg hatte sich mit einem Brief an den Deutschen Werkbund in die scharfe Diskussion um die Rekonstruktion des Frankfurter Goethe-Hauses eingemischt. Sein Beitrag in Baukunst und Werkform ist eine stark gekürzte Fassung dieses Briefes.

Ludwig Neundörfer. Landesplaner und Soziograph. *1901 in Mainz, †1975 in Frankfurt am Main. Jahrelang Landesplaner in Nordbaden, als der er Methoden der soziologischen Erhebung und deren Auswertung für Städtebau und Landesplanung entwickelt. Nach dem Zweiten Weltkrieg Leiter des soziographischen Instituts der Universität Frankfurt am Main. Dort auch Vorsitzender des Werkbunds.

Karl Wilhelm Ochs. Architekt. *1896 in Frankfurt am Main, †1988 in Berlin. Leitete lange Zeit das Baubüro eines Industriekonzerns und projektierte vielbeachtete Fabrikbauten. Wird 1947 auf einen Lehrstuhl für Baukunst an der Technischen Hochschule Dresden berufen. Von 1953 an Professor an der TH/TU Berlin.

Hans Scharoun. Architekt und Stadtplaner. *1893 in Bremen, †1972 in Berlin. Einer der phantasiereichsten Architekten des Expressionismus nach 1918. Für den Wiederaufbau Ostpreußens und als Architekt in Insterburg tätig. Berufung 1925 an die Breslauer Akademie für Kunst und Kunstgewerbe. Von 1933 an dann wieder notgedrungen Freier Architekt in Berlin, 1946 für kurze Zeit als Stadtrat mit der Wiederaufbauplanung für Berlin beauftragt. 1946 bis 1958 Professur für Städtebau an der TH/TU Berlin. Erst von den frühen sechziger Jahren an entstehen seine bedeutenden Wohn- und Kulturbauten (u.a. Philharmonie Berlin, 1963). Von 1956 bis 1968 Präsident der Berliner Akademie der Künste.

Louis Schoberth. Architekt. *1915 in Luçon/Frankreich, † in Aachen, Sterbedatum nicht bekannt. Nach 1946 Mitarbeiter von Hans Schwippert in dessen Düsseldorfer Büro. Später als Freier Architekt in Aachen tätig.

Fritz Schumacher. Architekt und Stadtplaner. *1869 in Bremen, †1947 in Lüneburg. Bis 1933 Oberbaudirektor in Hamburg. Nach dem Krieg in Anbetracht seiner hervorragenden Arbeiten und seiner großartigen Amtsführung als Senior des Städtebaus verehrt. Schon während seiner langen Amtszeit als Schriftsteller tätig schreibt er in späteren Jahren bedeutende architekturtheoretische Abhandlungen (in den Bauwelt Fundamenten sein «Lesebuch für Baumeister», Bd. 49)

Rudolf Schwarz. Architekt und Stadtplaner. *1897 in Straßburg, †1961 in Köln. Studien in Berlin und Köln Mitarbeiter bei Hans Poelzig. 1925 bis 1927 Lehrer an der Baugewerk- und Kunstgewerbeschule Offenbach. Danach Berufung zum Leiter der Handwerker- und Kunstgewerbeschule Aachen, die 1934 geschlossen wird. Freischaffender Architekt zunächst in Offenbach dann in Frankfurt am Main. Im Krieg beim Wiederaufbaustab Lothringen. 1946 Fünfjahresvertrag für die Aufbauplanung des zerstörten Köln. Von 1953 an Professor für Städtebau und Kirchenbau an der Staatlichen Kunstakademie Düsseldorf. Das Hauptgewicht seines architektonischen Schaffens liegt auf seinen zahlreichen bedeutenden Bauten für die Katholische Kirche. Zeitlebens Verfasser architekturtheoretischer Schriften (In den Bauwelt Fundamenten «Wegweisung der Technik und andere Schriften zum Neuen Bauen 1926-1961», Bd. 51; «Die Bauhaus-Debatte 1953», Bd. 100; Rudolf Stegers: «Räume der Wandlung. Wände und Wege», Bd. 114).

Hans Schwippert. Architekt. *1899 in Remscheid, †1973 in Düsseldorf. Nach freier Tätigkeit Berufung als Professor an die RWTH Aachen. Gleich nach Kriegsende 1945 Technischer Bürgermeister in Aachen, kurz darauf Leiter des Bauwesens der Provinz Nordrhein. Ende 1946 schied er aus diesem Amt und übernahm neben seiner Lehrtätigkeit in Aachen den Aufbau einer Architekturabteilung an der Düsseldorfer Kunstakademie. Gab wesentliche Anstöße zur Neugründung des Deutschen Werkbunds nach dem Krieg und war neben Mia Seeger maßgebend an der Gründung des Rates für Formgebung in Darmstadt beteiligt.

Emil Steffann. Architekt. *1899 in Bielefeld, †1968 in Mehlem bei Bonn. Arbeitete zeitlebens als Freier Architekt, zuerst in Lübeck dann, nach Kriegseinsatz beim Wiederaufbau zerstörter Ortschaften in Lothringen, in Köln und Mehlem. Sein Hauptinteresse galt einem strengen, auf bescheidene bauliche Mittel zurückgeführten Kirchenbau, parallel etwa zu den «tastes modestes» des französischen Paters Couturier.

Rudolf Steinbach. Architekt. *1903 in Wuppertal-Barmen, †1966 in Aachen. Arbeitete vor dem Zweiten Weltkrieg als Freier Architekt in Heidelberg, war dann wie Schwarz und Steffann während der letzten Kriegsjahre beim Wiederaufbaustab Lothringen tätig. Nach Heidelberg zurückgekehrt, baute er mit einer eigens gebildeten Bauhütte dort die Alte Brücke wieder auf. Enge Zusammenarbeit mit Rudolf Schwarz als Berater und Bauleiter. 1951 Berufung auf den Lehrstuhl für Baukonstruktion an der RWTH Aachen. Bedeutende Wiederaufbauprojekte für kriegszerstörte Baudenkmäler.

Robert Vorhoelzer. Architekt. *1884 in Memmingen, †1954 in München. Bis 1933 Professor an der TH München. Erneuerer des bayerischen Postbauwesens. Nach dem Ende des Zweiten Weltkriegs wiederum an der TH München tätig, dann zeitweise als deren Rektor.

Literatur-Empfehlungen

Besondere Verdienste um die Aufhellung der schon im Dunkel des geschichtlichen Gedächtnisses versinkenden 2. Nachkriegszeit des 20. Jahrhunderts haben sich Hartmut Beseler, Werner Durth, Niels Gutschow und deren gelegentliche Autor- und Herausgeber-Kollegen erworben. Nachstehend eine begrenzte Auswahl aus diesen Berichten, Schriften und Dokumentationen.

Durth, Werner: Wieder-Aufbau oder Neubeginn? Einführung in Gespräche mit Max Guther, Rudolf Hillebrecht, Heinz Schmeißner und Walther Schmidt. In *Stadtbauwelt*, Heft 72 (1 981).

Durth, Werner: Frankfurt – Illusion als Schicksal? Zur Diskussion um die Paulskirche. In ARCH+, Heft 69-70, 1983.

Werner Durth im Gespräch im Hermann Henselmann, Helmut Hentrich und Wilhelm Wortmann. In *Stadtbauwelt*. Heft 84 (1 984).

Durth, Werner: Deutsche Architekten. Biographische Verflechtungen 1900-1970. Schriften des Deutschen Architekturmuseums zur Architekturgeschichte und Architekturtheorie, Braunschweig/Wiesbaden 1986. Neuauflage Stuttgart/Zürich 2001.

Durth, Werner: Versäumte Erinnerung – Schwindende Zukunft. Orientierungswechsel der Generationen im Gestaltungsprozeß. In *Stadt. Zeitschrift für Wohnungs- und Städtebau*, Heft 4, 1986.

Durth, Werner, und Gutschow, Niels: Architektur und Städtebau der fünfziger Jahre. Band 33 der Schriftenreihe des Deutschen Nationalkomitees für Denkmalschutz, Bonn 1987.

Durth, Werner: Zwischen Zerstörung und Restauration. In *Der Deutsche Werkbund 1907, 1947, 1987 ...*, Berlin 1987.

Durth, Werner, und Gutschow, Niels: Träume in Trümmern. Planungen zum Wiederaufbau deutscher Städte im Westen Deutschlands 1940-1950. Band I: Konzepte; Band 2: Städte. Schriften des Deutschen Architekturmuseums zur Architekturgeschichte und Architekturtheorie, Braunschweig/Wiesbaden 1988.

Durth, Werner: Utopia im Niemandsland. In: *So viel Anfang war nie.* Katalog zur Ausstellung «Deutsche Städte 1945, Aufbruch aus den Trümmern», Berlin 1989.

Durth, Werner, und Zlonicky, Peter: Die langen Schatten der Trümmerzeit – 60 Jahre Kontinuität im deutschen Städtebau. Nachdruck eines Gesprächs mit S. Armbruster und R. Hillebrecht im Südwestfunk. In *20 Jahre Stadtplanung in Dortmund*, Dortmund 1990.

Neue Städte aus Ruinen. Deutscher Städtebau der Nachkriegszeit. Herausgegeben von Beyme, Durth, Gutschow, Nerdinger und Topfstedt, München 1992.

Düwel, Jörn; Durth, Werner; Gutschow, Niels: Architektur und Städtebau der DDR. Band 1: Ostkreuz Personen/Pläne/Perspektiven Band 2: Aufbau Städte/Themen/Dokumente. Frankfurt am Main/New York 1998. Zweite erweiterte Auflage 1999.

Beseler, Hartwig, und Gutschow, Niels: Kriegsschicksale deutscher Architektur. Verluste – Schaden – Wiederaufbau. Eine Dokumentation für das Gebiet der Bundesrepublik Deutschland, Band 1: Nord; Band 2: Süd. Neumünster 1988.

Ein besonderer Hinweis: *Die in den zerstörten Städten Verbliebenen wie die Heimkehrer und Flüchtlinge waren in jenen ersten Nachkriegsjahren tief beeindruckt von Hermann Kasacks Roman «Die Stadt hinter dem Strom», geschrieben 1942-44 und 1946. Vorabdruck im Berliner Tagesspiegel 1946. Erstausgabe Berlin 1947. Der Roman fügt gleichnishaft die inneren Bilder zu denen, die uns damals vor Augen waren.* UC.

Bauwelt Fundamente
(lieferbare Titel)

1 Ulrich Conrads (Hg.), Programme und Manifeste zur Architektur des 20. Jahrhunderts
2 Le Corbusier, 1922 – Ausblick auf eine Architektur
3 Werner Hegemann,1930 – Das steinerne Berlin
12 Le Corbusier, 1929 – Feststellungen
14 El Lissitzky, 1929 – Rußland: Architektur für eine Weltrevolution
16 Kevin Lynch, Das Bild der Stadt
53 Robert Venturi, Denise Scott Brown und Steven Izenour, Lernen von Las Vegas
56 Thilo Hilpert (Hg.), Le Corbusiers „Charta von Athen". Texte und Dokumente. Kritische Neuausgabe
71 Lars Lerup, Das Unfertige bauen
73 Elisabeth Blum, Le Corbusiers Wege
83 Christoph Feldtkeller, Der architektonische Raum: Eine Fiktion
85 Ulrich Pfammatter, Moderne und Macht
86 Christian Kühn, Das Schöne, das Wahre und das Richtige. Adolf Loos und das Haus Müller in Prag
90 Gert Kähler (Hg.), Dekonstruktion? Dekonstruktivismus?
92 Adolf Max Vogt, Russische und französische Revolutionsarchitektur 1917 · 1789
97 Gert Kähler (Hg.), Schräge Architektur und aufrechter Gang
100 Magdalena Droste, Winfried Nerdinger, Hilde Strohl, Ulrich Conrads (Hg.), Die Bauhaus-Debatte 1953
102 Gerhard Fehl, Kleinstadt, Steildach, Volksgemeinschaft
103 Franziska Bollerey (Hg.), Cornelis van Eesteren. Urbanismus zwischen „de Stijl" und C.I.A.M.
104 Gert Kähler (Hg.), Einfach schwierig
105 Sima Ingberman, ABC. Internationale Konstruktivistische Architektur 1922-1939

106 Martin Pawley, Theorie und Gestaltung im Zweiten Maschinenzeitalter
107 Gerhard Boeddinghaus (Hg.), Gesellschaft durch Dichte
108 Dieter Hoffmann-Axthelm, Die Rettung der Architektur vor sich selbst
109 Françoise Choay, Das architektonische Erbe: eine Allegorie
110 Gerd de Bruyn, Die Diktatur der Philanthropen
112 Gerda Breuer (Hg.), Ästhetik der schönen Genügsamkeit oder Arts & Crafts als Lebensform
113 Rolf Sachsse, Bild und Bau
114 Rudolf Stegers, Räume der Wandlung. Wände und Wege
115 Niels Gutschow, Ordnungswahn (in Vorbereitung)
116 Christian Kühn, Stilverzicht. Typologie und CAAD als Werkzeuge einer autonomen Architektur
118 Thomas Sieverts, Zwischenstadt
119 Beate und Hartmut Dieterich, Boden – Wem nutzt er? Wen stützt er?
120 Peter Bienz, Le Corbusier und die Musik
121 Hans-Eckhard Lindemann, Stadt im Quadrat. Geschichte und Gegenwart einer einprägsamen Stadtgestalt
122 Peter Smithson, Italienische Gedanken – weitergedacht
123 André Corboz, Die Kunst, Stadt und Land zum Sprechen zu bringen
124 Gerd de Bruyn, Fisch und Frosch – oder die Selbstkritik der Moderne
125 Ulrich Conrads (Hg.), Die Städte himmeloffen
126 Werner Sewing, Bildregie, Architektur zwischen Retrodesign und Eventkultur

Die Bauhaus-Debatte 1953

Dokumente einer verdrängten Kontroverse

Die bissige Attacke, die Rudolf Schwarz 1953 gegen Gropius und das Bauhaus führte, hat, was polemische Schärfe wie vor allem auch deren Auswirkung betrifft, hierzulande kaum ihresgleichen. Das Streitgespräch, wäre es damals fortgesetzt worden, hätte solches Gewicht gewinnen können wie 1914 der Werkbundstreit über Kunst-Unikat und Serienprodukt.

268 Seiten, Broschur
(BF 100) ISBN 3-7643-6375-4
Architekturtheorie

Gerd de Bruyn

Fisch und Frosch

oder die Selbstkritik der Moderne

Überschattet von der nicht enden wollenden Kritik an der modernen Architektur ist ihre Fähigkeit zur Selbstkritik. Diese kommt in den Gedanken so unterschiedlicher Architekten wie Bruno Taut, Hugo Häring und Rem Koolhaas zum Ausdruck und ebenso in den Begegnungen Hans Scharouns mit Martin Heidegger und Peter Eisenmans mit Jacques Derrida.

168 Seiten, 40 sw Abb., Broschur
(BF 124) ISBN 3-7643-6497-1
Architekturtheorie

Bei Fragen zur Produktsicherheit wenden Sie sich bitte an:
If you have any questions regarding product safety,
please contact:

Birkhäuser Verlag GmbH
Im Westfeld 8
4055 Basel, Schweiz
productsafety@degruyterbrill.com